Speed Limit and Speed Control Technology for Highways

公路速度限制与速度控制技术

贺玉龙　孙小端　著

人民交通出版社

内 容 提 要

本书在总结国内外速度控制技术研究成果的基础上，结合大量的现场调查数据，提出了我国高速公路和一、二级干线公路的速度限制标准和应用速度控制技术的科学方法。全书共6章，主要内容有：限制速度、设计速度、运行速度的相关性研究，限速的影响因素分析，限速的综合决策方法，限速区限速设计方法，速度控制技术的应用。书末附有《公路速度限制与速度控制技术指南》及相应的条文说明。

本书可供交通工程相关科研、设计和交通管理部门的工程技术人员参考，还可供高等院校交通工程相关专业师生学习参考。

图书在版编目(CIP)数据

公路速度限制与速度控制技术/贺玉龙，孙小端著.
—北京：人民交通出版社，2011.7
ISBN 978-7-114-09148-3

I. ①公… II. ①贺… ②孙… III. ①公路运输－行车速度－速度控制－研究 IV. ①U491.2

中国版本图书馆 CIP 数据核字(2011)第 110636 号

书　　名：公路速度限制与速度控制技术
著 作 者：贺玉龙　孙小端
责任编辑：黎小东
出版发行：人民交通出版社
地　　址：(100011)北京市朝阳区安定门外外馆斜街 3 号
网　　址：http://www.ccpress.com.cn
销售电话：(010) 59757969，59757973
总 经 销：人民交通出版社发行部
经　　销：各地新华书店
印　　刷：北京鑫正大印刷有限公司
开　　本：787×980　1/16
印　　张：12
字　　数：226 千
版　　次：2011 年 7 月　第 1 版
印　　次：2011 年 7 月　第 1 次印刷
书　　号：ISBN 978-7-114-09148-3
定　　价：36.00 元

前　言

限速是保障行车安全、提高车辆运行效率的重要管理手段。如何制订科学合理的限速标准，是困扰当今世界各国公路交通发展的一个热点技术难题。

本书以交通运输部西部交通建设科技项目的《西部地区公路速度限制标准与速度控制技术研究》为基础，详细总结了国内外限速的类型、设置标准，以及设定限速值时主要考虑因素；介绍了新疆、云南、河南、重庆、湖南、陕西、江西、广东、北京等9个省（自治区、直辖市）共计16条样本公路（共计2 000余千米）的限速形式、交通流运行特点和交通事故分布特点，分析了限制速度、设计速度与运行速度之间的相关性；探讨了限速对运行效率、行车安全的影响；解析了执法对限速遵守情况的互动关系；通过700余份道路使用者对速度控制设施的问卷调查结果分析，探讨了道路使用者对设置限速值的看法与遵守情况。基于我国目前的道路、交通流特点，本书还提出了我国现阶段的限速综合决策系统与方法、限速区过渡段设计方法。通过对我国目前普遍应用的速度控制设施的应用效果进行对比分析，提出了增进速度控制效果的设置建议。为方便工程人员与研究人员的使用，本书还附有基于高速公路与一、二级干线公路的《公路速度限制与速度控制技术指南》以及相应的条文说明。

本书由北京工业大学贺玉龙、孙小端著。北京工业大学侯树展、张杰、徐婷博士，华杰工程咨询有限公司钟小明、贯嘉等参与了本书的编写。在本书资料整理、数据采集与分析、图表整理过程中，北京工业大学交通安全研究组侯树展博士、王华荣博士、王丽金、杨洋、刘思思、张米鑫、李惟斌、吴沙沙、刘士翠、鲍兴建等付出了辛苦劳动，谨向他们致以谢意！

此外，本书在写作过程中还参考了大量国内外学者的研究成果与技术文献，出版过程中得到了人民交通出版社的大力帮助，在此一并表示衷心感谢！

由于作者水平有限，书中不妥之处，敬请批评指正。

著　者

2011年5月

目 录

第1章　绪　论

1.1　限速的重要性

自1998年起，我国对公路建设采取积极的财政政策，每年用于公路建设的资金达到当年GDP的2%~3%，极大地加快了公路建设速度。据统计，截至2009年年底，我国公路总里程达到386.08万km，仅次于美国，居世界第二位。然而，伴随着我国经济的高速发展，汽车拥有量飞速增加，道路交通安全形势却日益严峻——我国的交通事故死亡人数居世界第一，远高于欧美发达国家。交通事故的发生是交通参与者、车辆、道路、环境等多种因素综合作用的结果。其中，机动车驾驶员超速行驶导致的交通事故伤亡人数占事故伤亡总人数的比例很大。我国2009年交通事故统计数据表明，机动车肇事以超速行驶、未按规定让行和无证驾驶位居交通事故主要原因的前三位，导致的死亡人数分别占总数的14.03%、12.09%和7.62%。由此可见，超速行驶对人的生命及财产安全构成了极大的威胁，对超速行驶的有效治理，可以在很大程度上改善我国的道路交通安全状况。

目前，国内外对超速行驶的治理，主要是通过各种速度管理手段使车辆行驶速度保持在一定范围内，在兼顾出行效率的同时，提高其行车安全性。限速作为规范车辆行驶速度、保障行车安全的一种主要管理手段，其标准的合理制订一直是困扰世界各国道路管理者的一个难题。限速影响到交通安全、运行效率、执法成本及道路使用者的行为，其设置标准应当具备一定的科学性与合理性。

国内对这方面的研究尚处于起步阶段，目前还没有制订关于速度限制的标准体系，在执法过程中，不同地区执行标准不能较好统一的现状在一定程度上阻碍了我国道路交通安全执法的实施。因此，根据我国的实际情况制订一套适合我国国情的、合理可行的限制速度（在后文中简称“限速”）标准是很有必要的。

限速标准的制订与控制技术的适用性分析，需要深入揭示和探讨不同速度指标之间的内在关系，探索符合我国国情的公路速度限制标准与速度控制技术。这样才能为我国相关公路管理部门设置限速及进行速度管理与控制提供科学、合理的依据，从而提高我国公路限速值确定和限速设施设置的科学性、合理性，进而改善我国公路的安全水平及运营状况。

1.2 限速的目的

限速的主要目的是规范行车速度，从而实现道路行驶的车辆行车安全和出行效率之间合理的平衡。

道路交通事故是复杂的概率事件，不能将其产生归结为单一的原因。但是超速行驶除了会增加行车风险之外，其他许多因素也会影响行车安全，如酒后驾驶，服用药物后驾驶、安全带的使用、道路的线形和天气等，但是超速对行车安全的影响仍是至关重要的。

交通事故发生时车辆速率的变化将直接影响事故的严重程度。车辆的速率改变越大，所产生的冲击力也就越大，导致严重受伤事故的概率也随之显著增大。车辆碰撞时释放的能量与碰撞时速度的平方成正比。车辆碰撞时的速度越高，车辆速率变化也就越大。

当车辆撞上行人时，作为弱势一方的行人受重伤的危险很大。车速越高，行人死亡的危险就会越大。

因此，基于以上车速与事故严重性之间的强相关性，为增进道路交通安全而实施速度管理尤其重要。限速管理的根本目的是减少事故发生的频率和减轻事故的后果。

车速、速度离散性与事故发生的概率之间存在一定的相关性。该相关性随着道路等级的不同而有一定的变化。速度的离散性是高速度、无出入口控制公路的一大安全隐患，例如，双车道无分隔的公路；随着速度分布离散性增加，事故率也随之增大。在高速公路的立交桥区附近的合流区、分流区，事故发生的概率也与立交桥区分、合流区速度的离散性有关。为减小车速的离散程度，通过设置限速值，就能给机动车驾驶员提供一个关于合理驾驶速度的共同标准。目的是鼓励统一驾驶行为和有序的交通流，从而可以在一定程度上减小车速的离散程度，减少车辆间可能出现的冲突，最终减小交通事故发生的概率。

综上所述，限速至少能从两方面加强安全。首先，它有一个限制的作用。通过对速度设定一个上限，达到减少事故发生的可能性及减轻事故的严重程度的目的。其次，它还有一个统一标准的引导作用，目的是减少速度的离散性，从而减少车辆间可能的冲突。

为了加强行车安全进行速度管理，出行时间是设置限速值需要考虑的另一个重要因素。限速值的设置，对高速公路上车辆行程时间的影响最大。对高速公路、快速路进行速度控制，对于自由流状态下的道路，就会增加车辆的行程时间。高速公路上主要以商业货物运输和商务出行为主，并且行驶里程要高于其他的道路。对高速公路实施限速的措施，出行时间会随之增加，会使商业运输与商务出行者承受巨大的经济损失，导致货物运输成本的提高。

因此,限速值的制订需要在行车安全、出行时间、法规的可实施性以及其他可能影响行驶速度选择的因素中权衡。同时,限速的制订也为执法者提供了执法的依据。执法人员和法院可以根据制订并发布实施的限速值执法,并对那些超速行驶、可能危害他人安全的驾驶行为给予惩戒。

1.3　设置限速的挑战性

在实际应用中制订限速值需要考虑与平衡的因素众多。尽管设置速度限制的基本目标是:针对特殊路段的情况,决策者通过平衡行车安全和行驶效率来决定合理的限速值。然而,不同的道路使用者,如驾驶员、附近居民、交通工程师、执法人员,对于行车风险和出行效率之间合理平衡点的看法是不同的。例如,地方政府会频繁接到居民降低速度限制的要求,附近居民试图降低当地街道的行车速度。交通工程师从工程研究的角度发现,降低速度可能是不公正的。部分驾驶员会根据自身对行车风险容忍度、出行目的和对特殊路段的熟悉程度,可能不同意限速。因此,制订限速值是一项具有挑战性的平衡工作。

同时,随着时间的推移,道路使用者对于限速值的态度是不断改变的。例如,NMSL(全美最高限速法案)最初设定的55mile/h(88km/h,注:1mile/h≈1.609km/h)的限制速度有很高的支持率,由于当时燃料短缺,限速值反映了人们对能源危机的意识。然而,随着经济危机的消失和燃料的丰富,该限速值的支持率下降。在1986年,国会取消了对州际之间55mile/h的速度限制,联邦公路管理局报道有76%的车辆以超过55mile/h的速度在这些公路上行驶(FHWA1987,p.183)。

同时,伴随道路条件的改善,人们对道路交通安全的重视,车辆动力性能的变化,都会促使限速值发生改变。

1.4　限速的有关概念

1.4.1　主要速度指标的概念

研究公路交通安全涉及的速度指标主要有:设计速度、运行速度(85%位车速,v_{85})、限制速度、行驶速度、行程速度和建议速度等。国外大量的研究机构对设计速度、运行速度、限制速度等指标进行了深入的研究和界定,具体如下文所述。

1)设计速度

表1-1列出了国外设计速度(Design Speed)的最初定义及其发展的过程。

国外设计速度定义的演变 表 1-1

来源	时间(年)	定义
巴涅特(Barnett)	1936	假定设计速度是在良好的城市地区,行驶较快的驾驶员群体采用的最大合理行车速度
《公路几何设计手册》[*A Policy on Highway Types* (Geometric)]	1940	公路的假定设计速度被认为是行车较快的驾驶员群体最有可能采用、近似的最大速度,但不一定被一部分鲁莽的驾驶员所采用。一条公路选取的设计速度由它所穿过区域的地形、路权和其他因素的成本、基于交通量的经济合理性、交通特征及其他有关因素(如审美方面)考虑决定
《公路设计手册》(*A Policy on Design Standards*)	1941	假定设计速度是行车较快的驾驶员群体很有可能采用、近似的最大速度,但不一定被一部分鲁莽的驾驶员所采用。被认可的速度等级分为30mile/h(48km/h)、40mile/h(64km/h)、50mile/h(80km/h)、60mile/h(96km/h)和70mile/h(112km/h)。公路路段假定设计速度主要取决于公路地形的特点,虽然一条交通密度较大的道路会比同样地形条件下交通密度较小的道路选择更高的设计速度
《乡村公路几何设计手册》(*A Policy on Geometric Design of Rural Highways*)	1954、1965	设计速度是与公路的设计以及车辆运行时的物理特性相关,某一指定路段在有利环境条件下所允许的最大安全行驶车速,即公路路段设计特点所决定的最差路段的最大安全行驶车速
《城市道路设计手册》(*A Policy on Design of Urban Highways and Arterial Streets*)	1973	设计速度是某一指定路段在有利环境条件下所允许的最大安全行驶车速;平均行驶速度是指一个特定路段的加权平均设计速度,此时假定该路段内的每一个子路段都有各自的设计速度,其中长直线部分设计速度高达70mile/h(112km/h)
《公路与城市道路几何设计手册》(*A Policy on Geometric Design of Highways and Streets*)	1984、1990、1994	设计速度是某一指定路段在有利环境条件下所允许的最大安全行驶车速。假定设计速度是一个综合考虑地形、附近土地利用以及公路等级分类的逻辑性指标
《交通控制设施手册》(MUTCD)	1988	设计速度是取决于公路的设计特点,影响车辆运行的速度
Fambro	1999	设计速度是一个选定速度,主要用来决定道路的各种设计几何特征
《交通控制设施手册》(MUTCD)	2000	
A Policy on Geometric Design of Highways and Streets	2001	

从表1-1可以看出,设计速度的概念与道路线形密切相关,设计速度已经成为指导道路设计的依据,是决定公路几何特征的基本要素。公路设计速度是路线设计的一个极其重要的技术指标。

我国行业标准《公路工程技术标准》(JTG B01—2003)中对设计速度的定义为:"设计速度是公路设计时确定几何线形的基本要素,它是在气象条件良好、车辆行驶只受公路本身条件影响时,具有中等驾驶技术的人员能够安全、顺适驾驶车辆的速度。"

2)运行速度

运行速度(Operating Speed)表征了某一道路的实际交通运行情况,它与地形、公路线形条件、交通流量、交通组成、驾驶员期望速度、交通管理设施、路侧管理等因素相关,其定义的演变过程如表1-2所示。

国外运行速度定义的演变　　表1-2

来　源	时间(年)	定　义
HCM	1950	对驾驶员,不同交通量条件下衡量交通拥挤最有意义的指标是行程速度(不包括停车)——驾驶员所能维持的最高安全行驶速度,这个全程速度称为运行速度
Matsonetal	1955	运行速度是最大行程速度(不包括停车),它是一般条件下驾驶员在给定道路上行驶的速度。在天气条件和路面状况良好,交通密度不大的情况下,运行速度和设计速度一样
HCM	1965	运行速度是在良好的交通条件下,驾驶员在给定道路上可以行驶的最大行程速度,任何时候都不超过各路段设计速度决定的安全速度
A Policy on Geometric Design of Highways and Streets	1973	运行速度是在良好的天气和交通条件下,驾驶员在给定道路上可以行驶的最大行程速度,不超过各路段设计速度决定的安全速度
MUTCD	1988	运行速度是典型车辆或所有车辆运行的速度。它可以定义为平均速度、概率限速区间或85%位速度
Glossary of Transportation Terms	1994	运行速度是在普通的交通流和环境条件下,车辆在给定道路上正常行驶的最大安全行驶速度
A Policy on Geometric Design of Highways and Streets	1990、1995	运行速度是在良好的天气和交通条件下,驾驶员在给定道路上可以行驶最大全程速度,不超过各路段设计速度决定的安全速度
Fitzpatrick	1995	运行速度是观测到的驾驶员行车速度。观测到的速度分布85%位速度是最常用的描述特定地点运行速度的统计指标

续上表

来　　源	时间(年)	定　　义
TRB Special Report 254	1998	运行速度是在自由流条件下,驾驶员在路段上选择的行驶速度
MUTCD	2000	运行速度是典型车辆或所有车辆运行的速度。它可以定义为平均速度、速度概率分布区间或85%位车速统计值
A Policy on Geometric Design of Highways and Streets	2001	运行速度是在自由流状态下,观测到的驾驶员的行车速度。观测到的速度分布中85%位速度是最常用的描述特定地点运行速度的统计指标

在我国,对运行速度的定义通常可以表述为:"运行速度是指当交通处在自由流状态,且天气条件良好时,在路段特征点上测定的第85个百分位的车速。"

事实上,该定义具有一定的局限性,混淆了总体与个体的关系,在路段特征点上测定的第85个百分位的车辆运行速度仅是运行速度累计分布值之一,运行速度的累计分布值可以选择不同的百分位的速度值(图1-1)。上述定义是与运行速度的统计特性相违背的。

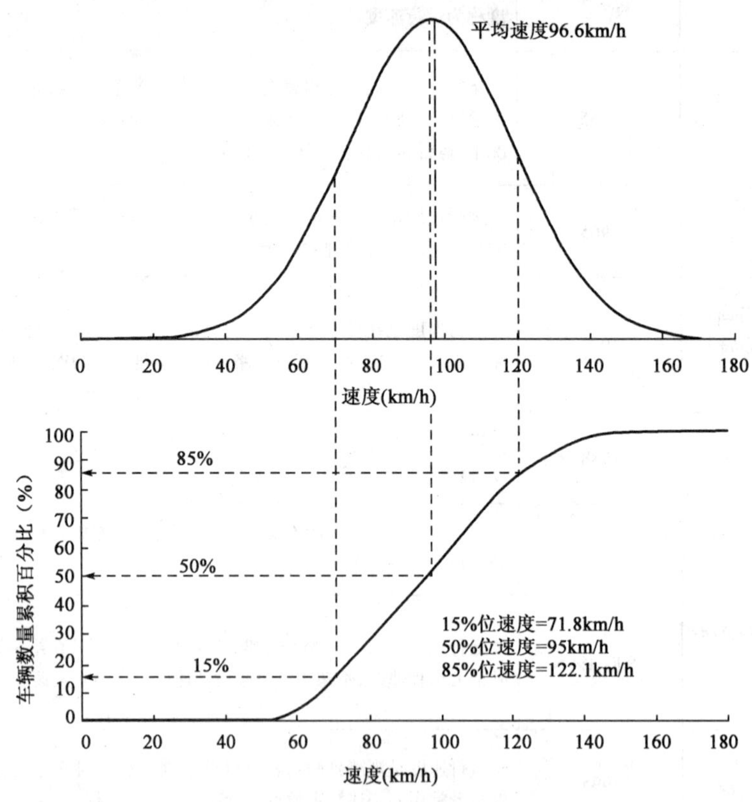

图1-1　我国车辆速度正态分布下的车辆数量累积百分比

鉴于此，对我国通用的运行速度概念进行修正，定义运行速度是指：当交通运行处于自由流状态且天气条件良好时，在路段特征点上观测到的典型车辆或驾驶员行驶速度的统计值；目前国内外常选用第85%位速度作为运行速度的一个重要表征。

1.4.2 速度限制相关的概念

最高限速：很多国家的大部分公共道路都有一个法律规定的最大限制速度。最大限制速度通常基于理想条件下的驾驶速度。我国用于限速的标志属于禁令标志，是法律强制执行的。我国和美国限速标志示意图见图1-2。

最低限速：一些道路有最低的车速限制，主要目的是减少低速车辆对道路交通流的影响。最低限速标志示意图如图1-3所示。

图1-2 中国（左图）、美国（右图）限速标志

图1-3 中国最低限速标志

建议（Advisory）限速：建议限速是由政府推荐的一个限速值，并不要求强制执行，建议驾驶员采用的可能低于限速值的行车速度。行驶速度超过了建议限速并不受处罚。

建议限速标志通常设置在像市中心或者校区这些行人多的地区以及急弯处。建议限速标志各个国家都不相同，美国和澳大利亚在高速路上设置建议限速标志（图1-4），而英国只在转弯的危险路段设置建议限速标志。这些标志强调的限速与常规限速不同。

图1-4 美国（左图）、澳大利亚（右图）建议限速标志

许多研究一直质疑建议限速的有效性。美国在研究时发现，驾驶员不重视在施工路段上的建议限速；曼彻斯特晚间新闻调查发现，几乎所有曼彻斯特城中心的公共汽车都超过了当地10mile/h（16km/h）的建议限速；部分车辆高达30mile/h（48km/h）。

可变限速:在1965年,第一个可变限速标志出现在德国慕尼黑与萨尔茨堡中间的A8号公路,电子的可变信息标志可以提示60km/h、70km/h、80km/h的限制速度,也可以提示危险区与事故多发区。2009年,德国1 300km高速公路上都用这种传感器来检测交通流情况与天气状况的系统。

在20世纪60年代后期,美国新泽西收费公路开始使用可变限速标志与可变信息标志(图1-5)。工作人员可以根据天气以及交通状况调整限速和施工方案。田纳西州的75号州际高速公路由于大雾引发了涉及99辆车的追尾事故,随后在该高速公路上设置了19mile(30km)的可变限速系统。

有关研究结果表明,可变限速标志的设置可以减少出行时间,使交通流更加顺畅。

夜间限速:美国夜间限速标志如图1-6所示。它要求驾驶员在夜间以合理、适宜的速度驾驶。夜间限速标志(通常在日落后30min开始,日出前30min结束)通常设置在因安全行车需要而要求驾驶员以更低速度行驶的道路。

得克萨斯州统一规定所有道路的夜间限制速度为65mile/h(105km/h)。几乎所有白天限制速度为70mile/h(112km/h)或更高的道路,夜间的限制速度都为65mile/h(105km/h)。

学校校区限速:美国在学生有可能穿过街道的地方会设置校区限速标志(图1-7)。在一些管辖区,校区限速在上学前、上学中与放学的任何时候都有效,黄灯闪烁通常表明校区限速有效。在加州,校区限速只是在学生上学时有效,通常定在25mile/h(40km/h)或40mile/h(64km/h)。校区限速有时在放假时也有效,而在一些地区内,校区限速标志在放假时是关闭的,驾驶员可以在正常的限速下行驶。威斯康星州规定校区的限速为15mile/h(24km/h)。

施工区限速:在施工区通过设置限速标志降低通过作业区车辆的车速是最常用的一种限速方法。

图1-5 美国可变限速标志

图1-6 美国夜间限速标志

图1-7 美国校区限速标志

1.5　各国的限速标准

1.5.1　日本的限速标准

日本国道、城市道路的限速为40～50km/h，乡村道路的限速为60km/h。

日本高速公路，城市路段的限速为80km/h，乡村路段的限速为100km/h。

日本的限速决定方法有以下几种。

(1)根据设计速度设定限速值。

日本高速公路的设计速度有三种:80km/h，100km/h，120km/h。

设计速度为80km/h的路段，其限速一般为80km/h，在一些特殊的穿越城市的路段，主要考虑噪声对居民的影响，有时设置为60～70km/h。

设计速度为100km/h、120km/h的路段，其限速值一般为100km/h。

(2)根据85%位车速设定限速值。

(3)根据道路特征设置限速值。

(4)根据路侧形态及其发展水平设置限速值。

(5)根据确定交通运输的社会成本优化设置限速值。

1.5.2　美国的限速标准

根据美国全国性的限速法案或政策的重大变化，可以将美国的限速历史分为以下4个阶段(图1-8)。

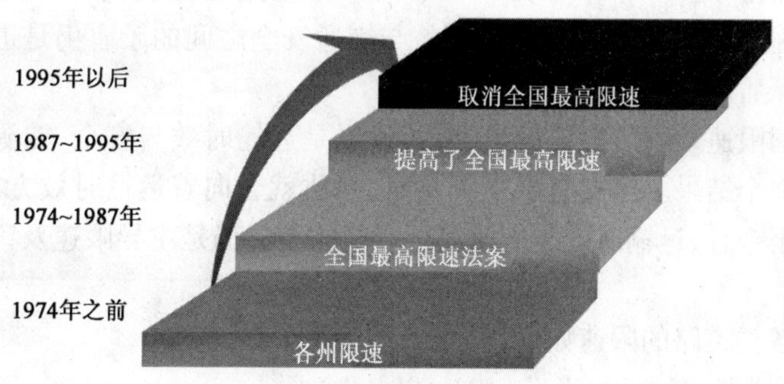

图1-8　美国限速政策的演变

1)1974年之前

1974年之前，属于美国道路建设发展期，随着道路通车里程的增多，机动车数量也大大增加，此时期限速主要是管理者的一个工具，以解决运输时效与交通安全之间的矛盾。

随着交通安全水平的下降、道路条件的改善及车辆安全性能的提高，出现了运输时效与交通安全之间的矛盾，管理政策向着运输时效方面倾斜，于是这个时期限速值总体上是一直在提高。

2）1974～1987 年

1974 年，美国国会通过法案确立了全国最高速度限制（National Maximum Speed Limit，简称 NMSL）。该法案出台的背景主要是出于能源消耗方面的考虑，当时美国机动化水平已经与现在相差不大，而国际石油供应非常紧张，油价持续走高，能源问题已经严重影响了经济发展甚至触及国家战略。制订 NMSL 的目的在于：尽量使车辆以经济燃油速度行驶，减少车辆对石油能源的消耗。在这个时期，运输时效与交通安全之间的矛盾下降为次要矛盾，而运输时效与能源消耗成为当时交通管理中的主要矛盾。

3）1987～1995 年

随着石油供应问题的好转，由于能源问题得到解决，运输时效与交通安全之间的矛盾上升为主要矛盾，在国家层面实施统一的 NMSL 不再适应现实发展要求。这个时期，随着人们对安全、快捷的道路运输的呼声越来越高，对部分道路进行了限速值提高。

1987 年，国会允许各州将乡村州际道路行车条件较好路段的限速由 55mile/h（90km/h）提高到 65mile/h（105km/h）。

4）1995 年至今

1995 年，国会取消了 55mile/h（90km/h）的全国最高限速，将限速的权限下达到各州政府。但各州的速度规章须基于所有 50 个州使用的基本速度法：“在当时的条件下任何人在道路上驾车的速度不能超过一个合理、安全的速度。”许多州很快提高了乡村和城市州际公路限速值。到 2005 年 9 月，31 个州部分道路已经提高了限速值到 70mile/h（112km/h）或更高值。这个时期，运输时效与交通安全之间的矛盾仍是进行限速及确定限速值的主要矛盾。

从以上美国限速发展历史可看出，限速发展是运输时效与安全、能源消耗等之间矛盾逐步平衡的一个结果。当安全水平提高时，矛盾就会向着运输时效方面转化，从而提高限速值。时至今日，运输时效与交通安全之间的矛盾仍是主导限速及确定限速值的主要矛盾。

目前美国各类道路的限速如下。

（1）居民区道路：25～30mile/h（40～50km/h）；

（2）城市主干路：35～45mile/h（55～70km/h）；

（3）主要城市高速公路：50～65mile/h（80～105km/h）；

（4）乡村双车道公路：45～65mile/h（70～105km/h）；

（5）乡村高速公路：55～70mile/h（90～110km/h）；

（6）乡村州际公路：65～75mile/h（105～120km/h）。

等级道路的限速是通过法规制订的，在特定路段的限速区是通过交通工程研究来确定限速值。主要依据是：道路的交通事故历史数据，自由流状态下的85%位车速。其次是考虑道路的设计速度。

1993年，美国运输工程师协会（ITE）建议，限速标准必须建立在充分的实地交通调查与研究的基础上，限速值可以在 v_{85} ±10mile/h（16km/h）的范围内浮动。

美国MUTCD（2003版）中提到，限速值可以参考：自由流状态下的85%位车速值，在其上下浮动5mile/h（8km/h）或10km/h，还要考虑以下因素：

（1）道路属性，路肩条件，平纵线形，视距；

（2）路侧开发强度和环境；

（3）停车行为和行人行为；

（4）过去12个月的交通事故记录；

（5）周边道路的车速限制；

（6）10mile/h（16km/h）步长速度（此速度变化范围内车辆数的比例最高）车速概率分布区间。

不同类型道路制订限速时需要考虑的因素是不同的，具体如下。

州际高速公路：制订限速时需要分析事故严重程度、事故增加的概率和运行速度增加之间的相关关系。

多车道和双车道公路：多车道和双车道公路没有设置中央分隔带，潜在交通冲突比州际高速公路要高。限速应该比低于州际高速公路，因此在制订限速时，主要考虑道路几何线形、出入口的数量和行车道的数量等因素。限速区内采用比设计速度低的限速。

城市居民区：制订限速时，优先考虑交通安全和执法。基于行驶速度的限速是适用于城市居民区道路，因为该类道路上有很高的交通冲突。

1.5.3　加拿大的限速标准

加拿大制订限速值时主要考虑的因素有：85%位车速、道路类型、事故历史数据、毗邻道路的限制值、设计速度、自由流状态车辆的运行速度、平均车速、行人交通。

加拿大需要通过一个系统的过程来建立速度限制，需要用速度限制流程表和道路条件来完成。

1.5.4　意大利的限速标准

意大利的汽车专用高速公路限速值为130km/h，在转弯地点限速值为110km/h。当道路湿滑时，所有道路的限速值均为110km/h。

为了协调意大利交通法律与欧洲交通标准，通过了一项法律，强制执行所有道路的限速值为130km/h。

自2004年开始，意大利政府对限速标准的制订变得严格起来，并在所有道路系统上安装超速相机。尽管意大利的交通安全在欧洲排名靠后，2004年意大利政府还是提高了限速标准，为150km/h。意大利交通部称，提高限速值有利于提高道路的通行能力，并能提高驾驶员注意力。

1.5.5 德国的限速标准

德国没有实施全国性的限速。德国30%高速公路设置限速标志，10%的高速公路设置公路监控系统来检测车速，但没有实施全国性的限速。

对小轿车，在有中央分隔带的快速路和单方向至少两个车道的公路上，其建议最高车速为130km/h。

1.5.6 澳大利亚的限速标准

澳大利亚的州和特区采用默认限速值和限速区两种形式。限速区外的默认限速值为：

(1)建成区内的限速值为50km/h(北部地区60km/h)。

(2)建成区外的限速值为100km/h(西澳大利亚和北部地区农村公路的限速值为110km/h，北部地区乡村高速公路的限速值为130km/h)。

1.5.7 新西兰的限速标准

新西兰的限速分为：城市道路限速和乡村道路限速、长期限速、节假日限速、临时限速、可变限速、最小限速。

城市和乡村道路限速如下：

(1)城市道路限速值为50km/h；

(2)乡村道路限速值为100km/h。

《新西兰速度限制》(*Speed Limits New Zealand*)提出了基于以下信息来计算限速值的方法：

(1)现行限速值；

(2)周围土地环境性质(如农村、城市边缘、完全开发等)；

(3)道路功能(主干路、集散道路或者地方道路)；

(4)详细的路侧发展数据(如房屋数、商店数、学校数等)；

(5)支路(Side Roads)的数量和性质；

(6)道路特征(如中央分隔带、车道宽度和数量、道路线形、照明、人行道、非机动车道、停车设施等)；

(7)机动车、非机动车、行人交通量；

(8)交通事故数据；

(9)调查的行车速度。

基于上述调查数据，进行各道路的评级。该评级由道路发展状况评级与道路评级两部分组成。道路发展状况评级指道路预计的机动车、行人、自行车日交通量；道路评级指道路上的行人、自行车、停车、几何线形、交通控制与道路使用状况。

1.6 限速的相关研究

1.6.1 限速值的优化技术

美国国家公路协作研究会（NCHRP）编写的《速度管理：当前限制速度设置与执法概况》（*Managing Speed: Review of Current Practice for Setting and Enforcing Speed Limits*）中指出，限制速度（Posted Speed Limit）是一种“发布出来的速度界限值”，它不像平曲线半径等设计要素一样具有某种确切的物理学方程，也不像运行速度、行驶速度有着清晰的统计学定义，就本质而言，速度限制值只是一个人为制订的数值。

对于限速值的制订，目前主要采用最优化限速法，国内外该方面的研究尚不多见。

最优限速是 Oppenlander 于 1962 年提出的，其思想是从社会角度衡量使限速值为最优。最优限速值的确定过程考虑了很多边际成本，所以按此方法确定的限速值对驾驶员个体而言并非最优。该方法可用于确定不同道路类型的法定限速值，也可用于限速区限速值的确定。然而，其关键变量难以量化，在实施过程中与个体驾驶员实际的速度选择状况相差较大，导致其执法可行性相对较低，所以目前仍未在实践中得到广泛应用。

挪威的 Rune Elvik 亦对最优限速问题进行了研究。研究中以挪威和瑞典的各种道路为研究对象，以使交通的社会总成本、出行时间、车辆运行成本、交通噪声及其所带来的空气污染最小化作为确定最优限速的目标，其所需要的市场价值参数主要通过 SP 调查的方法确定；对从社会、道路使用者、纳税人以及居民等 4 个不同角度所得出的最优限速值进行了对比。结果表明，不同角度所得到的最优限速值存在差异；一般而言，从道路使用者角度和纳税人角度出发所得到的最优限速值较高，而从居民角度得到的限速值较低。图 1-9 更为直观地说明了以上几点。

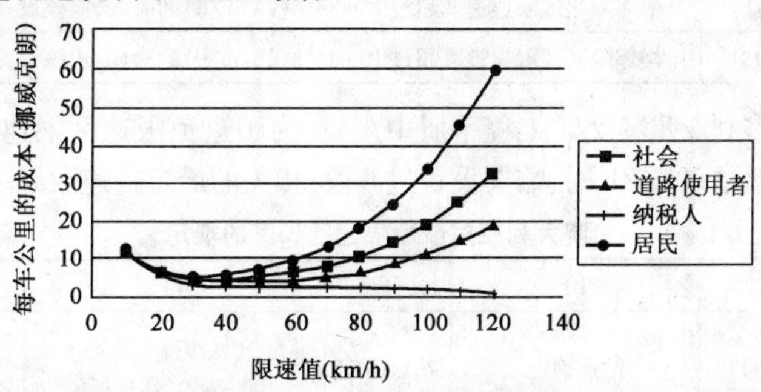

图 1-9 从不同角度出发得到的挪威居住区道路的最优限速

我国哈尔滨工业大学的程国柱博士提出基于运筹学的最优化理论，以汽车行驶广义费用最小为目标函数，以车辆行驶的安全性、燃油经济性、舒适性为约束条件，建立数学模型，求解高速道路（主要指高速公路和城市快速路）最高限速的基准值，考虑运行速度、道路线形条件、交通条件、路面条件等因素，对基准值加以修正，得到可实际应用的最高限速值。

此外，程国柱博士还就高速道路的最低车速限制基于同样的思想建立优化模型，求解得到高速道路不同车型对应不同设计速度的最低车速限制值。

1.6.2 限速区及其过渡段长度的设计标准

在美国，当特定路段或地点的道路不能满足州立限速时，就要因地制宜地具体问题具体分析。一般限速区限速的方法不适用于交通组成复杂的城市道路。

ITE 编写的《速度设置指南》（*Speed Zoning Guildlines*）中规定，限速值应是接近 85% 位速度，且被 5 整除的数值或者是 10mile（16km/h）间距的上界。当法定限速与运行速度之间的差值不超过 3mile/h（5km/h），就不需要设置限速区。

相邻两个限速区之间的速度差值不应该大于 15mile/h（24km/h）。如果相邻限速区的 85% 位速度突变超过 15mile/h（24km/h），就需要设置过渡段。在美国，每个州根据各自不同的情况制定法规，具体指导限速区的设置如表 1-3 所示。

美国各州关于过渡段设置的规定 表 1-3

州 名	内 容
缅因（Maine）	过渡段的最小的长度是 0.3mile（约 0.5km）
佛罗里达（Florida）	相邻限速区限速递减超过 10mile/h（16km/h）的时候，应该设置过渡段，最小路段长度取决于驾驶员对新限速的适应程度
特拉华（Delaware）	55mile/h（88km/h）到 25mile/h（40km/h）的速度之间的过渡段限速为 35mile/h（56km/h）
弗吉尼亚（Virginia）	在城郊的边界，设置 55mile/h（88km/h）的过渡段，从城市过渡到郊区
科罗拉多（Colorado）	相邻限速区限速递减超过 15mile/h（24km/h）的时候，应该设置过渡段
伊利诺伊（Illinois）	相邻限速区限速递减超过 10mile/h（16km/h）的时候，应该设置过渡段

澳大利亚维多利亚州的交通工程手册中规定，为了避免限速区限速的频繁变化，当限速区的速度跳变超过 20km/h 时，需要设置过渡段，相关的最短限速区规定如表 1-4 所示。

澳大利亚对最短限速区长度的规定 表 1-4

限速（km/h）	10	30	40	50
限速区最短长度（m）	站点确定	站点确定	500（城市商业中心） 200～400（学校区）	500（乡村） 300（城镇中心）

续上表

限速(km/h)	60	70	80	90	100	110
限速区最短长度(m)	600 300~600(校区)	700	800	900	2 000	5 000

为了避免限速值的频繁变化，澳大利亚西部地区相关文件规定，限速值变化的最小步长为10km/h，对应不同的限速值，采用的最小限速区长度如表1-5所示。

澳大利亚西部地区最小限速区长度推荐值 表1-5

限速值(km/h)	30	40	50	60	70	80	90	100	110
最小限速区长度(km)	0.3	0.4	0.5	0.6	0.7	0.8	0.9	2	4
过渡段(km)	0.3(最小)推荐0.5								

过渡段的长度通常为500m，最短不能小于300m。如果过渡段包含事故多发点，或特殊的平纵曲线段，过渡段长度可以大于500m。

1.6.3 最低限速标准

《中华人民共和国道路交通安全法实施条例》第七十八条规定，高速公路应当标明车道的行驶速度，最低车速不得低于60km/h。同方向有两条车道的，左侧车道的最低车速为100km/h；同方向有三条以上车道的，最左侧车道的最低车速为110km/h，中间车道的最低车速为90km/h。

哈尔滨工业大学的程国柱博士采用回归分析方法，建立了车速离散度与事故率的关系模型，确定了车速离散度的阈值，从行车安全角度给出最低车速限制基于车速离散度的约束条件，即最低车速限制值应大于最高车速限制值的62%。以油耗量最小作为最低车速限制的目标函数，采用回归分析方法建立油耗与车速关系模型，给出不同坡度下的经济车速，认为最低车速限制值应取62%最高车速限制值与经济车速的较大值。

湖南大学的唐敏文对长潭高速公路各观测断面的小型车和载重车辆运行速度进行了分析和研究，建议我国高速公路最低限速标准同样应该按照小型车和载重车辆进行划分，小型车采用其25%位车速作为最低限速标准，载重车辆则应采用中型车30%位车速。

北京工业大学的连嘉以控制速度离散程度，减小大、小车速度差为目标，将安全因素作为首要原则，运用速度离散度模型，确定了最高限速和最低限速的关系，考虑我国货车实际的动力性能，确定了不同设计速度下的合理最低限速值。不同设计速度的高速公路最低限制速度如表1-6所示。

高速公路最低限速值的推荐值　　表 1-6

设计速度(km/h)	最高限速(km/h)	最低限速(km/h)
120	120	65
100	95	60
80	85	55
60	65	45

长沙理工大学交通运输学院的李峰等人建议：当车流密度小于临界密度时，可以简单用85%位车速作为限速值；当车流密度大于临界密度时，为防止离散性过大影响交通安全性和畅通性，限速值应取在85%位速度以下。为降低离散性，还应对最低车速进行限制，一般取15%位车速，由于大中型车15%位车速偏低，如果将其作为最低车速限制取值的依据，认为会提高车速的离散性，观测显示小型车15%位车速相当于混合车流的20%位车速，故建议将小型车的15%位车速作为最低车速限制，同样可保证大多数车辆的行驶要求。

1.6.4　可变限速

可变限速，即根据高速公路的交通流状况、路面状况、能见度、交通事件与事故情况等实时地调整为最适合当前高速公路运行状况的限速标准，提高道路的运行效率和降低事故发生率。

在荷兰，高速公路网络上安装了渐变限速系统。3个互通立交桥12mile(20km)的长路段每0.6mile(1km)就设一个显示牌。在易发生交通拥挤的路段，限制速度相应地降低为90km/h、70km/h或者50km/h。

法国公路上采用随天气情况而调整可变限速。在干燥的天气情况下，郊区双车道或三车道公路限速值为90km/h，郊区四车道公路限速值为110km/h，郊区高速公路限速值为130km/h。雨天，限速值相应地降低为80km/h、100km/h和110km/h。城市道路限速值为50km/h，不受天气的影响。雾天和其他低能见度如小于50m的情况下，所有道路的限速值低于50km/h。

自1995年起，在英国M25号高速公路上交通量最大的14mile(23km)路段上试验采用可变限速和自动执法设施。最初的试验结果表明可变限速可以节省行车时间，使交通流更顺畅，减少交通事故数量，因此1997年在M25号高速公路试验路段永久实施可变限速。但在M25号高速公路上进一步的试验结果如何，迄今尚无定论。

Coleman等人(1996年)研究了新西兰的雾天预警—限速建议系统和高速公路信号监控系统。雾天预警—限速建议系统根据能见度的不同，可以将限速值从62mile/h(100km/h)降低至50mile/h或37mile/h (80或60km/h)。该系统被证明是有效的，使车辆平均速度减少了5~6mile/h(8~10km/h)(虽然速度仍比限速值高)，并降低了车辆的速度标准差,减少了车头时距较小的车辆比例。

德国乡村高速公路,采用全自动可变限速系统,主要根据监测得到的交通流、车辆速度、路面状况、风、雾等数据实时调整限速值。德国的可变限速值如表 1-7 所示。

德国乡村高速公路可变限速值的制定　表 1-7

交通量	限速值(km/h)			
	白天晴天	夜间雨天	白天潮湿	夜间潮湿
低	130	120	110	110
中	110	110	100	100
高	90	90	80	80
不稳定	70	70	70	70

吉林大学的隽志才、姚宏伟、朱泰英等运用计算机对高速公路典型路段可变限速系统进行模拟,根据行程时间和实际服务流量确定不同交通量情况下可变限速的最佳值,并基于行程时间的节省,测出各交通量条件下实施可变限速货币化的增量效益,进行了成本效益分析,采用数据包络分析方法进行多目标综合评价。

从收集的国内外资料来看,国外在大量数据的基础上,从速度与安全、速度与效率、限速区设置、速度控制技术等方面展开了长期而大量的研究,分别建立了速度与各种参数之间的互动关系量化模型。限速的制订方法有法定限速、按 85% 位速度制订、最优化方法、专家系统法等。单独与组合速度控制技术的适用性、设置方法、速度控制效果等尚未进行深入系统的研究。

国内一些单位也进行了初步的研究,主要包括车速与事故的关系研究以及车速与道路线形指标的关系研究。目前,我国还没有形成一整套关于限速与速度控制的理论方法,还需要进行深入的理论研究和工程实践。

1.7　限速与执法的相关性

限速的效果主要取决于警察的执法力度以及其他一些速度控制技术的应用。世界各国的实践经验均表明,仅靠限速标志无法达到规范车流运行速度的目的。因此,在一定的速度限制方法与技术基础上,辅以执法是很有必要的。

美国目前广泛采用新技术以提高速度管理的执法能力,如雷达、激光雷达、VASCAR(空中速度测量)、超速拍照(雷达信号触发相机,拍下超速车辆的车牌和图片),都被警察用于检测超速。

与美国相比,欧洲和澳大利亚更多地使用雷达和相机。在荷兰,警方执法主要方法如表 1-8 所示。

荷兰限速执法技术及效果　　表 1-8

执法技术	描述	效果
高速公路通信系统	目的是缓解交通拥堵以及因排队产生的二次事故,并安全地关闭道路维修或紧急事故车道	该系统可以减少约50%的二次事故,节约5%~15%的旅行时间。该系统的费用估计每公里为70万~100万美元
80km/h限速公路的速度检测管理措施	通过物理和视觉措施,鼓励驾驶员遵守80km/h的限速	通过2年内对4条公路的观测,结果表明:有速度感知措施的道路上车速降低5~10km/h,道路交通事故率下降了36%,未设置这些措施的道路事故率上升了17%
高速公路的非现场执法	也称超速拍照。雷达信号触发相机,拍下超速车辆的车牌和图片,日期、时间、地点以及速度与照片一起被记录下来	通过超速抓拍,每小时减少70%的超速,提高了执法人员的工作效率

与邻国丹麦、芬兰、荷兰、挪威不同,瑞典没有国家级的交通警察厅,即公路巡逻或国家警察。执法是区域和地方的责任,表1-9为1994年瑞典警察监督方法与违法记录。

瑞典警察监督方法与违法记录　　表 1-9

监督方法	1994年违法记录(起)	执法方式	所占比例(%)
雷达	55 128	自动执法	82.3
激光设备	44 114		
直升机	2 719		
使用警车的巡警	2 366	人工执法	17.7
使用无标志车辆的巡警	9 100		
使用警用摩托的巡警	1 690		
使用无标志摩托的巡警	1 226		
手册记录	281		
其他方法	3 221		
总计	123 845		100

在我国,除了交管部门在道路上采取了上述类似的限速设施和加强执法来进行车速管理外,一些汽车企业也在控制车速、保障道路交通安全方面做了大量的研究。其中,最为突出的是车载限速器。目前,车载限速器分为两种:一种是在车辆超速时发出语音警报,提醒驾驶员减速;另一种是在车辆超过限速后,通过车载电脑发出指令,强制降低车辆行驶速度。据有关资料介绍,一台语音提示的车载限速器成本在2 000~3 000元人民币之间,而强制降速的限速器成本更高。由于其成本的原因,国内汽车企业一般不会主动在车辆内安装限速器。

1.8 本书主要内容

本书所述限速主要针对我国高速公路及一、二级干线公路。从理论上讲，限速应该包括最高限速和最低限速两类，但由于最低限速在实际应用中缺乏执法的可实施性，本书仅对最高限速的相关内容进行了探讨，没有对最低限速进行深入分析。因此，本书后文中提到的“限速”，除特别说明外，均指“最高限速”。

本书主要内容如下：

(1)公路限速的概念

结合国内外各种速度指标，尤其是限速的定义、应用经验等宏观数据，从概念层次理清了不同速度指标的区别与联系，探讨了各自不同的适用范畴及其描述方法之间的联系。

(2)限速对车辆运行的影响

结合调研数据，主要针对高速公路及一、二级干线公路的限速与设计速度，限速与运行速度的关系进行定性介绍。

(3)限速的影响因素

根据调研样本公路的限速值、交通安全状况、交通运行状况及执法成本等与限速相关性研究成果，分析限速的影响因素。

(4)限速的综合决策技术

介绍限速值方式，限速值步长，限速值确定模型等相关关键技术；分析可变限速技术的作用，提出基于昼夜分隔的可变限速设置建议。

(5)限速区限速设计方法

介绍限速区过渡段的概念及其设计方法，给出限速区的最小长度设计方法以及过渡段长度的设计方法。

(6)速度控制技术与方法

分析样本公路速度控制技术(包括限速标志、监控设施、横向振动减速标线、纵向视觉减速标线、减速丘等)的实施效果、存在的问题等，分别提出各常用速度控制设施的设置条件、设置位置等技术要点。

(7)附件 《公路速度限制与速度控制技术指南》及相应条文说明

该指南基于上述研究成果，系统地为我国公路、交通管理部门解决“在哪里设置限速标志、限速值取多少、采用什么方法和配套速度控制设施及限速效果如何”等一系列实际问题提供了依据。

第 2 章　限制速度、设计速度、运行速度的相关性研究

2.1　公路速度指标的概念性与结构性分析

公路设计与交通管理中的速度指标，一般分为设计速度、运行速度、行驶速度、期望速度、限制速度等。相关研究中由于侧重点不同，出现了很多不同的定义，本章根据实际需要采用的不同速度定义如下。

(1)设计速度：设计速度是公路设计时确定几何线形的基本要素。它是指在气象条件良好、车辆行驶只受公路本身条件影响时，具有中等驾驶技术的人员能够安全、顺适驾驶车辆的速度，是公路最不利道路条件处的最大允许行车速度。

(2)运行速度：指当交通运行处于自由流状态且天气条件良好时，在路段特征点上观测到的典型车辆或驾驶员行驶速度的统计值。通常将第 85% 位速度作为运行速度的一个重要表征。

(3)期望速度：指在自由流状态下，驾驶员在不受道路线形特征约束的条件下所选择的行驶速度。

(4)限制速度(Posted Speed Limit)：指道路运营后，在保障车辆安全运行条件下，道路交通管理部门为发挥道路的运输效率，对道路上行驶车辆规定的车速管理，其包含最高行驶速度限制和最低行驶速度限制。限速具有法律效力，是交通警察执法的依据，也是分析交通事故原因常用的一个指标。

(5)85% 位速度：在观测车辆的地点速度中，有 85% 的车辆其地点速度都低于或等于该值。

(6)限速区过渡段：为避免前后限速区由于限速值相差过大而设置的限速过渡路段。

以上这些速度指标在公路设计、建造与运营管理实践中出现的顺序、层次及其互动关系是不同的，如图 2-1 所示。设计速度是确定道路几何线形的基本要素，它直接影响限制速度、运行速度和驾驶员的期望速度选择。限制速度是具有法律效应的速度值，如设置合理，与运行速度之间存在一定的互动关系。运行速度常以统计指标表征，如百分位值、均值和标准差等，它直接反映驾驶员对速度的选择。期望速度是个体驾驶员的主观意愿，与道路交通条件紧密相关，它直接影响车辆的运行速度。

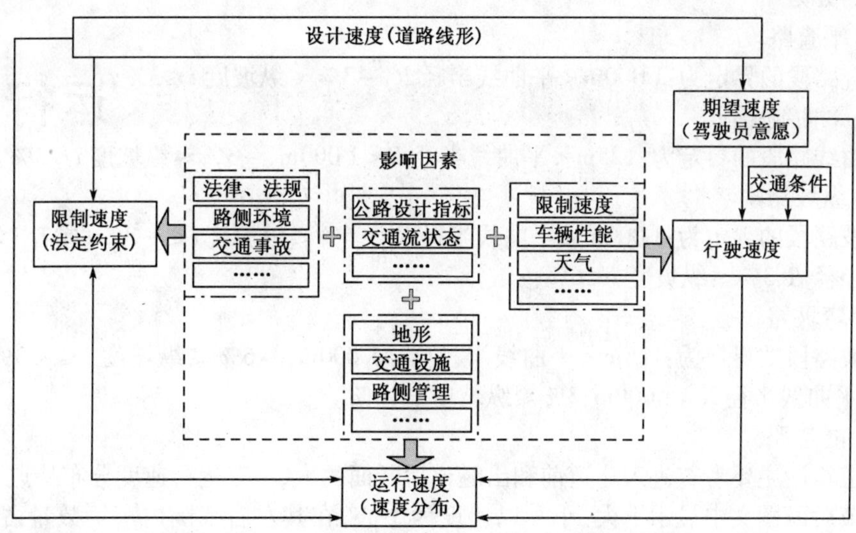

图 2-1　各种速度指标间的逻辑关系

在所有的互动关系中,设计速度、运行速度与限速的相互关系是确定合理限速值的前提与根据。从 20 世纪 30 年代以后,设计速度一直是公路设计的依据,如选择平、纵面设计参数,超高、加宽等的设计等;而运行速度是指驾驶员根据实际道路情况自我选择的行驶车速;限制速度是从安全和运营效率的角度,限制公路某一路段的最高车速。作为国外工程界的通常做法,限速是通过定点单车自由流车速的实地观测并经统计分析,取其 85%位车速作为限速值的。同时,限速值的确定也需考虑其他因素,如该路段交通事故历史数据、路侧安全设施或改善情况、沿线土地开发利用的特点以及国家强制最高限速等。

由定义可见,设计速度和限制速度的出发点不同:前者着眼于公路设计;后者着眼于道路使用者。前者受设计标准制约,考虑近乎极限条件下(即考虑很大的安全系数)的行车安全;后者则假定道路使用者会合理地选择行驶车速,并从统计的观点加以确定。两者是互相联系的。设计速度是限制速度的基础,限制速度在一定程度上可以反映设计速度。

研究限速与设计速度、运行速度的相关性是确定合理限速值的前提。高速公路和其他等级公路在设施构造、交通流运行特征、车辆组成、交通安全水平等方面存在诸多差别。本章分别以高速公路,一、二级干线公路作为对象,分别研究限速、设计速度、运行速度之间的相关关系。

2.2　不同路段条件下车辆运行速度的分布特点

将调研路段分成平直路段、平曲线路段、纵坡路段、弯坡路段、隧道路段 5 类,分析不同等级公路上述路段大、小车的运行速度分布特点。

结合《公路项目安全性评价指南》(JTG/T B05—2004)中不同类型路段的划分原则,

将路段划分为如下。

(1)平直路段

平直路段的界定为:1 000m < 平曲线半径 R, $-3\% \leqslant$ 纵坡度 $i \leqslant 3\%$。

(2)平曲线路段

平曲线路段的界定为:125m < 平曲线半径 R < 1 000m, $-3\% \leqslant$ 纵坡度 $i \leqslant 3\%$。

(3)纵坡路段

纵坡路段的界定为:1 000m < 平曲线半径 R, $-6\% \leqslant$ 纵坡度 $i \leqslant -3\%$;或者 1 000m < 平曲线半径 R, $3\% \leqslant$ 纵坡度 $i \leqslant 6\%$。

(4)弯坡路段

弯坡路段的界定为:125m < 平曲线半径 R < 1 000m, $-6\% \leqslant$ 纵坡度 $i \leqslant -3\%$;或者 125m < 平曲线半径 R < 1 000m, $3\% \leqslant$ 纵坡度 $i \leqslant 6\%$。

(5)隧道路段

隧道路段主要考查进入隧道前和出隧道后断面的大、小车运行速度分布特点。

本节后面图文中显示了大、小车以速度为中心,在其左右范围内车辆数量占总数量85%的车辆速度上、下限。结果表明,线形条件是影响驾驶员选择速度的一个重要因素。通常情况下,对于不同路段,干线一、二级公路大、小车的速度标准差都要大于高速公路的大、小车速度标准差。对于平直路段,小车由于自身动力性较好,加之驾驶行为不受线形约束,驾驶员选择速度的行为偏差大,小车的速度标准差较大。对于小半径的平曲线路段,大、小车的速度标准差较小,线形条件限制了驾驶员选择速度的行为。对于长大下坡路段,不良的线形限制了驾驶员选择速度行为的自由度,从而导致大、小车的速度标准差较大。对于弯坡组合,如果路段不是大下坡,则大、小车驾驶员的驾驶行为比较一致,也就是此路段的大、小车速度标准差比大下坡弯坡路段的速度标准差小。与隧道前相比,驾驶员在隧道后的驾驶行为偏向安全,驾驶行为比较一致,大、小车速度标准差较隧道前的速度标准差小。

2.2.1 基础研究数据简介

1)基础数据简介

本书的基础研究数据是通过单独调研、联合调研等工作方式,紧紧围绕限速研究的需要,先后在新疆、云南、河南、重庆、湖南、陕西、江西、广东、北京等9个省(自治区、直辖市)共计16条样本公路(共计2 000余千米)完成了相关数据的调研,为后续的数据分析、模型构建等打下了良好的基础。

在调研过程中,课题小组通过与公路管理者座谈、对道路使用者进行问卷调查及实地观测等手段,获得了丰富的数据样本,主要包括:交通事故、道路线形、道路几何参数、交通流量、车速等。

2)限速车型的划分标准

目前,我国公路上运行的车辆类型较多,但是小客车与其他大型车辆、载重车辆的运行特性具有显著的差异。因此,根据《公路工程技术标准》(JTG B01—2003)2.0.1条款,公路设计所采用的设计车辆外廓尺寸的规定——小客车的轴距为3.8m。本书以轴距3.8m为基准线,将所有公路车辆分为两种类型:轴距小于等于3.8m的车辆归为小车(后文提到的小车均指此类车),轴距大于3.8m的车辆归为大车(后文提到的大车均指此类车)。

2.2.2　高速公路平直路段车辆运行速度分布特点

选取平原区的河南安新高速公路的平直路段进行交通流观测。该检测断面为直线段,具体信息见表2-1。相对于其他类型的路段而言,对于动力性能良好的小车,平直路段线形变化小,视距顺畅,驾驶员驾驶车辆的自由度增加,因而平直路段上小车速度的离散程度较大,导致小车速度的标准差最大。

河南安新高速公路平直路段车辆运行速度标准差　　表2-1

调研断面	限速(km/h)	大车速度标准差(km/h)	小车速度标准差(km/h)
平直路段	小车120,大车100,货车90	12.25	24.97

图2-2和图2-3中大、小车的速度分布显示,对于平直路段大、小车的平均速度都小于限速值90km/h和120km/h。相对于其他类型路段,平直路段大、小车平均速度与限速值差值最大。图2-3中以中位速度为中心,85%的小车速度分布在68.0~141.7km/h的区间,即通过该观测断面85%小车的速度差最高达73.7km/h。图2-2中以中位速度为中心,85%的大车速度分布在55.7~89.1km/h的区间,85%大车的速度差值高达33.4km/h。

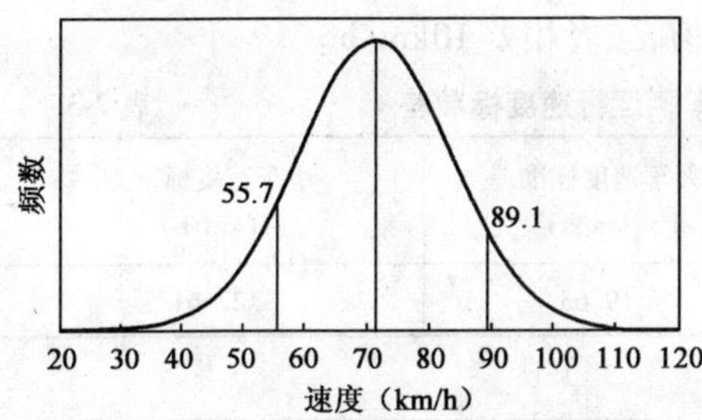

图2-2　河南安新高速公路平直路段大车速度分布图

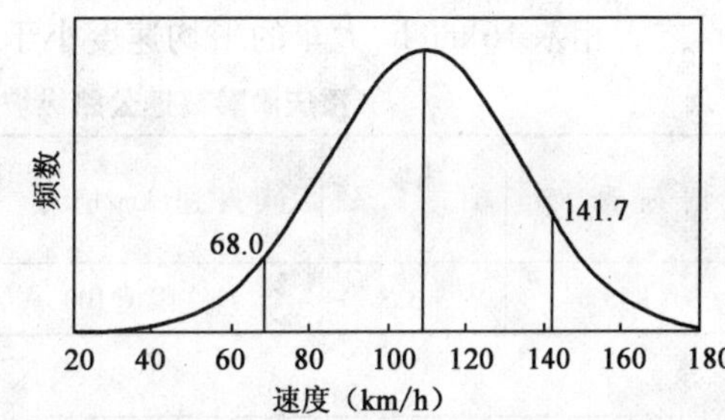

图2-3　河南安新高速公路平直路段小车速度分布图

2.2.3　高速公路平曲线路段车辆运行速度分布特点

穿越秦岭主山脉的西汉高速公路,该路地形条件复杂,桥梁隧道诸多。选取汉中至西安方向的小半径平曲线路段进行交通流观测。从表2-2可以看到,对于小半径的平曲线路段而言,大、小车的速度标准差非常接近。从图2-4和图2-5可以看出,小车的平均速度接近于限速值且小于限速值,大车的平均速度小于限速值且二者偏差较大。上述现象说明了对于小半径的平曲线路段,大、小车驾驶员的驾驶行为较为一致。

陕西西汉高速公路平曲线路段车辆运行速度标准差　　表 2-2

调研断面	纵坡（%）	平曲线半径（m）	限速（km/h）	大车速度标准差（km/h）	小车速度标准差（km/h）
K76 + 342	-1.4	350	统一限速 80	16.15	17.29

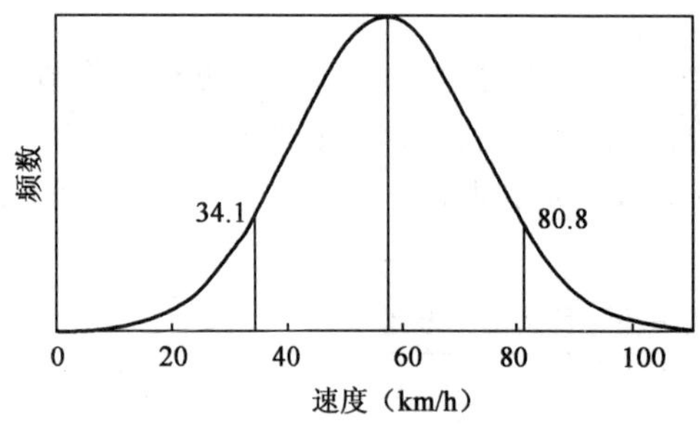

图 2-4　西汉高速公路平曲线路段大车速度分布图

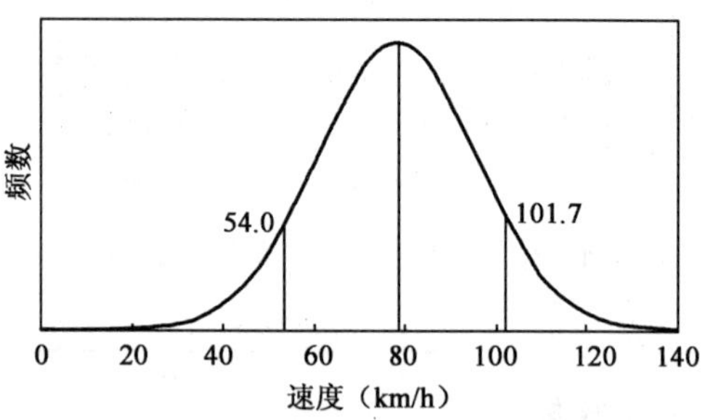

图 2-5　西汉高速公路平曲线路段小车速度分布图

2.2.4　高速公路纵坡路段车辆运行速度分布特点

渝黔高速公路是国道主干线重庆至湛江公路在重庆境内的一段，全长 134km。选取为重庆至湛江方向的下坡坡度 3.8%，坡长为 7km 的路段进行交通流观测。表 2-3 显示对于相对于其他类型路段，该长大下坡路段的大车速度标准差最大，小车速度标准差仅次于平直路段。长大下坡特殊的线形引起大、小车驾驶员的驾驶行为偏差较大。此路段为统一限速，限速值为 100km/h。由图 2-6 和图 2-7 可以看出，小车的平均速度大于限速值，二者相差 16km/h；大车的平均速度小于限速值，二者相差 10km/h。

重庆渝黔高速公路纵坡路段车辆运行速度标准差　　表 2-3

调研断面	纵坡（%）	限速（km/h）	大车速度标准差（km/h）	小车速度标准差（km/h）
K35	-3.8	统一限速 100	19.63	22.61

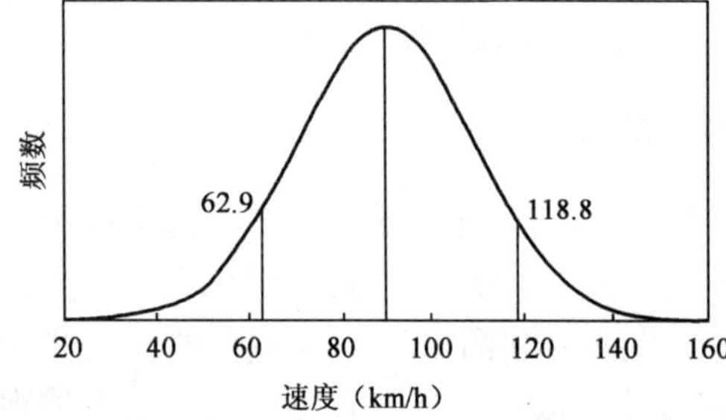

图 2-6　重庆渝黔高速公路纵坡路段大车速度分布图

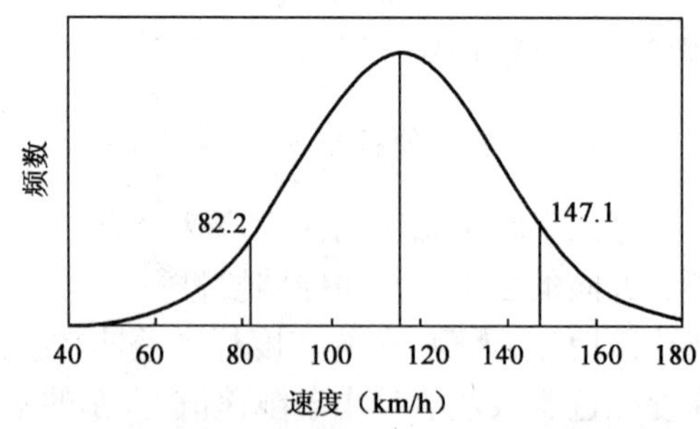

图 2-7　重庆渝黔高速公路纵坡路段小车速度分布图

2.2.5　高速公路弯坡路段车辆运行速度分布特点

选取西汉高速公路汉中至西安方向的弯坡路段作为交通流观测断面。该路段的平曲线半径为260m,纵坡为4.6%。由表2-4、图2-8 和图2-9 可以看出,小车在该弯坡路段的平均速度接近于统一限速值 60km/h。大、小车速度标准差也较小,这主要原因是:行驶在小半径曲线的上坡路段,大、小车驾驶员进行速度选择的范围小。可见,不良的线形条件影响驾驶员对速度的选择。

陕西西汉高速公路弯坡路段车辆运行速度标准差　　表 2-4

调 研 断 面	纵坡（%）	平曲线半径（m）	限速（km/h）	大车速度标准差（km/h）	小车速度标准差（km/h）
K55 +210	4.6	260	统一限速 60	10.61	12.41

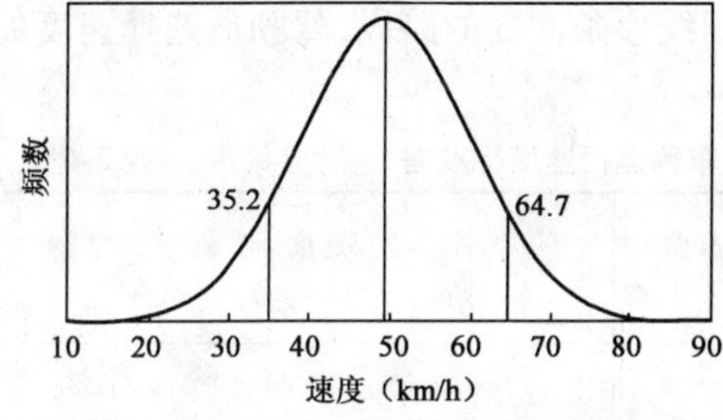

图 2-8　陕西西汉高速公路弯坡路段大车速度分布图

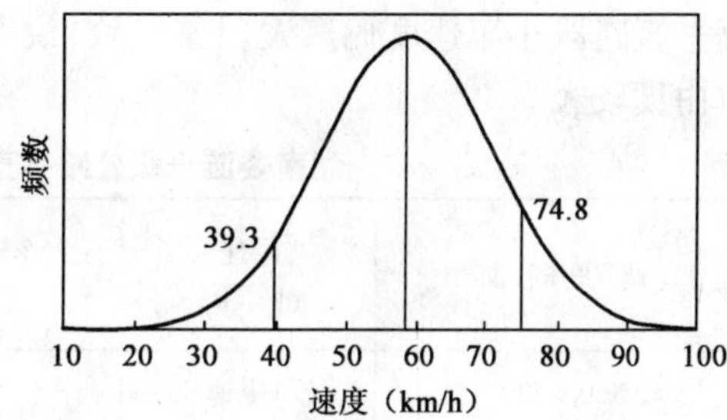

图 2-9　陕西西汉高速公路弯坡路段小车速度分布图

2.2.6　高速公路隧道路段车辆运行速度分布特点

选取云南罗富高速公路罗村口向富宁方向的进出六益隧道的前、后断面作为交通流观测断面。表 2-5 表明,出隧道时的大、小车速度标准差均小于进入隧道时的大、小车速度标准差。这说明驾驶员出隧道的驾驶行为与进入隧道的驾驶行为相比较,更为一致,驾驶行为谨慎。由图 2-10 和图 2-11 可以看出,出隧道时,小车的平均速度小于限速值 60km/h;进隧道时,小车的平均速度大于限速值 60km/h。

云南罗富高速公路隧道前、后车辆运行速度标准差　　表 2-5

调 研 断 面	限速（km/h）	大车速度标准差（km/h）	小车速度标准差（km/h）
K4 +617(隧道前)	统一限速 60	12.19	17.72
K3 +433(隧道后)	统一限速 60	5.65	10.59

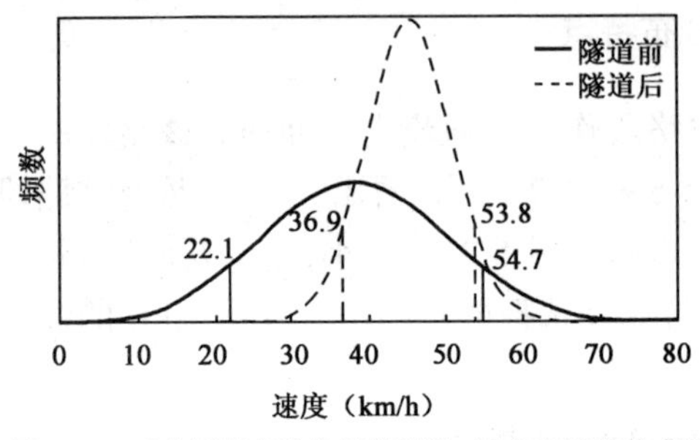

图 2-10　云南罗富高速公路隧道前、后大车速度分布图

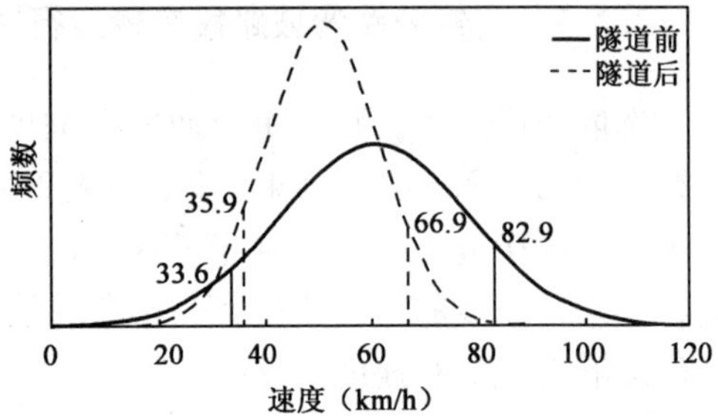

图 2-11　云南罗富高速公路隧道前、后小车速度分布图

2.2.7　一、二级干线公路平直路段车辆运行速度分布特点

选取湖南娄涟一级公路的平直路段进行交通流观测。表 2-6、图 2-12 和图 2-13 表明，相比于其他类型路段，平直路段小车速度标准差较大，仅次于纵坡路段。这与高速公路平直路段小车速度偏离大现象一致，说明对于线形条件好的路段，驾驶员选择速度的自由度较大。

湖南娄涟一级公路平直路段车辆运行速度标准差　　表 2-6

调 研 断 面	限速（km/h）	大车速度标准差（km/h）	小车速度标准差（km/h）
K60 + 539	统一限速 80	16.80	21.64

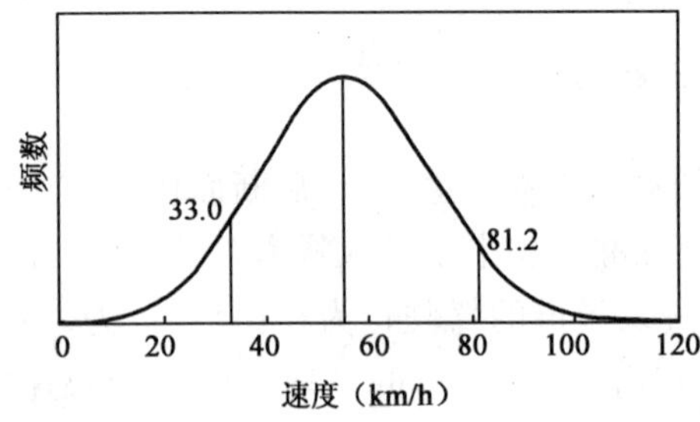

图 2-12　湖南娄涟一级公路平直路段大车速度分布图

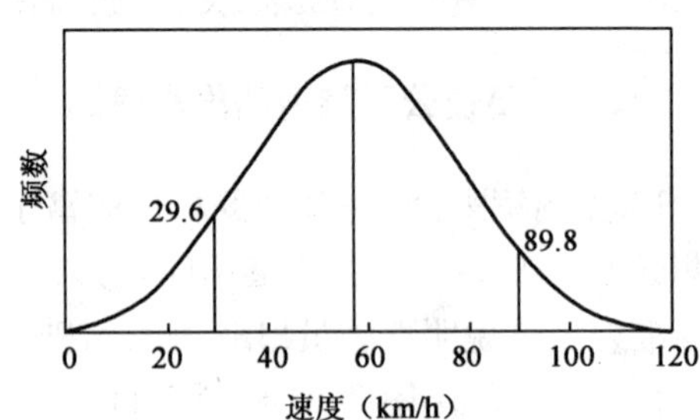

图 2-13　湖南娄涟一级公路平直路段小车速度分布图

2.2.8　一、二级干线公路平曲线路段车辆运行速度分布特点

选取江西宜安二级公路的平曲线路段进行交通流观测。表 2-7 表明大、小车平均速度均高于限速值 60km/h。图 2-14 和图 2-15 表明，与其他类型路段相比，小半径平曲线路段大、小车的速度标准差要小一些，这说明在小半径平曲线上，大、小车驾驶员的对车速的选择比较一致。

江西宜安二级公路平曲线路段车辆运行速度标准差　表 2-7

调研断面	纵坡（%）	限速（km/h）	平曲线半径（m）	大车速度标准差（km/h）	小车速度标准差（km/h）
K32 + 200	0.9	统一限速 60	360	12.59	19.20

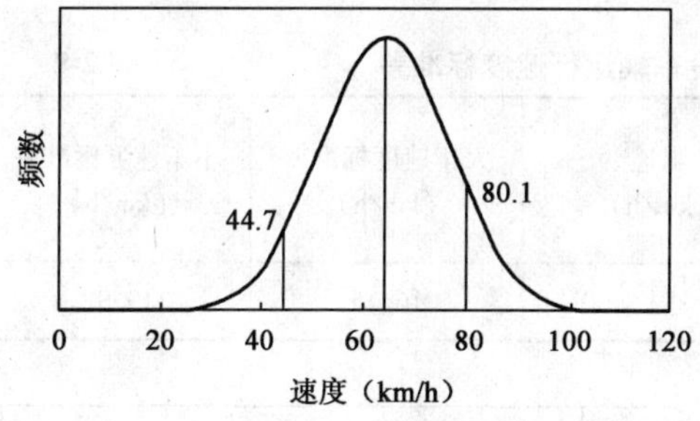

图 2-14　江西宜安二级公路平曲线路段大车速度分布图

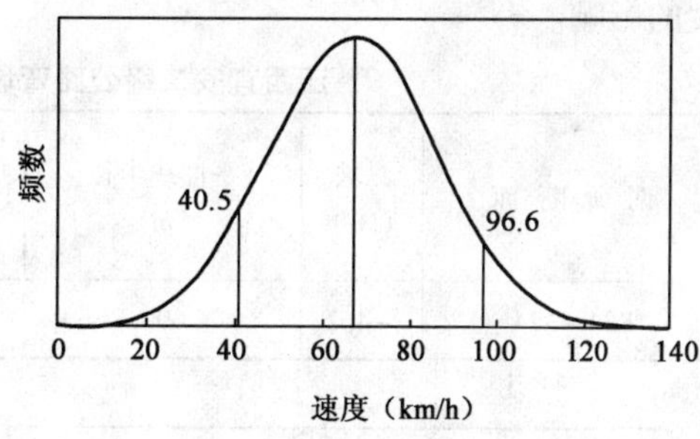

图 2-15　江西宜安二级公路平曲线路段小车速度分布图

2.2.9　一、二级干线公路纵坡车辆运行速度分布特点

选取新疆博赛一级公路的长大下坡路段进行交通流观测。该观测点位于 32km 下坡路侧面的中部，观测地点的纵坡为 4% 下坡。从表 2-8 可以看出，该长大下坡路段大、小车的速度标准差相对于其他类型路段最大。图 2-16 和图 2-17 表明，由于下坡，大、小车的平均速度较大，均高于各自对应的限速值 60km/h 和 80km/h。

新疆博赛一级公路公路纵坡路段车辆运行速度标准差　表 2-8

调研断面	纵坡（%）	平曲线半径（m）	限速（km/h）	大车速度标准差（km/h）	小车速度标准差（km/h）
K4692 + 800	-4	2 500	小车 80，大车和货车 60	20.95	23.91

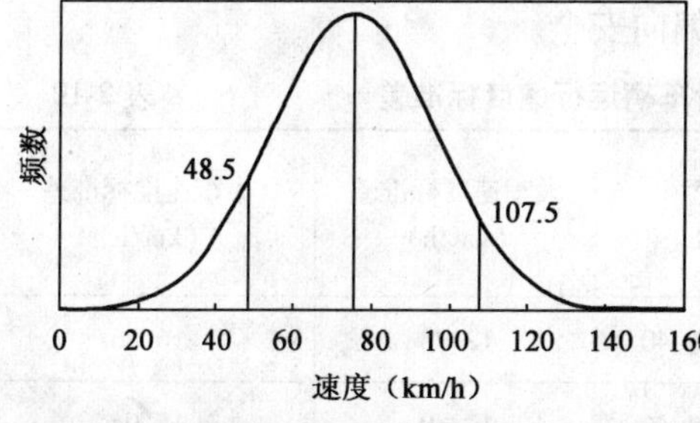

图 2-16　新疆博赛一级公路纵坡路段大车速度分布图

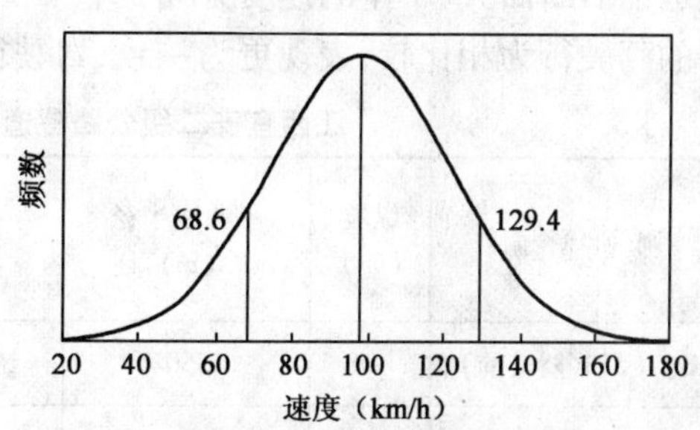

图 2-17　新疆博赛一级公路纵坡路段小车速度分布图

2.2.10 一、二级干线公路弯坡路段车辆运行速度分布特点

选取江西宜安二级公路的弯坡路段进行交通流观测。该弯坡路段的平曲线半径为600m，下坡坡度为4.2%。表2-9、图2-18和图2-19表明，此断面的大、小车的平均速度均高于此路段的统一限速60km/h，大、小车的速度标准差也不小。这主要受下坡坡度较大的影响。

江西宜安二级公路弯坡路段车辆运行速度标准差　　表2-9

调研断面	纵坡（%）	平曲线半径（m）	限速（km/h）	大车速度标准差（km/h）	小车速度标准差（km/h）
K24 +824	-4.2	600	统一限速60	16.15	19.92

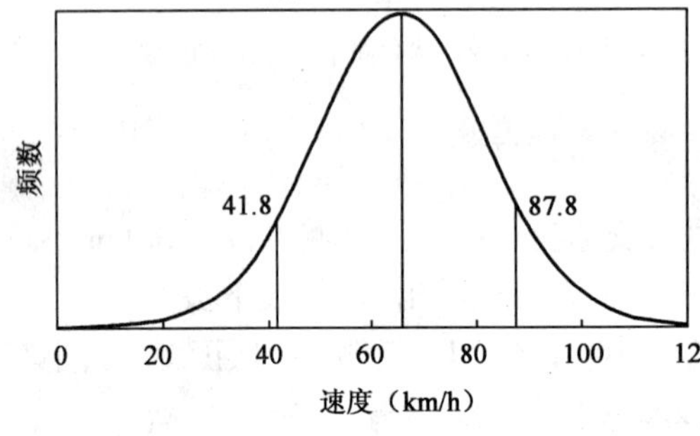

图2-18　江西宜安二级公路弯坡路段大车速度分布图

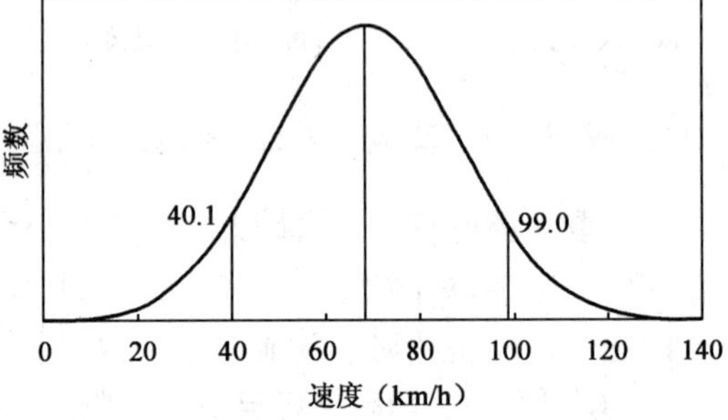

图2-19　江西宜安二级公路弯坡路段小车速度分布图

2.2.11 一、二级干线公路隧道路段车辆运行速度分布特点

选取江西宜安二级公路东古丘隧道的前、后断面进行交通流观测。该隧道地处550m的平曲线路段。表2-10、图2-20和图2-21表明，出隧道时的小车速度标准差小于进入隧道时的小车速度标准差，而大车的速度标准差在进出隧道很接近。这与高速公路隧道前后断面大、小车的速度分布比较一致，也就是驾驶员出隧道的驾驶行为与进入隧道的驾驶行为相比较，表现更为一致，驾驶行为偏向安全。

江西宜安二级公路隧道前、后车辆运行速度标准差　　表2-10

调研断面	纵坡（%）	平曲线半径（m）	限速（km/h）	大车速度标准差（km/h）	小车速度标准差（km/h）
K28 +553（隧道前）	-1	550	统一限速40	12.76	16.86
K28 +698（隧道后）	-1.4	550	统一限速40	12.89	15.94

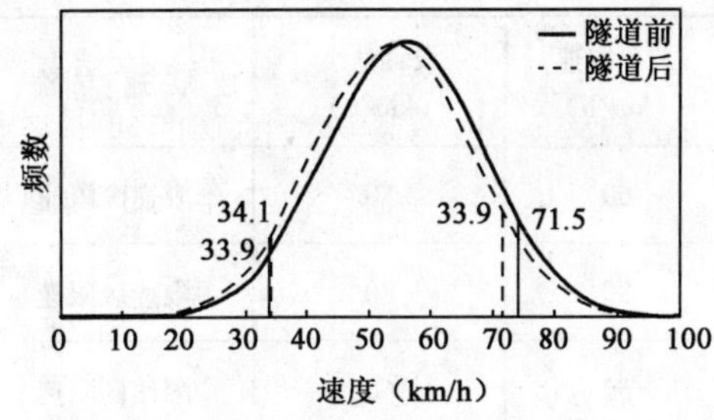

图2-20 江西宜安二级公路隧道前、后大车速度分布

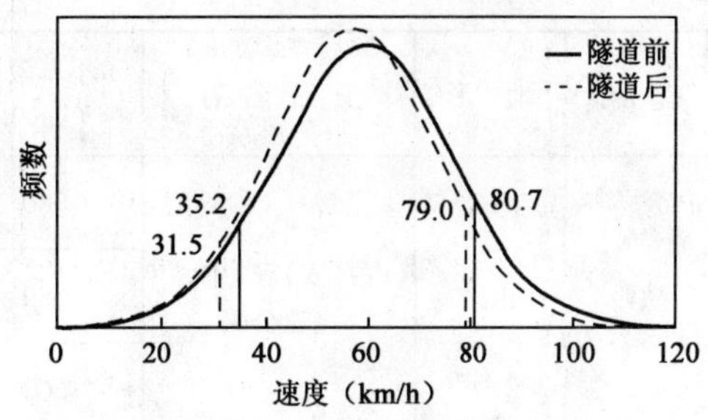

图2-21 江西宜安二级公路隧道前、后小车速度分布

2.3 限速与设计速度的关系

2.3.1 高速公路限速与设计速度的关系

我国高速公路常用的限速方法有全线统一限速和限速区限速。全线统一限速以设计速度为依据，限速值小于或等于设计速度。而限速区限速，不同路段可以采用不同的限速值，在线形条件受限的路段，如急弯、陡坡路段，限速值应小于或等于设计速度，而在线形条件良好的路段，限速值可以不受设计速度的约束，根据限速区段的线形条件和其他相关因素来确定。

高速公路大、小车限速值与设计速度对比见表2-11。

高速公路大、小车限速值与设计速度对比　　表2-11

省份	地形	道路名称	小车限速（km/h）	大车限速（km/h）	设计速度（km/h）	限速方法
云南	山区	罗（村口）富（宁）高速公路	80	60	60	限速区限速
			60	60	60	限速区限速
河南	平原	安（阳）新（乡）高速公路	120	90	120	统一限速
重庆	山区	渝（重庆）邻（水）高速公路	100	100	100	统一限速
		渝（重庆）黔（贵阳）高速公路	100	100	100	统一限速
		渝（重庆）遂（宁）高速公路	100	80	100	统一限速
		渝（重庆）宜（宾）高速公路	80	80	80	统一限速

续上表

省　份	地　形	道 路 名 称	小车限速（km/h）	大车限速（km/h）	设计速度（km/h）	限 速 方 法
陕西	山区	西（安）汉（中）高速公路	80	60	80	限速区限速
			80	80	80	限速区限速
			60	50	60	限速区限速
广东	山区	清（远）连（州）高速公路	80	80	80	限速区限速
			100	100	80	限速区限速

由表2-11可以看出，对于样本公路而言，不同地区高速公路的限速方法为：采用全线统一限速的为渝邻高速公路、渝黔高速公路、渝遂高速公路、渝宜高速公路、安新高速公路，大、小车限速值小于等于设计速度；采用限速区限速的为云南罗富高速公路、陕西西汉高速公路和广东清连高速公路。

云南罗富高速公路有以下两种限速区限速方案：

（1）在非特殊路段，大车限速值为60km/h，与设计速度相同；小车限速值为80km/h，大于设计速度。

（2）在特殊的路段（隧道前后），大车限速值为60km/h，小车限速值为60km/h，限速值与设计速度相同。

陕西西汉高速公路有以下三种限速区限速方案：

（1）在线形条件良好的路段，大、小车限速值均为80km/h，限速值与设计速度相同。

（2）在平曲线半径为450m的路段，小车限速值为80km/h，大车限速值为60km/h。

（3）在急弯和陡坡路段，小车限速值为60km/h，大车限速值为50km/h，限速值均小于设计速度。

广东清连高速公路有以下两种限速区限速方案：

（1）直线路段，大、小车限速值均为100km/h，限速值大于设计速度。

（2）急弯陡坡路段，大、小车限速值均为80km/h，限速值等于设计速度。

2.3.2　高速公路不同限速条件下交通事故的特点分析

由图2-22可以看出，罗富、清连和渝黔高速公路采用的是设计速度或高于设计速度的限速值，其超速事故的比例数相对低一些。

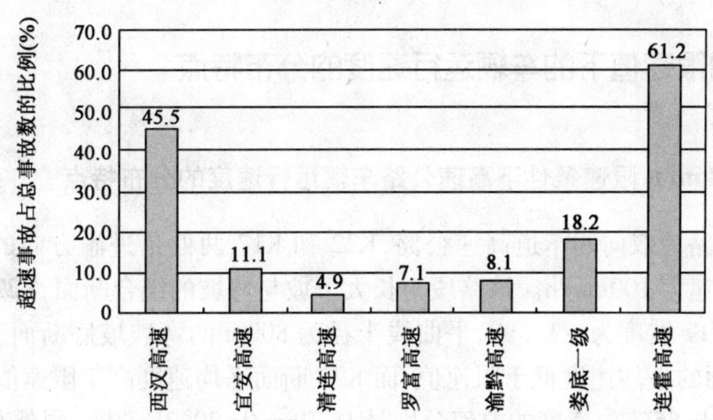

图 2-22　高速公路与一级干线公路超速事故率统计图

2.3.3　一、二级干线公路限速与设计速度的关系

样本公路限速值与设计速度对比见表 2-12。

样本公路限速值与设计速度对比　　表 2-12

<table>
<tr><th rowspan="2">省　份</th><th rowspan="2">道 路 名 称</th><th rowspan="2">道 路 等 级</th><th colspan="2">限速值(km/h)</th><th rowspan="2">设计速度(km/h)</th></tr>
<tr><th>小车</th><th>大车</th></tr>
<tr><td>湖南</td><td>娄底联络线</td><td>一级</td><td>80</td><td>80</td><td>80</td></tr>
<tr><td rowspan="4">新疆</td><td rowspan="2">连霍国道新疆博赛段</td><td rowspan="2">一级</td><td>100</td><td>80</td><td rowspan="6">—</td></tr>
<tr><td>80</td><td>60</td></tr>
<tr><td rowspan="2">奎(屯)克(拉开玛依)公路</td><td rowspan="2">二级</td><td>80</td><td>80</td></tr>
<tr><td>60</td><td>60</td></tr>
<tr><td rowspan="2">湖南</td><td rowspan="2">娄(底)涟(源)高等级公路</td><td rowspan="2">二级</td><td>80</td><td>80</td></tr>
<tr><td>40</td><td>40</td></tr>
<tr><td>江西</td><td>宜(春)安(福)公路</td><td>二级</td><td>60</td><td>60</td><td>60</td></tr>
</table>

注:娄底联络线是指沪昆高速公路湖南段娄底联络线。

调研中,仅收集到沪昆高速公路湖南段娄底联络线和江西宜安公路两条公路的设计速度资料,其中,娄底联络线的设计速度为 80km/h,限速值为 80km/h;江西省宜安二级公路设计速度为 60km/h,在隧道路段,限速值为 40km/h,在非特殊地形路段,限速值为 60km/h。

目前,我国一、二级干线公路均采用设计速度作为限速值,有的一、二级公路甚至全线采用一个限速值。机械地使用设计速度作为限速值是不合理的,因为采用设计速度作为限速值会造成部分路段限速过于保守,在缺乏交通执法的情况下,道路使用者难以严格遵守限速规定。

2.4 不同限速值下的车辆运行速度的分布特点

2.4.1 100km/h 限速条件下高速公路车辆运行速度的分布特点

渝黔高速公路为双向四车道高速公路，K22 和 K17 两处是进渝方向的断面，设计速度为 80km/h，限速为 100km/h。该路段为长大下坡与弯坡的组合断面，K22 为 -4.9% 的下坡坡顶断面；K17 坡度为 -1.5%，平曲线半径为 800m 的弯坡坡底断面。由图 2-23 可以看出，K17 断面的平均速度低于限速值，而 K22 断面平均速度高于限速值。K17 和 K22 两断面平均速度与 85% 位速度的差值分别是 18.7km/h、29.2km/h。国外有研究表明：断面平均速度与 85% 位速度的离差越小，交通越安全。断面 K17 尽管在坡底，但小半径曲线增加了驾驶员的谨慎驾驶意识，在坡底多有制动行为，驾驶员的速度选择比较一致，因此，此断面平均速度与 85% 位速度的差值较小。

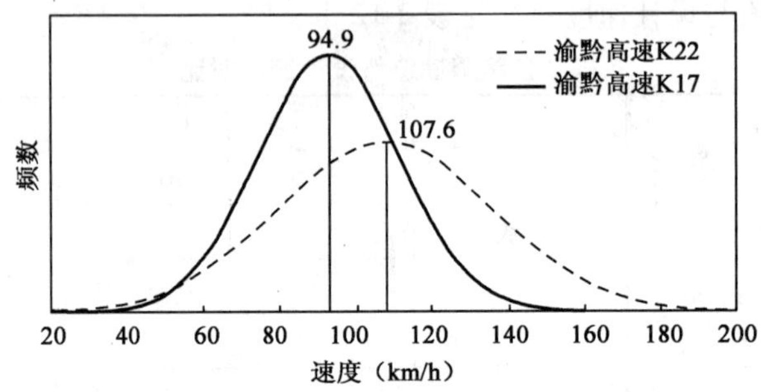

图 2-23 高速公路 100km/h 限速条件下车辆运行速度分布图

2.4.2 80km/h 限速条件下高速公路车辆运行速度的分布特点

渝邻高速公路 K38、渝宜高速公路 K9 +500、西汉高速公路 K76 +800 和清连高速公路 K2229 +788 四个断面均为统一限速，限速值为 80km/h。渝邻高速公路 K38 断面位于出渝方向长大下坡的坡底，由图 2-24 可知，该断面平均速度最高并且速度的离散程度最大。K38、K9 +500、K2229 +788 断面的平均速度均超过限速值。渝宜高速公路出渝方向 K9 +500 断面与清连高速公路往连州方向 K2229 +788 断面速度分布形态相似，主要因为两个断面均为平直路段。西汉高速公路往西安方向 K76 +800 为小半径曲线路段断面，平曲线半径 260m，坡度为 -1%，对于小半径曲线，驾驶员驾驶行为趋于谨慎，平均速度较低。渝邻高速公路 K38、渝宜高速公路 K9 +500、西汉高速公路 K76 +800 和清连高速公路 K2229 + 788 四个断面平均速度与 85% 位速度的离差值分别为 29.2km/h、19.8km/h、24.9km/h 和 22.0km/h。以上可以看到，在直线段上，平均速度与 85% 位速度的离差较小，长大下坡断面离差最大。

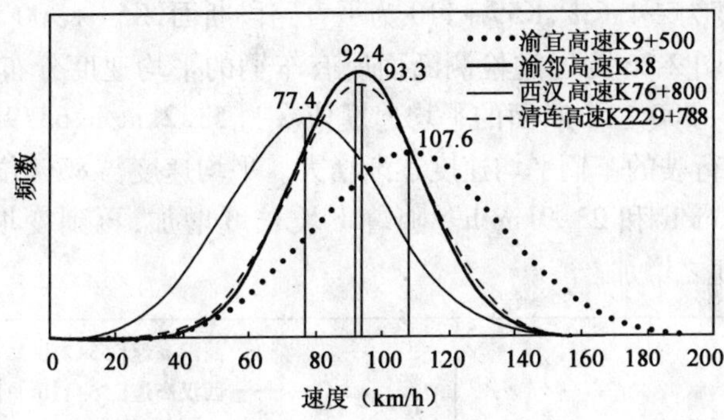

图 2-24　高速公路 80km/h 限速条件下车辆运行速度分布图

2.4.3　20km/h 限速差条件下高速公路车辆运行速度的分布特点

罗富高速公路 K42 + 670 断面和西汉高速公路 K87 + 550 断面均为分车型限速，大车限速 60km/h，小车限速 80km/h。由图 2-25 可以看出，罗富高速往罗富方向 K42 + 670 断面为平曲线路段，平曲线半径 432m，车辆平均速度小于限速值。西汉高速往西安方向 K87 + 550 断面为平曲线路段，下坡坡度为 0.6%，平曲线半径 450m，车辆平均速度高于限速值。西汉高速公路与罗富高速公路相比，车流量较小，因此，西汉高速公路速度的离散程度较大。罗富高速公路和西汉高速公路两断面平均速度与 85% 位速度的离差分别是 10.6km/h 和30.0km/h。这主要与路段交通流大小有关系，交通流小，各个车辆选择速度的自由度较高，表现出的平均速度与 85% 位速度的离差也较大。交通流量大，车辆速度选择相互影响，表现出的平均速度与 85% 位速度的离差也较小。

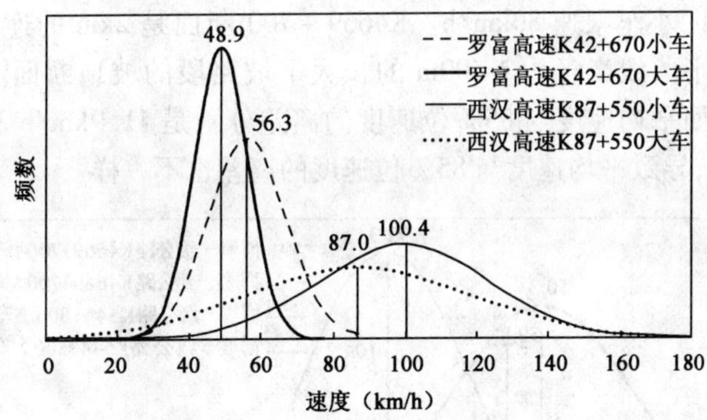

图 2-25　限速差 20km/h 条件下车辆运行速度分布图

2.4.4　10km/h 限速差条件下高速公路车辆运行速度的分布特点

西汉高速公路往西安方向 K55 + 210、K55 + 110 和 K54 + 900 是下坡的三个断面。此路段为分车型限速，大车限速 50km/h，小车限速 60km/h。其中，K55 + 210 断面平曲线半径为260m，下坡坡度为 -4.6%，K55 +110 为平直路段断面，K54 +900 正好位于变坡点，下坡坡度 -2.8%。图2-26为通过检测断面所有车辆的平均速度分布图。其中，K55 +210、K55 +110、K54 +900 三个断面的平均速度依次为53.2km/h、65.9km/h、73.1km/h。由此可以看出，下坡行驶的车辆平均速度逐渐增大。平均速度与85%位速度的离差分别是12.7km/h、20.2km/h和23.9km/h。随着下坡长度增加，再到变坡点，平均速度与85%位速度的离差随之增加。

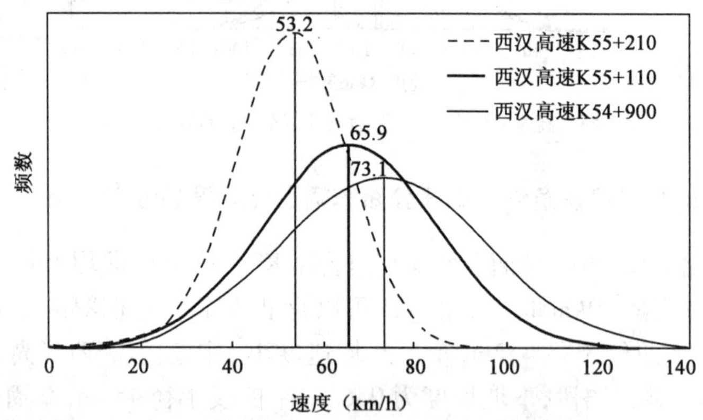

图2-26　限速差10km/h条件下车辆平均速度分布图

2.4.5　一级干线公路限速差20km/h条件下车辆运行速度的分布特点

如图2-27所示，新疆连霍主干线博赛一级公路K4669 +700和K544 +800两个断面均为分车型限速，K4669 +700断面大车限速80km/h，小车限速100km/h；K544 +800断面大车限速60km/h，小车限速80km/h。K4669 +700断面是2km的连续长大下坡的坡底。K544 +800是平曲线半径为1 500m的长大下坡路段的坡顶断面。K4669 +700和K544 +800两个断面平均速度与85%位速度的离差分别是41.9km/h和29.4km/h。两断面的线形不一样，导致平均速度与85%位速度的离差也不一样。

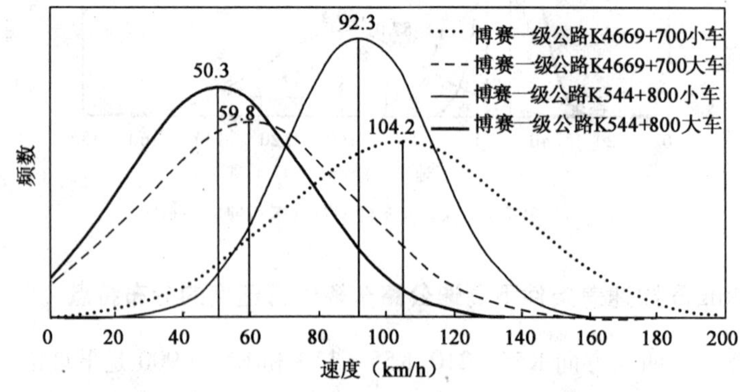

图2-27　限速差20km/h条件下一级干线公路车辆运行速度分布图

2.4.6　高速公路限速与85%位速度的相关关系

对于上述样本高速公路，从图2-28中可以看出，限速值为60km/h时，所有断面的小车85%位速度均大于限速值，最高超速幅度为49.3km/h；限速值为80km/h时，93%的断面小车85%位速度大于限速值，最高超速幅度为40.3km/h，其中西汉高速断面K75+270小车85%速度低于限制速度，因为其断面为摄像头装置前350m；限速值为100km/h时，25%的断面小车85%位速度大于限速值，最高超速幅度为44.86km/h，其中低于限速值的断面为罗富高速长大下坡路段，并设有限速标志、热塑振动减速标线、道钉减速带，所以小车的85%位速度小于限速值。由此可知，限速值为60km/h以及80km/h的路段，有90%以上的小车85%位速度大于相应的限速值，小车85%位速度随限速值的升高而升高。

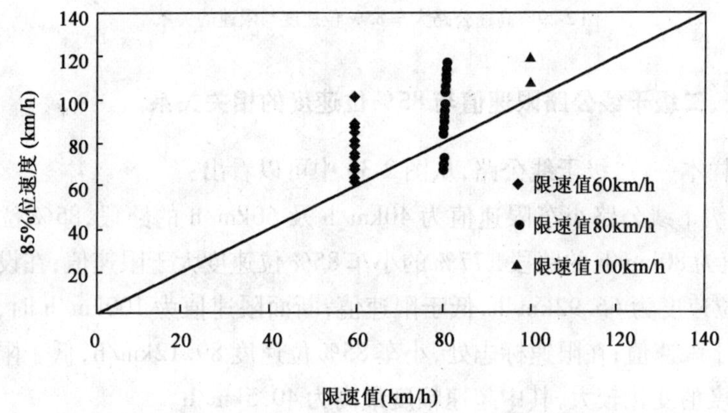

图2-28　高速公路小车85%位速度与限速的关系

对于上述样本高速公路，从图2-29中可以看出，限速值为50km/h时，所有断面的大车85%位速度均大于限速值，最高超速幅度为36.44km/h；限速值为60km/h时，80%的断面大车85%位速度大于限速值，最高超速幅度为17km/h，其中罗富路段K3+443~K4+867为隧道前后区域，故大车的85%位速度小于限速值；限速值为80km/h时，80%的断面大车85%位车速大于限速值，最高超速幅度为24.72km/h，其中西汉高速K75+270~K75+620路段为下坡摄像头装置区域，故大车的85%位速度小于限速值；限速值为100km/h时，71%的断面大车85%位车速高于限速值，最高超速幅度为9.8km/h，其中清连高速断面K2243+105为高速公路入口，纵坡坡度为1%，横坡坡度为1.9%，故大车的85%位速度小于限速值。由此可见，70%以上的大车85%位速度大于相应的限速值，随着限速值的升高，85%位车速超过限速值的比例和超速幅度有所下降。

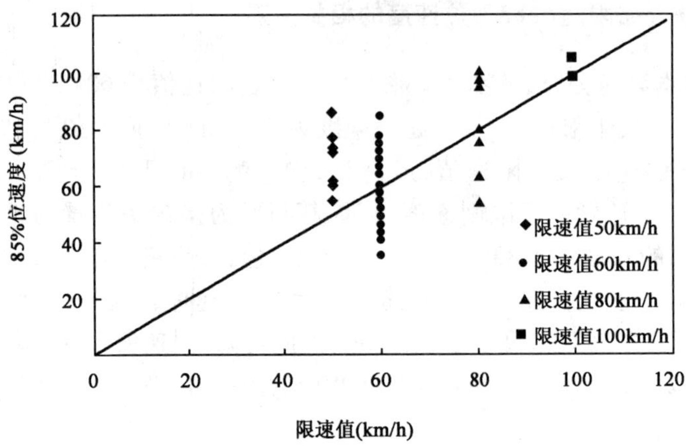

图 2-29　高速公路大车 85% 位速度与限速的关系

2.4.7　一、二级干线公路限速值与 85%位速度的相关关系

对于上述样本一、二级干线公路，从图 2-30 中可以看出：

(1)一、二级干线公路小车限速值为 40km/h 及 60km/h 的路段，85% 位速度均大于限速值；限速值为 80km/h 的路段，77% 的小车 85% 位速度大于限速值；在设有雷达测速处，小车 85% 位速度为 66.92km/h，低于限速值；断面限速值为 100km/h 时，75% 的小车 85% 位速度大于限速值；在限速标志处，小车 85% 位速度 89.12km/h，低于限速值。不同的断面运行速度的变化较大，其中超速幅度最高为 40.5km/h。

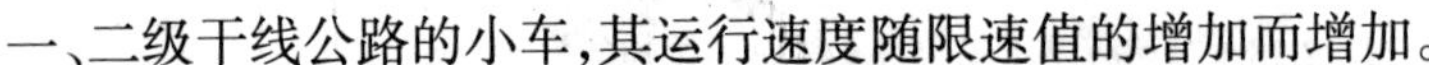
一、二级干线公路的小车，其运行速度随限速值的增加而增加。

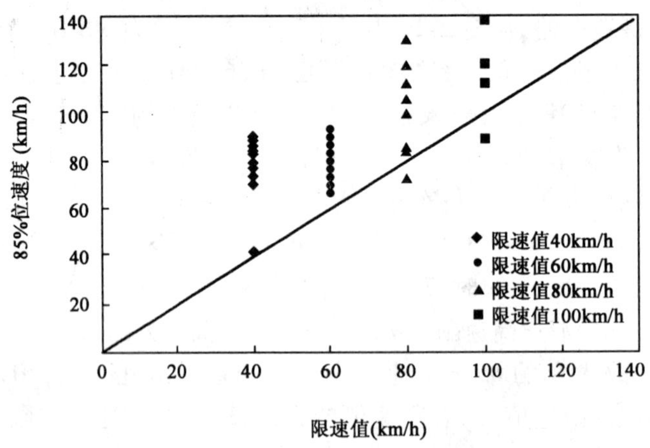

图 2-30　一、二级干线公路小车 85% 位速度与限速的关系

(2)由图 2-31 可知:当大车的限速值为 40km/h 时,所有断面的大车运行速度均高于限速值;当限速值为 60km/h 时,83% 的大车 85% 位速度高于限速值,其中新疆博赛断面 K4677 纵坡坡度为 1.7%,小车 85% 位速度为 71.69km/h,低于限速值;当限速值为 80km/h 时,34% 的大车 85% 位速度高于限速值,其中新疆奎克公路断面 K514 + 150, K514 + 550 位于限速标志 80km/h 解除后路段,大车 85% 位速度为 79.9km/h,低于限速值;断面 K514 + 550 大车 85% 位速度为 70.8km/h,低于限速值,车辆经过限速过渡段,速度逐渐降低;湖南娄底联络线断面 K4 + 750 为雷达测速处,纵坡坡度为 2.6%,大车 85% 位速度为 62.76km/h,低于限速值,此雷达测速起到限速的效果;湖南娄涟公路断面 K67 + 100位于大桥前弯坡组合区域,曲线半径为 400m,大车 85% 位速度为 77.7km/h,低于限速值。

当限速值较低时,大车的运行速度普遍高于限速值;当限速值增加到一定程度时,运行速度随限速的增加而逐渐低于相应的限速值。

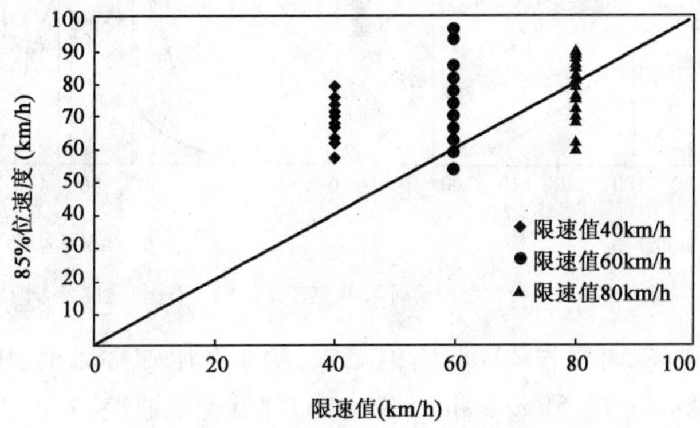

图 2-31　一、二级干线公路大车 85% 位速度与限速的关系

综上所述,对于一、二级干线公路的小车,限速值的增加,对速度影响甚微,85% 位速度仍高于限速值,而相对于一、二级干线公路的大车,85% 位速度会趋于并低于限速值。

2.5　分车型限速对运行速度的影响

2.5.1　分车型限速标志的对高速公路运行速度的影响分析

1)西汉高速公路 80/60/50(km/h)分车型组合限速标志

数据采集于西汉高速公路汉中往西安方向桩号 K87 + 550 ~ K87 + 335 段,其中 K87 + 450 处设有分车型限速标志(图 2-32)。小车最高限速为 80km/h,货车最高限速为

60km/h。K87 + 550 为限速标志前，K87 + 450 为限速标志设置处，K87 + 335 为限速标志后。这三个断面位于半径为 450m 的平曲线上，下坡坡度分别为 0.7%、0.8% 和 0.6%。

图 2-32　分车型组合限速标志

分车型限速标志前，大车的平均速度为 87.1km/h，而小车的平均速度为 101.0km/h，均高于限速值。在限速标志后分别下降为：大车平均速度 60.1km/h，小车平均速度 75.4km/h；并且，限速标志处与限速标志后的大、小车速度分布极其相近(图 2-33)。

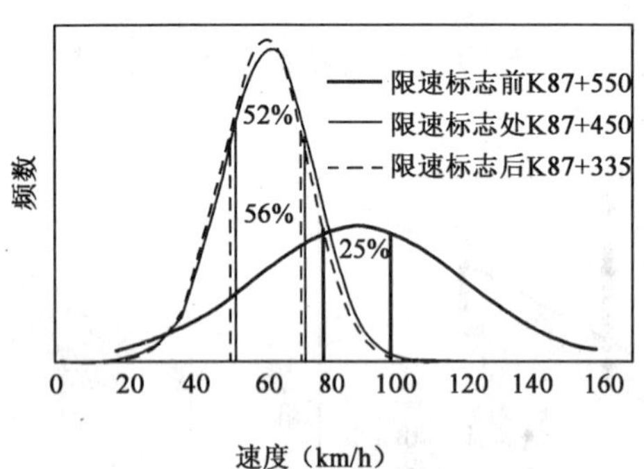

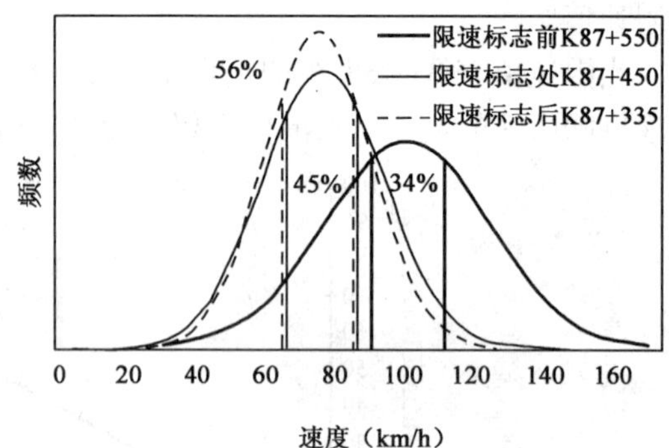

图 2-33　西汉高速分车型限速时大车(左图)、小车(右图)速度分布图

尽管分车型限速，限速差为 20km/h，但是大、小车在限速标志前、中、后三处的速度均值差分别为 13.9km/h、15.5km/h 和 15.4km/h，都低于限速差。

从步长 20km/h 的速度范围分布来看，限速标志前车辆速度分布比较分散，25% 的大车分布在平均速度为中心的 20km/h 的范围内。在限速标志处，大车速度分布有所集中，有 52% 的大车速度分布在步长 20km/h 的速度范围。到限速标志后，受平面线形的影响，分布进一步集中，提高到 56%。小车的分布情况类似。

综上，可以认为是小平曲线半径给驾驶员的视觉提醒与限速标志共同作用的结果。

2)云南罗富高速公路 80/60(km/h)分车型限速标志

数据采集于云南罗富高速公路 K42 + 670 ~ K44 + 245 段，该路段小车限速为80km/h，大车限速为 60km/h，该路段下坡坡度为 6%，分别对限速标志前(K42 + 670)、限速标志处(K43 + 170)、限速标志后(K44 + 245)进行了交通流观测。三个观测断面平曲线半径依次为485.3m、432.1m、409m。

分车型限速标志前，处于下坡的坡顶，并且车辆刚从隧道中驶出，因而大、小车速度均低于限速值大车的平均速度 49.1km/h，而小车的平均速度为 55.4km/h(图 2-34)。在限速标志处车辆速度有很大的提高,大、小车的平均速度分别为85.8km/h和72.6km/h。到限速标志后,大车平均速度分别下降为58.9km/h,小车的平均速度为69.9km/h。坡底的平曲线半径最小为409m,可以认为坡底速度的下降缘于平面线形的影响。

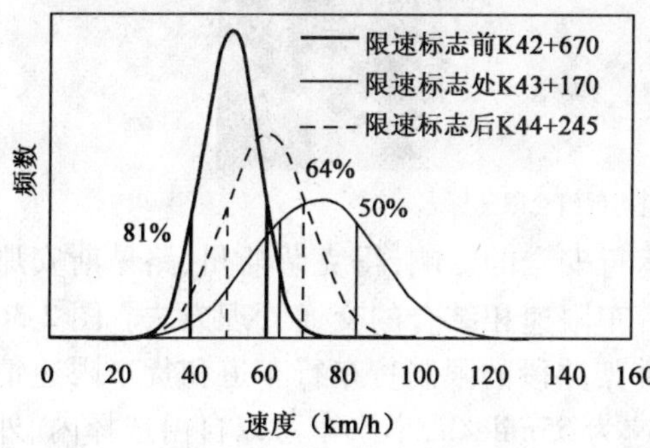

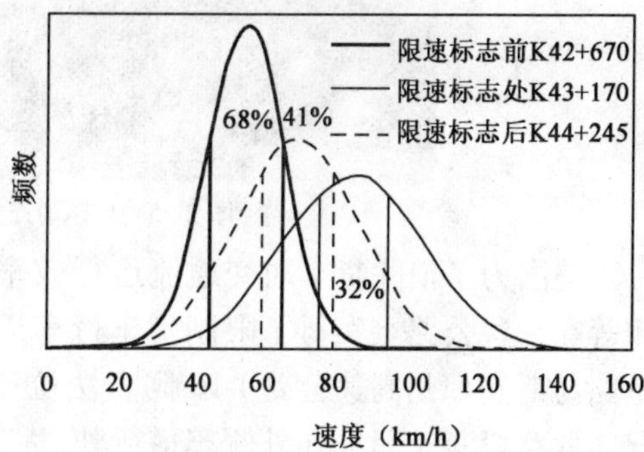

图2-34 罗富高速分车型限速时大车(左图)、小车(右图)速度分布图

尽管分车型限速,限速差为20km/h,但是大、小车在限速标志前、中、后三处的速度均值差分别为6.3km/h,13.2km/h,11.0km/h,都低于限速差。

从步长20km/h的速度范围分布来看,限速标志前车辆速度受隧道的影响,分布比较集中,81%的大车分布在平均速度为中心20km/h的范围内。在限速标志处,大车速度分布有所分散,有50%的大车速度分布在步长20km/h的速度范围。到限速标志后,受平面线形的影响,分布又有所集中,提高到64%。小车的分布情况类似。

综上,在坡度为6%下坡的情况下,平面线形给驾驶员的视觉提醒与限速标志共同作用具有一定的效果。

2.5.2 高速公路分车道限速标志的对运行速度的影响分析

采用分车道限速方式,内侧行车道的限速值较高,外侧行车道的限速值较低。由于大、小车的动力性能的差异,在理想状况下,小车会在内侧行车道行驶,大车会在外侧行车道行驶,但是在实际道路上,部分大车也会在内侧车道行驶。虽然存在大车会在内侧车道行驶,但是在这种限速方式下,绝大部分小车在内侧车道行驶,绝大部分大车在外侧车道行驶,内外侧车道的速度差下降到最低。分车型限速方式只是将大、小车的限速值加以区分,并没有将大、小车分开到不同车道上行驶,大、小车会在各条车道上混行,造成各条车道的速度差比采用分车道限速方式的大。

广东清连高速公路K2216+207~K2216+600段,K2216+415处设有分车道限速标志(图2-35):内侧车道最高限速100km/h,最低限速80km/h;外侧车道最高限速为80km/h,最低限速为60km/h。该路段为平直路段,最大纵坡为1.5%。

图 2-35　广东清连分车道高低组合限速标志

美国为了消除货车对交通流运行效率和运行安全的影响，得克萨斯州、路易斯安那州等在一些公路上实行了限制货车行车道和货车限速相结合的交通管理方法。图 2-36 是路易斯安那州高速公路 I-10 阿查法拉亚湾高架路段的限制货车行车道和货车限速情况。此路段货车只准在外侧车道行驶，货车限速为 55mile/h，小汽车可以自由选择内、外两条车道行驶，小汽车限速为 60mile/h。

图 2- 36　美国高速公路 I-10 阿查法拉亚湾高架路段（左图：货车行车道；右图：货车限速）

相关研究发现，此路段分车型限速和限制货车行车道相结合的速度管理方法在控制车辆速度、减小货车对小汽车运行干扰、提高交通安全等方面，效果还是很积极的。

表 2-13 的统计数值也证明了这一点。没有单独执行分车道行驶的清连高速的速度标准差是美国的 3 倍以上，构成了行车安全的隐患。

中美公路车辆分车道限速的运行速度统计对比表　　表 2-13

速　　度		限速（km/h）		85%位速度限速（km/h）		平均速度限速（km/h）		速度标准差（km/h）	
车型		小车	大车	小车	大车	小车	大车	小车	大车
中国	广东清连高速公路	100	80	114	90	90	81	24.08	19.49
美国	路易斯安那州 I-10	96	88	—	—	105	97	7.24	6.28

2.5.3　分车型限速对 85%位速度的影响

由于道路的几何条件和车辆性能都会影响驾驶员对运行速度的选择，因此将样本公路速度数据分别按照车型、限速方案、路段类型、道路等级进行分类(表2-14)。

分车型限速道路统计表　　表2-14

道路名称	小车限速值(km/h)	大车限速值(km/h)	限速差(km/h)	道路等级	路段类型
渝遂 K81	100	80	20	高速公路	直线段
博赛 K46 920 +80	80	60	20	一级公路	直线段
博赛 K4 670 +100	100	80	20	一级公路	直线段
博赛 K4 700 +015	80	60	20	一级公路	直线段
罗富 K42 +120	100	80	20	高速公路	坡中变坡点段
罗富 K42 +670	80	60	20	高速公路	曲线段
西汉 K87	80	60	20	高速公路	曲线段
西汉 K55	60	50	10	高速公路	曲线段

由图2-37可知,对于样本公路大车和小车的速度分布随着分车型限速差有很大的差异。限速差为20km/h时,大、小车85%位速度差最大值为50.3km/h。

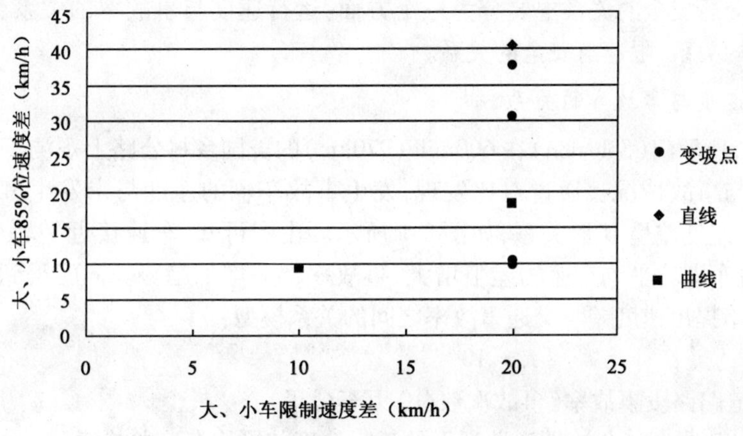

图2-37　分车型限速差与速度差的关系图

基于上述情况,考虑车辆运行速度差过大时,将会产生行车安全隐患。因此,需要进行分车型限速时,需要考虑在道路条件许可的情况下,以分车道的形式进行分车型限速。这就要求进行分车道分车型限速的道路必须是单向二车道以上的道路条件。同时,为了减少分车道行驶车辆进、出主线道路时的相互干扰,设置分车道分车型的道路应具备出入口间距大,并满足出、入口及交织的安全行车要求。

第 3 章　限速的影响因素分析

3.1　限速与交通安全的互动关系研究

交通事故的发生是多方面因素共同作用的结果。从道路设计方面考虑,采用理想的几何设计标准能最大限度地提高道路运行安全,但因受资源、环境条件、道路用地、周围地形等限制,这样的设计标准几乎是难以达到的。

本节将在充分分析调研所得的 2 866 起事故样本的基础上,对限速与交通安全的互动关系进行分析。

3.1.1　速度与安全的关系

速度与交通安全的关系主要分为三个方面:运行速度与事故率的关系、运行速度与事故严重性的关系、限速与安全的关系。

1)运行速度与事故率的关系

1964 年,所罗门(Solomon)在 600mile(970km)的美国乡村公路上观测了 10 000 种驾驶员的车速与事故情况。通过对比发现,发生事故车辆的速度与未发生事故车辆的速度,事故率与速度差呈 U 形关系,如图 3-1 所示。由图可知,车速接近平均车速时,事故率最低;随着车速与平均车速的差值增大,事故率都呈增加趋势。同时得到针对双向四车道高速公路提出速度差与交通事故率之间的关系模型:

$$I = 10^{0.000\,606\,2(\Delta v)^2 - 0.006\,675\Delta v + 2.23} \tag{3-1}$$

式中:I——道路路段事故率(事故次数/10 万车公里);

Δv——速度差(km/h),即道路断面的运行速度与平均车速的差值。

1993 年,莫纳什(Monash)大学交通事故研究中心(MUARC)针对澳大利亚的公路现状模拟出速度差与事故率的近似函数关系。Monash 近似函数如下:

$$I = 500 + 0.8\Delta v^2 + 0.014\Delta v^3 \tag{3-2}$$

式中,I、Δv 的物理意义同上。

MUARC 模型与 Solomon 模型一致,即速度差越大,交通事故率越高;当车辆运行速度小于路段平均车速时,MUARC 模型认为事故率增加的幅度比较小。

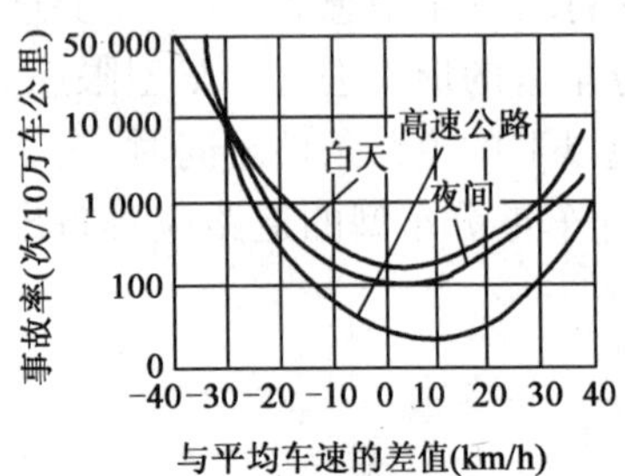

图 3-1　事故率与平均车速差的关系

2)运行速度与事故严重性的关系

事故发生的过程是一个能量转换的过程,动能是其质量与速度平方的乘积。因此,同一车辆的运行速度越高,能量转化也就越多,交通事故的后果也就越严重。

根据美国国家严重事故研究所(NCSS)的数据,交通事故死亡率与速度差 Δv 的四次方成正比,近似函数如下:

$$\text{Death} = \left(\frac{\Delta v}{114.24}\right)^4 \tag{3-3}$$

式中:Death——交通事故死亡率(%);

Δv——车辆速度差(km/h)。

式(3-3)表明,当速度差超过115km/h时,发生交通事故后致死的几率是100%。交通事故死亡率与速度差的关系如图3-2所示。

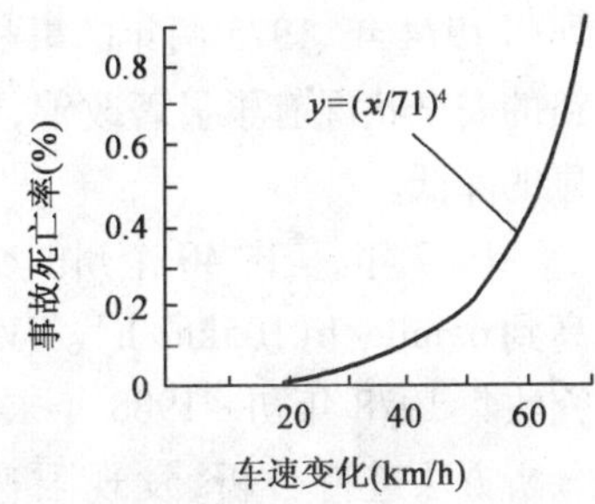

图3-2　事故死亡率和车速变化的关系

综上所述,车辆运行速度越高,发生交通事故时车辆的速度变化越大,则事故的严重程度越高。

加拿大的Liu和Popoff曾对萨斯喀彻温省高速公路进行了9年的车速调查,收集了26年的交通事故数据。研究表明,平均运行速度每降低1km/h,交通事故的伤亡率将降低7%,并得出两个线性模型:

$$CR = 190.7\,\bar{v} - 17126.1 \tag{3-4}$$

$$CR = -0.00268\,\bar{v} + 0.0405\text{Diff} - 3.366 \tag{3-5}$$

式中:CR——百万车公里死亡率(死亡事故次数/百万车公里);

$\bar{v}$——平均车速(km/h);

Diff——85%位车速与15%位车速之差(km/h)。

研究表明,速度离散程度越大,发生事故的概率也越大。因此,为了减少事故数量,应尽量减小速度差,降低速度离散性。

事故严重程度随着车速增加而增加,它取决于撞击过程中消散的能量。在车身质量一定时,车辆动能与车速平方成正比,撞击中消散的动能与碰撞前后的速度差 Δv 有关。研究表明,车速超过96km/h后,事故严重程度随速度增加而快速增加;车速超过112km/h后,致命伤亡的可能性迅速增加。当 Δv 小于16km/h时,严重伤亡的可能性小于5%;当 Δv 超过48km/h时,严重伤亡的可能性超过50%。根据国外调查,当车速从60km/h降低到50km/h时,行人致命事故降低了25%,行人平均伤害严重性指数(ISS)从28下降到20,如果能保证车辆在接触障碍物前充分制动,则可以避免事故发生或把事故严重程度降到最低。

3.1.2 限速与交通安全的相关性

美国历史上，限速政策经历过4个阶段：第一阶段为1974年之前；第二阶段为1974～1987年；第三阶段为1987～1995年；第4阶段为1995年至今。在限速对安全的影响方面积累了大量的数据，并且开展了深入的研究。

1974年，由于能源危机，美国政府颁布并实施了国家最高限速，禁止以高于55mile/h(88km/h)的速度行驶。大量研究表明，在国家最高限速实施后，美国的道路交通事故数和死亡人数都有了显著的降低。

1977年，Dart的研究发现，除了州际公路恢复到最高限速前的速度水平，其他等级公路车辆的行驶速度在1974年后继续下降；速度分布的离散程度降低。通过对路易斯安那州1974年、1975两年的事故与1971年和1972年的事故比较，发现不仅乡村双车道公路的安全状况有了显著改善，而且在乡村地区由超速引发的事故数和死亡事故数有了明显的降低。

1987年，美国40个州的交通部门将乡村州际公路的限速值从55mile/h(88km/h)提高到65mile/h(105km/h)。Wagenaar研究了提高限速对密歇根州安全状况的影响。研究收集1978年初～1988年末的数据，包括交通事故数、受伤和死亡人数，采用时间序列分析方法进行分析，发现限速提高后死亡人数上升了19.2%，严重受伤人数上升了39.8%；同时发现，在55mile/h(88km/h)限速的道路上也出现了交通安全状况恶化现象。

在1995年废除国家最高法定限速后，Shafi调查收集了2003年各州的交通事故死亡率，发现在29个限速高于65mile/h(105km/h)的州中，交通事故死亡率上升13%，并估计如果恢复国家最高限速(不高于105km/h)会有大约3 000人幸免于交通事故。

Grabowski从系统的角度，研究了从国家最高限速提高直至废除20年间的车公里数和交通事故死亡人数，发现乡村州际公路上的交通事故死亡人数上升了36%～37%，但是乡村其他等级公路上并未有事故数或死亡人数的上升。

Bartle等人采用时间序列分析方法研究了阿拉巴马州将限速提高到70mile/h(112km/h)对安全的影响，发现在1997年和1999年交通事故数相比原先的预测值而言显著增多，但是1998年却同前期保持了相同水平，研究并未解释为何出现这样的情况，并且指出需要进一步研究其中的影响因素。

Patterson等人针对乡村州际公路，对最高限速的废除带来的影响展开了研究。从1995年11月28日解除国家最高限速的一年间，有23个州将乡村州际公路的限速提高到70～75mile/h(112～120km/h)。分析了1992～1999年间不同限速值的乡村州际公路上的事故变化。对于将限速提高到75mile/h(120km/h)的路段，死亡人数上升38%；对于限速为70mile/h(112km/h)的路段，死亡人数上升了35%。这两个指标均高于未对限速进行调整的道路。

综上,从目前国外学者取得的相关成果可以看出,随着限速的提高,交通安全的状况会下降。

3.2 限速与运行效率的互动关系研究

限速与效率的关系研究,主要表现为速度与运行效率的关系、速度与燃油效率的关系、速度与运行费用的关系。

Burritt、Dart 和 Tofany 等人均发现,随着限速的降低,平均运行速度也发生幅度较小的降低。Jernigan 和 Lynn 发现,随着全美最高限速(NMSL)从 55mile/h(88km/h)提高到 65mile/h(105km/h),车辆平均运行速度增加了 2 ~7mile/h(3 ~11km/h)。

Fitzpatrick(2003 年)假设限速是确定运行速度的唯一因素,分别对不同功能的公路建立模型,通过一系列有关限速的回归方程预测运行速度,其结果如图 3-3 所示。

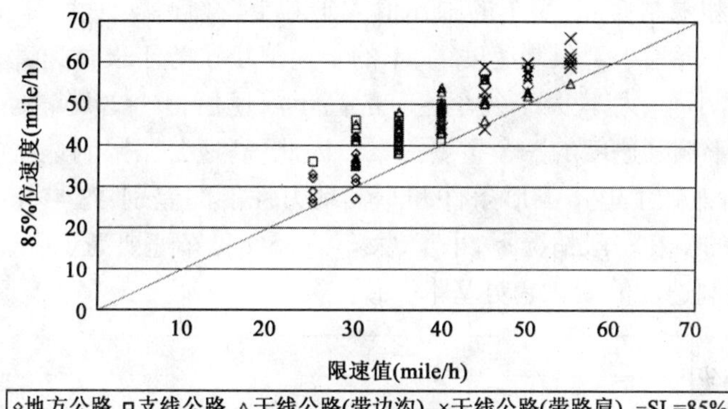

图 3-3 运行速度与限速的关系

Schurr 研究得出结论:限速值越大,85% 位车速值越高。

1975 年,Broderick 研究了重型载货汽车速度对燃油经济性的影响,结果表明,车速从 60mile/h 降为 55mile/h(88km/h),每英里每小时可节油 2%。

1996 年,美国卡车联合会研究提出:车速每升高 1mile/h(1.6km/h),燃油效率将降低 0.1mpg(每加仑燃油行驶的英里数)。汽车行驶的动力损失主要由空气阻力、坡度、滚动阻力、发动机性能等产生,同时驾驶员技术水平也是影响汽车燃油经济性的一个重要因素。

2003 年,Cummins 公司发布的重型载货汽车燃油经济性手册提出:车速高于55mile/h(88km/h)时,车速每增加 1mile/h(1.6km/h),燃油经济性降低 0.1mpg;车速低于 50mile/h(88km/h)时,轮胎阻力是影响燃油经济性的主要因素;车速高于 50mile/h(88km/h)时,空气阻力是主要的影响因素。同时提出各影响因素在影响燃油经济性中所占的比重,即驾驶员技术水平占30%,速度占15%等。驾驶员技术水平的提高可以抵消其他因素,如提高车速等对燃油经济性的影响。以上汽车燃油经济性的研究主要是针对汽车个体进行,目前交通流速度变化对汽车油耗的影响没有进一步的研究。

3.2.1 限速与运行速度的关系

限制速度的设置,通过对运行速度产生的影响,其影响一方面是对超速驾驶行为产生一定的约束作用;另一方面,可以降低车速的离散程度。

限制速度对车辆的运行速度存在一定的互动关系。美国研究人员 Harckey、Robertson 和 Davis 在 1989 年收集了城市与乡村公路 1985 ~ 1988 年从 25 ~ 55mile/h 的限制速度数据,研究发现:85%位速度高于限速约 6 ~ 14mile/h(9.6 ~ 22.5km/h),或者高于速度均值的 4 ~ 7mile/h(6.4 ~ 11.3km/h)。

从我国样本高速公路小车、大车速度分布图 3-4 和图 3-5 中可以发现:小车 85%位车速远高于设计速度和限制速度,小车的限速值大于等于设计速度;而大车的 85%位车速在较高限速条件下一般远小于限制速度,大车的限速值小于等于设计速度。在车辆动力性能允许的条件下,小车、大车 85%位车速一般高于限速值 10 ~ 20km/h。对大车而言,车辆的动力性能是影响其速度的一个重要因素。因此,高速公路限制速度的大小主要取决于设计速度,同时兼顾了道路线形条件和车辆动力性能的差别,这与我国当前限制速度制订方法是一致的。在一般情况下,小车、大车的 85%位车速要高于限速值,不同路段的 85%位车速与限制速度的变化趋势基本一致。

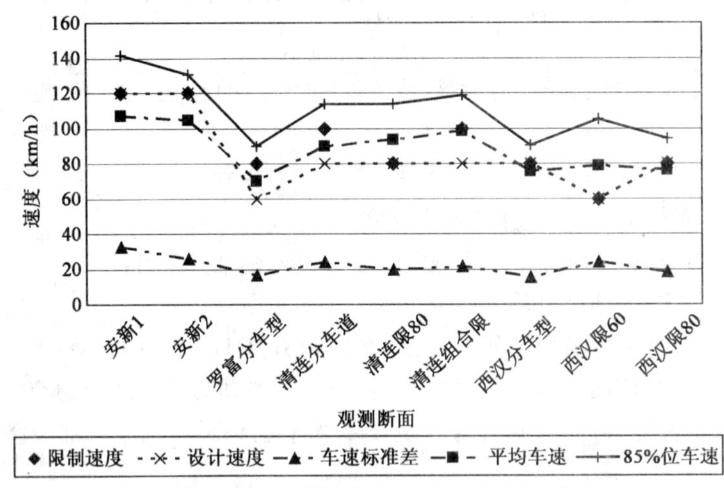

图 3-4　高速公路不同限速条件下小车运行速度的分布

如图 3-6 和图 3-7 所示,在干线一、二级公路,小车、大车的 85%位速度与限制速度基本保持一致,但是其相互间的关系较高速公路复杂得多,干线一、二公路路侧环境对车辆运行速度的影响较为明显。

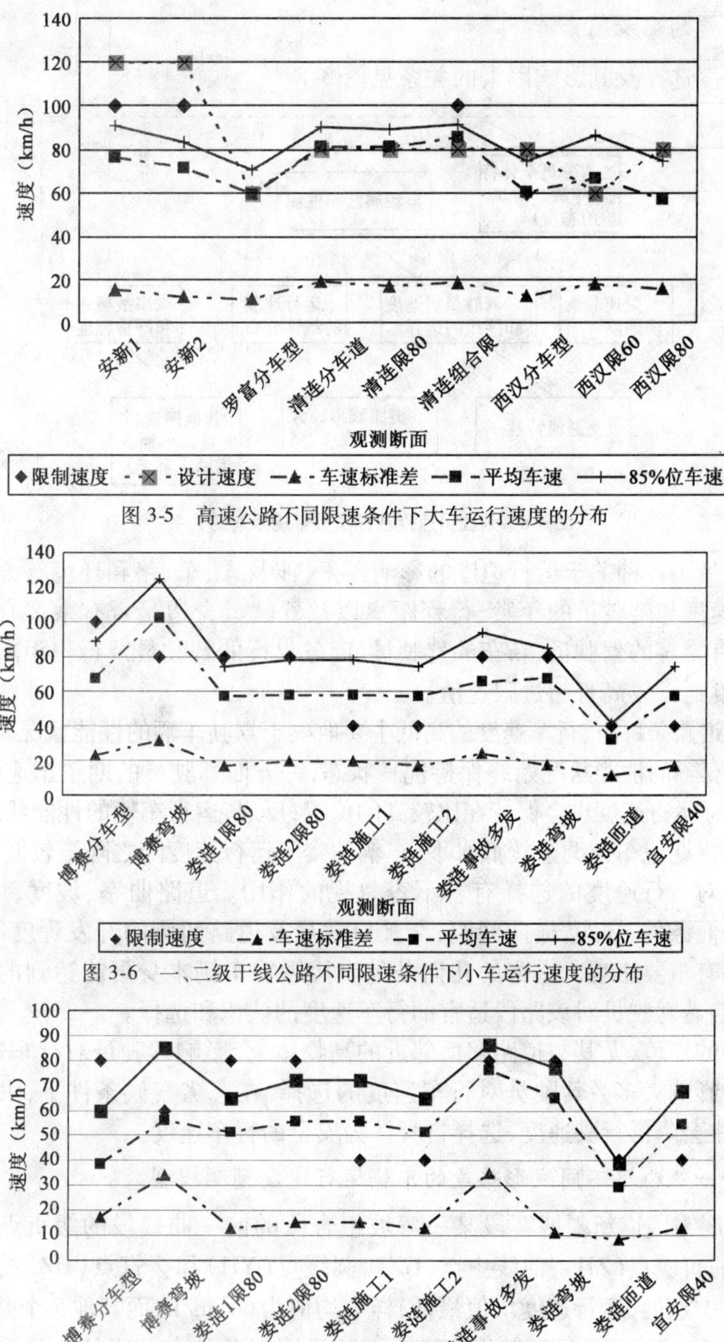

图 3-5　高速公路不同限速条件下大车运行速度的分布

图 3-6　一、二级干线公路不同限速条件下小车运行速度的分布

图 3-7　一、二级干线公路不同限速条件下大车运行速度的分布

1)运行速度的影响因素

驾驶员速度选择及其影响因素的关系见图3-8。

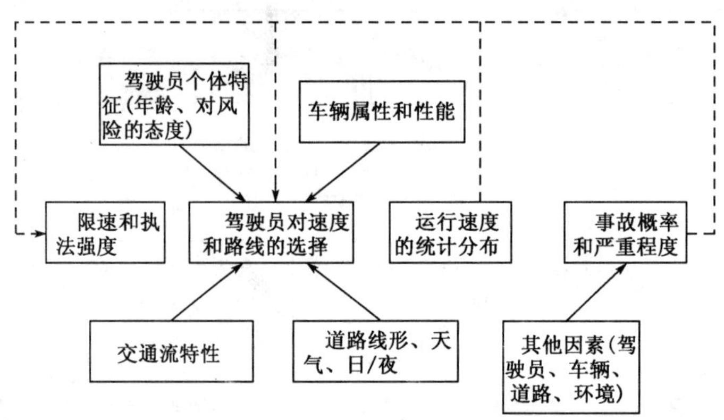

图3-8 驾驶员速度选择及其影响因素的关系

图3-8列举了各种关于运行速度的影响因素,涉及人、车、路和环境等方面。有关研究表明,行车速度与驾驶员的年龄、行程距离以及驾驶员身边是否有乘客有关。年轻驾驶员、旁边没有乘客的驾驶员、新车的驾驶员、商务出行的驾驶员及行程距离较长的驾驶员,其行车速度通常较高且超过限速值。

在一定的道路条件下,行车速度的高低主要取决于驾驶车辆的性能状况。如果在行车过程中所驾驶车辆的性能状况始终保持优良状态,一方面驾驶员的期望车速会提高,另外驾驶车辆的实际运行速度也会保持在比较高的位置;反之,运行车辆的性能状况如果较差,驾驶员会主动将期望车速调至较低水平,车辆的实际运行速度随之降至较低的水平。

道路条件对运行速度的选择有着不容忽视的作用。道路曲率、坡度、坡长、道路宽度、车道数、路面条件、视距、横向间距、交叉口数量及道路两侧的开发程度等道路特征,对行车速度都有重要影响。道路的几何条件直接影响车辆本身可能达到的安全舒适速度,同时也影响着驾驶员对该路段适宜的行车速度的认识和选择。

道路周边的环境,尤其与道路路面邻近的高物体,会影响驾驶员对行车速度的选择。天气条件也会影响大多数驾驶员对行车速度的选择,在恶劣气候条件下,由于视认性降低,驾驶员往往会降低行驶速度,选择自身认为安全的行车速度。

2)高速和一级公路不同线形路段的车辆运行速度预测模型

图3-9是连霍国道新疆博赛段某一弯坡组合段的前一曲线段的缓直点(HZ)、直线段、后一曲线的直缓点(ZH)、曲线中点(QZ)、圆缓点(YH)和缓直点(HZ)的运行速度分布图形。在曲中点处,运行速度均值最低,样本均值为66km/h,而其他5个断面的平均运行速度均值为89.5km/h,且离散程度最小。这说明驾驶员在曲线处大多采取较低的速度行驶,这也在一定程度上说明了平曲线线形要素对驾驶员速度选择的影响。在前一个曲线的缓直点和后一个曲线的直缓点处,离散程度相似,但是缓直点的均值明显高于直

缓点的均值,这种现象也与实际情况的推测相符:驾驶员驶出平曲线,进入平直路段,一般会提高速度;而从平直路段驶入平曲线路段时,驾驶员则会相应地降低速度,因此,缓直点的运行速度较直缓点的运行速度要高。在此路段上,缓直点处的运行速度均值为85km/h,直缓点的运行速度均值为77km/h。尽管直线连接段和圆缓点的速度样本并非呈正态分布,但是仍可以用正态曲线来近似表示两者速度样本的大体分布以及均值,因此把这两个速度样本的正态拟合曲线与其他正态曲线放在同一张图中比较。从图 3-9 中不难看出,驾驶员在不同线形的路段上的速度选择:首先以缓直点为起始,进入直线连接段,速度升高;然后进入直缓点,速度降低;而后进入曲中点,速度大幅降低且离散程度显著降低;但是从圆缓点开始,驾驶员开始提高速度,直至缓直点。

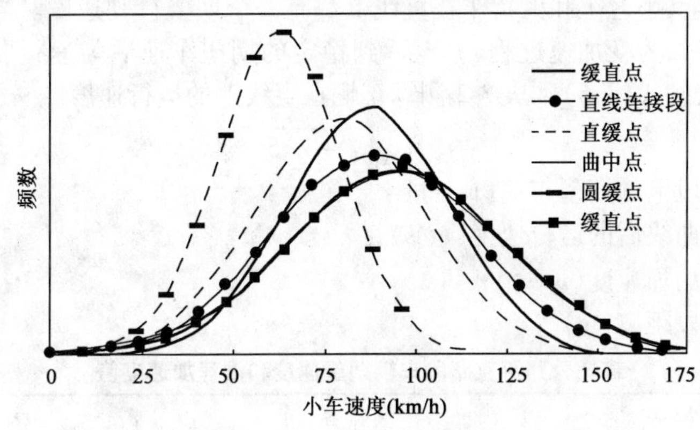

图 3-9　新疆博赛公路弯坡组合段小车运行速度

新疆博赛一级公路弯坡组合段不同断面的小车速度分析结果(表 3-1)表明,对于弯坡组合段不同的特征断面,其车辆运行速度分布不一样。第 2 章的研究结果显示,对于不同线形的路段,车辆运行速度的分布特征也不一样。另外,对于弯坡组合、连续曲线和长大下坡等线形条件不良的路段,不同断面的车辆运行速度不仅受此断面线形条件的影响,同时也会受到相邻断面线形条件的影响。国内外的研究表明,限速决策通常要考虑路段的线形条件,根据线形条件选择适宜的限速值。

新疆博赛公路弯坡组合段的小车运行速度　　表 3-1

统计量 \ 小车测速断面	缓直点	直线段	直缓点	曲中点	圆缓点	缓直点
样本量	297	215	308	306	226	278
均值(km/h)	85.05	94.97	76.66	66.44	98.20	92.74
中位数(km/h)	89.40	96.70	82.15	70.90	99.85	96.50
标准差(km/h)	27.40	41.36	28.00	19.98	41.12	34.70
15%位(km/h)	60.82	44.60	43.25	47.63	47.82	56.66
85%位(km/h)	110.42	144.20	103.42	84.00	144.39	128.32

我国推荐性行业标准《公路项目安全性评价指南》(JTG/T B05—2004)给出了高速公路关于不同线形路段的车辆运行速度预测模型。该标准根据曲线半径和纵坡坡度的大小,将整条路线划分为直线段、纵坡段、平曲线段和弯坡组合段等若干个分析单元,每个单元的起、终点为预测运行速度线形特征点。其中,纵坡坡度小于3%的直线段和半径大小1 000m的大半径曲线自成一段;其余小半径曲线段和纵坡坡度大小3%、坡长大于300m的纵坡路段以及弯坡组合段,作为独立单元分别进行运行速度测算。

以下高速公路(平直路段、小半径曲线段、纵坡段、弯坡组合段)、一级公路的运行速度预测模型均引用自《公路项目安全性评价指南》(JTG/T B05—2004)。

(1)高速公路平直路段的加速过程和稳定运行速度测算

在平直路段上,小客车和大货车在直线上都有一个期望行驶速度。当初始运行速度 v_0 小于期望运行时,为变加速过程,直至达到稳定的期望车速后匀速行驶。平直路段上车辆的加速过程,按式(3-6)和表3-2测算车辆在直线上的运行速度。

$$v_s = \sqrt{v_0^2 + 2aS} \tag{3-6}$$

式中:v_s——直线段上的期望车速(m/s);

v_0——驶出曲线后的运行速度(m/s);

a——车辆的加速度(m/s^2);

S——直线段距离(m)。

高速公路平直路段车辆期望速度和推荐加速度值 表3-2

车　型	小客车	大货车
期望运行车速 v_s(km/h)	120	75
推荐加速度值 a_0(m/s^2)	0.15~0.50	0.20~0.25

(2)高速公路小半径曲线段的运行速度预测模型

对于平曲线半径小于1 000m的路段,分别对曲线中部和曲线出口处的运行速度进行预测。根据曲线入口速度 v_i、当前路段的曲线半径 R_n 和前接曲线的半径 R_b,预测曲线中部的速度 v_{mid};然后根据曲线中部速度 v_{mid}、当前路段的曲线半径 R_n 和后续路段的曲线半径 R_f,预测曲线出口处的运行速度 v_o。曲线中部速度 v_{mid} 和曲线出口处的运行速度 v_o 的预测模型见表3-3。

高速公路平曲线上的速度预测模型 表3-3

曲线连接形式		平曲线模型
入口直线—曲线	小客车	$v_{mid} = -24.212 + 0.834v_i + 5.729\ln R_n$
	大货车	$v_{mid} = -9.432 + 0.963v_i + 1.522\ln R_n$
入口曲线—曲线	小客车	$v_{mid} = 1.277 + 0.924v_i + 6.19\ln R_n - 5.959\ln R_b$
	大货车	$v_{mid} = -24.472 + 0.990v_i + 3.629\ln R_n$
出口曲线—直线	小客车	$v_o = -11.946 + 0.908v_{mid}$
	大货车	$v_o = 5.217 + 0.926v_{mid}$

续上表

曲线连接形式		平曲线模型
出口曲线—曲线	小客车	$v_o = -11.299 + 0.936v_{mid} - 2.0601\ln R_n + 5.203\ln R_f$
	大货车	$v_o = 5.899 + 0.925v_{mid} - 1.005\ln R_n + 0.329\ln R_f$

(3)高速公路纵坡路段的运行速度预测模型

当纵坡坡度大于3%、坡长大于300m时,按表3-4对小客车和大货车的运行速度 v_{85} 进行修正。

高速公路特殊纵坡下各车型运行速度的修正 表3-4

纵坡坡度		速度调整值	
		小客车	大货车
上坡	坡度≤4%	降低5km(h·1000m)	按图3-10所示速度折减量与坡长的关系曲线进行调整
	坡度>4%	降低8km(h·1000m)	
下坡	坡度≤4%	增加10km(h·500m)至期望运行速度	增加10km(h·500m)至期望运行速度
	坡度>4%	增加10km(h·500m)至期望运行速度	增加15km(h·500m)至期望运行速度

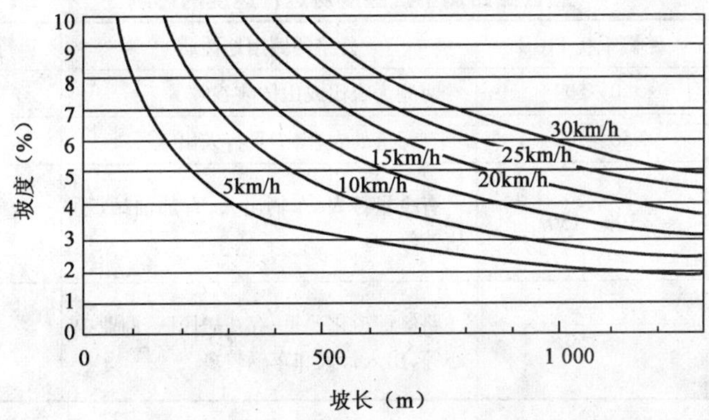

图3-10 高速公路上坡路段大货车速度折减量与坡长的关系曲线图

(4)高速公路弯坡组合路段的运行速度预测模型

根据划分路段曲线前的入口速度、曲线半径和纵坡速度,小客车和大货车在弯坡组合线形中点的运行速度 v_{85} 预测模型见表3-5。

高速公路弯坡组合线形上的运行速度预测模型 表3-5

曲线连接形式		平曲线模型
入口直线—曲线	小客车	$v_{mid} = -31.669 + 0.574v_i + 11.714\ln R_n + 0.176i_{n1}$
	大货车	$v_{mid} = 1.782 + 0.859v_i - 0.51i_{n1} + 1.196\ln R_n$
入口曲线—曲线	小客车	$v_{mid} = 0.750 + 0.802v_i + 2.717\ln R_n - 0.281i_{n1}$
	大货车	$v_{mid} = -1.798 + 0.248\ln R_n + 0.977v_i - 0.133i_{n1} + 0.23\ln R_b$

续上表

曲线连接形式		平曲线模型
出口曲线—直线	小客车	$v_o = 27.294 + 0.720v_{mid} - 1.444i_{n2}$
	大货车	$v_o = 13.490 + 0.797v_{mid} - 0.697i_{n2}$
出口曲线—曲线	小客车	$v_o = 1.819 + 0.839v_{mid} + 1.427\ln R_n + 0.782\ln R_f - 0.48i_{n2}$
	大货车	$v_o = 26.837 + 0.109\ln R_f - 3.039\ln R_n - 0.594i_{n2} + 0.830v_{mid}$

注：①表中 $R \in [120, 1000] \cup [2\%, 6\%]$；

②v_i、v_{mid}、v_o分别为曲线入口处的速度、曲线中部的速度、曲线出口处的速度；

③R_b、R_n、R_f分别为驶入曲线前的半径、所在曲线的半径、前曲线的半径；

④i_{n1}、i_{n2}分别为曲线前后两段的不同坡度。

(5)一级公路不同线形路段的车辆运行速度预测模型

交通运输部西部交通建设科技项目(西部地区公路运行速度特征与应用模型的研究)报告中指出：一级公路运行速度预测模型路段划分和线形影响模型仍然采用高速公路模型，出入口和路侧干扰等作为影响因素，对路段的运行速度进行折减或修正，运行速度根据路侧干扰和出入口密度的折减量分别见表 3-6 和表 3-7。

一级公路路侧干扰强度对运行速度的影响 表 3-6

路侧干扰强度等级	路侧干扰 FRIC	公路两侧用地性质	运行速度折减 v(km/h)
0	0 ~ 50	两侧为农田或山体峡谷等	0
1	50 ~ 100	有稀落的农舍，少量行人出入	9.0
2	100 ~ 150	有少量行人、车辆出入，有加油站、小店铺等	18.0
3	> 150	路侧街道化严重，存在居民区，商业中心等，出入行人和车辆较多	27.0

一级公路出入口间距与速度降低比例 表 3-7

出入口密度(个/km)	运行速度降低比例(%)		
	≥100km/h	80 ~ 100km/h	60 ~ 80km/h
5.0	9.9	8.3	6.1
2.5	5.1	4.4	3.0
1.0	2.1	1.8	1.1
0.5	1.0	1.0	0.5

其中，关于路侧干扰的等级划分报告中构造了路侧干扰变量 FRIC，代表单位时间内观测断面内 200m 范围内发生的路侧干扰的加权频数，计算公式见式(3-7)，公式中的每一项干扰指的是在观测时段内实际发生的干扰数量。

$$\mathrm{FRIC} = 0.129\mathrm{bic} + 0.164\mathrm{psv} + 0.185\mathrm{tra} + 0.148\mathrm{ped} + 0.171\mathrm{smv} + 0.202\mathrm{mot} \tag{3-7}$$

式中：FRIC——路侧干扰变量；

bic——自行车；

psv——路侧停车；

tra——慢行车辆；

ped——行人数量；

smv——非机动车；

mot——摩托车。

3）车辆85%位速度与平均速度的关系

基于本书样本公路的车辆运行速度数据，图3-11和图3-12分别是大、小车85%位速度与平均速度的散点图。由图可见，车辆85%位速度与平均速度间存在强相关的线性关系。

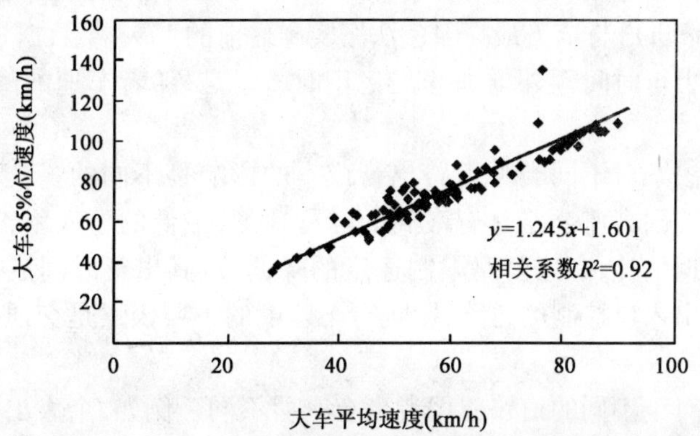

图3-11　大车平均速度与85%位速度散点图

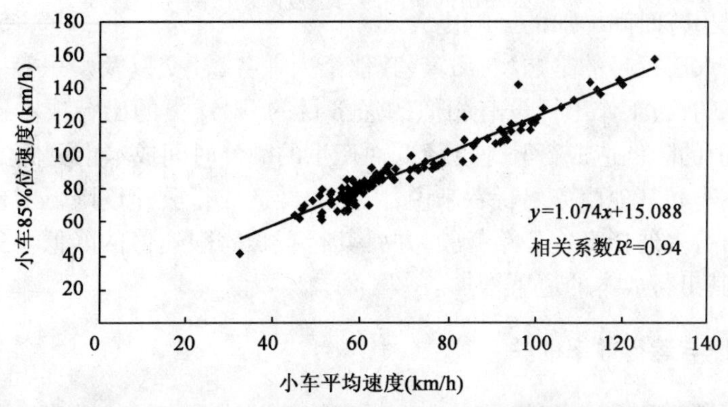

图3-12　小车平均速度与85%位速度散点图

从图 3-11 得知,大车 85% 位速度与平均速度的关系模型为:

$$v_{85\_tru} = 1.245 v_{ms\_tru} + 1.601 \tag{3-8}$$

式中:v_{85_tru}——大车 85% 位车速;

v_{ms_tru}——大车速度均值。

从图 3-12 得知,小车 85% 位速度与平均速度的关系模型为:

$$v_{85\_car} = 1.074 v_{ms\_car} + 15.088 \tag{3-9}$$

式中:v_{85_car}——小车 85% 位车速;

v_{ms_car}——小车速度均值。

3.2.2 限速与出行时间的关系

除了行车的交通安全之外,行程时间是影响驾驶员选择合理驾驶速度的另一个主要因素。

美国的全美最高限速法案的一份分析报告中指出:1982 年公路上机动车最高行驶速度为 55mile/h(88km/h),与全美最高限速法案实施之前的 1793 年数据相比,机动车行驶速度的降低将导致出行时间额外增加约 1 亿小时。但是,随着车速的降低,伤亡事故的数量也随之减少。

全美最高限速法案对不同类型道路出行成本的影响是不同的。乡村高速公路的出行时间成本最高。美国高速公路具有最高的运行速度,最低的事故率,承担着大部分长距离的商业运输。据估计,高速公路限制速度的降低,对其出行时间成本的影响是其他道路的 4 倍。因为出入口控制的道路,影响行车速度的主要因素是交通拥堵和道路几何线形。

出行时间成本对于不同的道路使用者也会有所不同。例如,个人出行者的出行时间成本取决于其出行目的和距离。通常通勤出行距离较短,通勤出行的平均出行距离大约是 18km,平均行程时间大约是 22min。因此,限速值降低而产生的额外时间成本也很低。交通拥堵对工作出行时间增加的影响更大。

大多数的个人出行目的是购物、回家、其他个人业务,社交以及娱乐等。由于大部分这些出行是随意的,与工作出行没有相似的经济目的,则这类的出行成本比工作出行成本要低,且限速值的降低造成行驶速度降低而产生的额外时间成本也更低。

对于商业货车和其他商务出行者来说,限速降低造成行驶速度降低对他们影响要更为显著。这些出行多选择高速公路行驶,并且其行程长。限速值的降低导致行程时间的增加,从而造成其出行成本的显著增加。

3.2.3 限速与运行效率的关系

驾驶员根据道路和交通条件,通常会选择高速行驶换取高运输效率,因为车速越高,在道路上所花费的时间越短。系统的总延误用对每辆车上每个人造成的共同延误计算。延误模型为：

$$\text{Delay} = E_i \times Q_i \times (L/v_{B-ms} - L/v_{A-ms}) \tag{3-10}$$

式中：E_i——平均载运系数(v/d)，其中 $i=1$ 时为大车平均载运系数，$i=2$ 时为小车平均载运系数；

Q_i——交通量(v/d)，其中 $i=1$ 时为大车交通量，$i=2$ 时为小车交通量；

L——高速公路长度(km)；

v_{B-ms}——限速前的速度均值(km)；

v_{A-ms}——限速后的速度均值(km)。

3.3　限速与执法成本的互动关系研究

限速的效果最终取决于交通警察的执法力度以及其他一些速度控制技术的应用。对于某一路段，如果限速值偏低，则超速行驶车辆的比例会偏大，需配以更多的警力执法，才能保证大多数驾驶员遵守限速，执法成本相应增加。以超速事故占事故总数的比例作为执法成本的替代指标，通过对比不同限速值下发生的超速事故占事故总数的比例，可以建立限速与执法成本之间的关系模型。

3.3.1　执法成本

1)概念

执法成本(Cost of Enforcement，简称CE)是成本概念在执法领域的运用，它指的是政府为保障法律运行而支付的所有费用，包括为法律实施进行宣传、机构设置、人员配备、体制改革、审批许可、执法监督以及相关的具体行政行为等诸多方面的投入。

交通管理部门通过制订和执行交通法规规章，规范交通参与者的交通行为。交管部门的直接成本包括立法成本和执法成本。立法成本指制订、修改、废除交通管理行政规章所耗费的人力、物力和财力。就限速管理来说，立法成本是确定哪些路段需要限速、限速多少的资源耗费；执法成本包括设立限速标志、购置安装测速仪、实施监测处罚的人财物消耗，而其收益则是限速后使交通安全得到更大程度的保障。

世界各国的实践经验均表明，仅靠限速标志无法达到规范车流运行的目的。因此，在一定的速度限制方法与技术基础上辅以执法很有必要。

2)执法成本的组成结构

执法成本分为人工成本和设备成本两部分，如图3-13所示。其中，人工成本为公路投入警力所花费的成本。国内公路常采用的限速设备主要包括雷达和摄像头，因此设备成本可以分为手持式雷达测速检测设备成本、固定式雷达测速检测设备成本以及摄像头监控设备成本三部分。

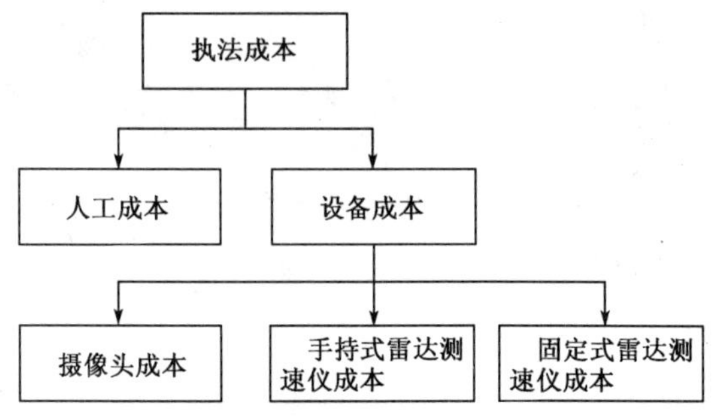

图 3-13　执法成本的组成部分

3.3.2　自动执法的效果分析

根据执法方式不同,可以分为自动执法和人工执法两类,自动执法的效果远比人工执法的效果好。因此,下面针对自动执法进行具体的研究分析。

1)国外自动执法的效果分析

在导致人员死亡事故和严重受伤的事故中,有 1/3 的事故是由于超速行驶和行驶速度不当而造成的。以往研究表明,速度越高,事故后果越严重。

国外对于自动执法的应用效果十分显著,根据英国运输研究实验室的研究成果,如果车辆的平均车速能够减少 3km/h,欧洲每年将可以拯救 5 000 ~ 6 000 人的生命,并可以避免 120 000 ~ 140 000 起道路交通事故的发生,将节省 200 亿欧元的经济损失。根据英国的观察资料,自动监测摄像机的安装,可以使汽车平均车速降低 9km/h。如果在欧洲联盟的范围内各处均能安装上这些摄像机,将有可能避免 1/3 的道路交通事故发生,并能使交通事故致死人数减少一半。

2003 年 10 月 27 日,在法国埃森省杜波尔城附近的 RN20 高速公路上,法国第一台道路测速雷达正式安装启用。在随后的 5 年时间里,又陆续累计共有 2 560 多万个摄像探头被安装。道路雷达和摄像探头的安装构成了严密的法国交通安全监控网,并大大降低了交通事故率,其最显著的效果就是使得高速公路汽车平均行驶时速下降了 10%。据法国交通部道路安全委员会高级专员米歇尔·梅里夫人表示,法国有 31.5% 的交通事故都是由于超速驾驶而造成的,由于有了测速雷达的约束,5 年内,法国至少减少了 1.1 万的交通事故死亡人数并避免了 15 万起交通事故伤害。

法国现在每年新安装的测速雷达数都要超过 500 个,这个增长数量将一直维持到 2012 年,以力求达到现任总统萨科奇所承诺的每年道路交通事故死亡人数减少到 3 000

人以下的目标。事实上,从 2007 年起,道路雷达还在进行着自己的更新换代,新型雷达技术更为先进,功能也丰富了很多,不仅可以检测超速驾驶,还会对闯红灯、车距过近等多项道路交通不安全行为进行监控。

法国进口最早的一批新型雷达在 2009 年第一季度安装到位,新型雷达功能的增加就是为了进一步加强人们对道路交通安全的重视程度,尤其要严厉杜绝闯红灯等违反道路公德的行为。今后道路雷达将对每辆车进行双重监控,即每个雷达上都会安装两个摄像头,以保证准确无误地监控道路安全情况。

瑞士联邦统计局 2007 年 7 月 25 日公布的数据显示,2002 ~ 2006 年,瑞士交通测速雷达的数量大幅增加,道路交通死亡人数明显下降。据统计,2002 ~ 2006 年,瑞士设置的测速雷达共有 700 多个,其中道路两旁固定测速雷达的数量增加了 149%,达到 177 个;信号灯附近的雷达数量增加了 253%,达到 114 个;警方车载移动雷达数量增加了 12%,达到 223 个;临时设置的雷达有 100 多个。

2006 年,瑞士测速雷达监测到约两亿辆汽车的行驶速度,查出的超速违章率基本与 2002 年以来的历年持平,但城镇之外的车辆超速率从 2002 年的 4% 降至 1%。2006 年瑞士交通事故致死人数较 2002 年下降了 39%。瑞士交通测速雷达主要设在城镇入口、市镇中心、高速公路之间的连接弯道、公路隧道、大城市周边的高速公路等地。此外,警方每日在城镇内通过车载雷达测速,并通过当地广播电台随时告知驾车员临时设置雷达的地点、时间和载有测速雷达的车辆特征,目的是提醒驾车员按规定限速行车。

2)国内自动执法的效果分析

随着交通事故率的不断上升,我国各地相继采用雷达、摄像头等自动执法设备进行限速,以求达到控制超速现象并降低事故率。

2005 年 12 月,黑龙江省交管部门针对黑大、同三、绥满三条国道安全隐患突出、事故多发的情况,省交警总队向三条路的交警中队拨了 36 部雷达电子测速仪和 130 部酒精检测仪。在设备安装后的 3 个月内,全省发生道路交通事故 1 619 起,死亡 431 人,同比分别下降 8.94% 和 2.27%。

2009 年上海天网工程启动,新增安装 1 054 个摄像头,郊区高速公路、国道新增 300 ~ 500个流动雷达摄像头,这些设备很大程度上降低了超速事故的发生。

3.4　针对限速的道路使用者问卷调查

高速公路驾驶员问卷调查,是针对高速公路的道路、交通条件,对驾驶员在行驶过程中对道路条件、限速设施设置等的主观感受等内容进行访问的过程。问卷涉及驾驶员的基本信息、限速值的合理性、限速措施的有效性、驾驶员认为合理的限速值期望等内容。北京工业大学交通安全研究组成员分别在河南省安新高速公路、陕西省西汉高速公路按照随机取样的方式进行了驾驶员访问，得到有效问卷216份，其中小车驾驶员100份（占46%）、大货车驾驶员116份（占54%）。

3.4.1 驾驶员基本信息

在调查问卷的所有样本中，小车驾驶员与大车驾驶员所占的比例分别为46%和54%。驾龄为3年（含）以内的驾驶员占总数的比例为12.2%，驾龄为1年的驾驶员的比例为2.5%。西汉高速公路驾龄为3年（含）以内的驾驶员中，有44%的驾驶员是经常在该高速公路上行驶；安新高速公路驾龄为3年（含）以内的驾驶员中，有65%的驾驶员经常在该高速公路上行驶。

3.4.2 驾驶员对高速公路平直路段行驶速度的选择

当车辆行驶在高速公路平直路段时，驾驶员会选择什么速度行驶呢？如图3-14所示，将车辆的速度分为60~80km/h、80~100km/h、100~120km/h、>120km/h四个不同选择项，分别对小车、大货车进行分类统计，得到：小车驾驶员选择80~120km/h的行驶速度占调查样本的64%；而85%的大货车驾驶员则将行车速度控制在60~80km/h。这与我国现阶段货车动力性能不足、车辆超载超限运行的影响密切相关。

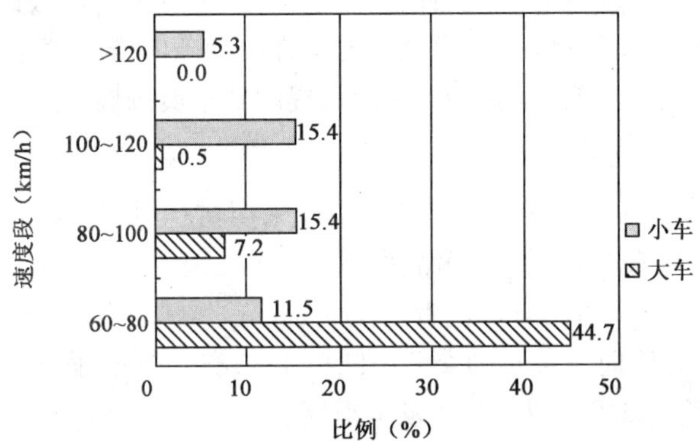

图3-14 高速公路平直路段的驾驶员选择的行驶速度统计

3.4.3 驾驶员对特殊路段限速值的意向调查

针对设置限速值，分别针对山区西汉和平原区安新高速公路的驾驶员进行了特殊路段（如急弯、陡坡路段等）设置限速值的意向调查。经统计得到：两条高速公路车辆驾驶员对急变弯、陡坡路段的限速值意向都集中在60km/h，这与我国高速公路最低设计速度的标准一致。

3.4.4 驾驶员对行驶道路限速值的合理性看法

河南省安新高速公路设计速度是120km/h，采用分车型限速，小客车限速120km/h，大客车限速100km/h，大货车限速90km/h。安新高速公路驾驶员调查情况表明：大、小车驾驶员认为限速值合理的比例分别占到调查的大、小车驾驶员总数的79.4%和62.5%。

陕西省西汉高速公路设计速度为80km/h和60km/h，设计速度为80km/h的路段采用了小车80km/h、大车60km/h的限速方案，也有大、小车统一80km/h的限速方案。设计速度为60km/h的路段采用了小车60km/h、大车50km/h的限速方案。西汉高速公路驾驶员调查情况表明：大、小车驾驶员认为限速值合理的比例分别占到调查的大、小车驾驶员总数的50.0%和33.9%。尽管大车的限速都低于小车，但是大车驾驶员认为限速值合理的比例高于小车驾驶员。车辆动力性能决定了驾驶员对速度选择的差异性，从而也就导致限速值认可的差异性存在。

在参与调查的驾驶员中，安新高速公路有10%的驾驶员认为限速值不合理；西汉高速公路有27%的驾驶员认为限速值不合理。

3.4.5　驾驶员对限速标志的遵守情况调查

关于驾驶员对限速标志的遵守情况，分析结果如图3-15所示。其中严格遵守限速标志的驾驶员为57.9%，进行适当降速的占33.1%，只有4%的驾驶员不理会限速标志，根据自己的意愿进行选择行驶速度；有5%的驾驶员视有无监控而选择行驶速度。以上问卷统计结果可以这样理解：除严格遵守限速标志的57.9%的驾驶员员以外，其余42.1%的驾驶员都有超速行驶的可能性。实际检测的车辆速度的统计结果表明，有40%以上的车辆超速行驶。从这一点来看，问卷统计结果与检测数据之间基本一致。

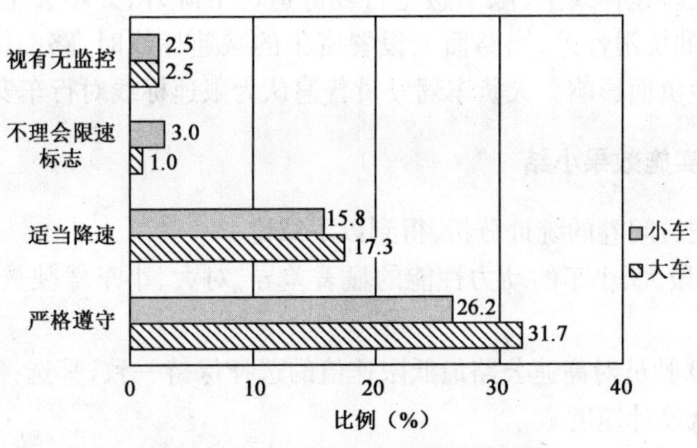

图3-15　驾驶员遵守限速值的情况分析

3.4.6　驾驶员对限速效果的看法

如图3-16所示，在对各类限速设施、管理方式（如雷达摄像或超速照相、交警执法、限速标志、减速标线）有效性的对比中可以发现：对于熟悉该高速公路的驾驶员来说，小车驾驶员与大货驾驶员的看法基本一致，认为雷达摄像的减速效果最佳，其次是限速标志。

小车驾驶员认为减速标志和减速标线的效果相近;而大车驾驶员认为交警执法效果优于减速标线。

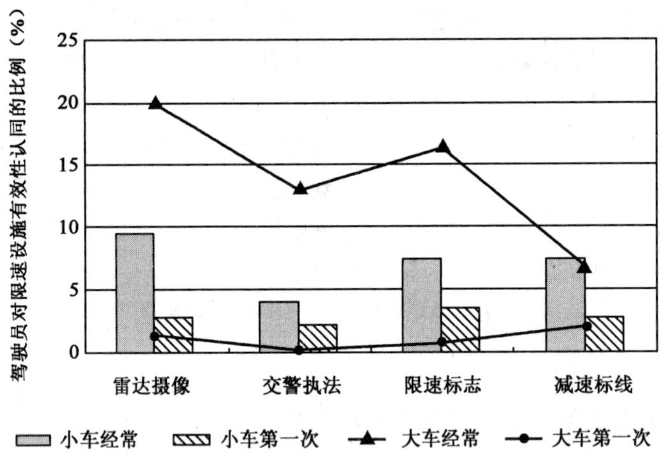

图3-16 驾驶员对限速效果的看法

产生这种有分歧的看法,主要原因是:为治理大货车的超载超限的违法行为,高速公路的交警与运管部门针对大货车检查的频率高于小车,大货车驾驶员对交警执法的效果认同性高于小车驾驶员。

大货车驾驶员对减速标线的认同性最低。通过与大货车驾驶员的交流,大货车驾驶员普遍认为行驶在减速标线上,除了感觉行驶舒适性下降外,并不会主动降低速度。同时认为,减速标线的抗滑性差,当路面上设置密集的减速标线时,路面抗滑性下降,而且对驾驶动作也产生负面影响。大货车驾驶员普遍认为限速标线对行车安全有影响。

3.4.7 限速实施效果小结

综合以上驾驶员问卷的统计分析,得到以下结论:

(1)我国现阶段大、小车的动力性能的显著差异,对大、小车驾驶员行驶速度的选择有显著影响。

(2)大、小车驾驶员对高速公路最低限速值的选择保持一致,都选择了60km/h,即我国高速公路的最低设计速度。

(3)驾驶员问卷调查结果表明:对雷达与超速摄像的效果优于其他形式的限速效果,该结果与国内外的对限速设施实施效果的统计情况保持一致,即:采用雷达测速、超速摄像的自动执法方式的限速效果显著优于其他方式。

(4)限速标志的有效性对大、小车驾驶员无显著差异;但是大货车驾驶员认为减速标线影响行车安全,需要引起有关部门足够的重视。

第 4 章　限速的综合决策方法

本章主要结合限速对交通安全、运行效率和执法成本的影响，对高等级公路（高速公路和一、二级干线公路）进行了限速综合决策的讨论，给出了公路未开通和运营两阶段的限速方案制订流程；基于综合限速决策给出了高等级公路最高限速基本值推荐表。

4.1　限速方案的制订

4.1.1　分阶段的限速方案的制订

限速方案制订的一般流程宜按公路运行情况分为运营阶段和设计阶段（未开通运营），再分别进行考虑。

运营阶段公路宜根据法律法规、公路设计指标、交通流特点、车辆运行速度分布特点、路侧环境、交通事故数据等因素，制订限速方案，并核查公路设计指标，最终确定并实施限速方案。

运营阶段的高速公路及一、二级干线公路限速方案制订流程见图 4-1。

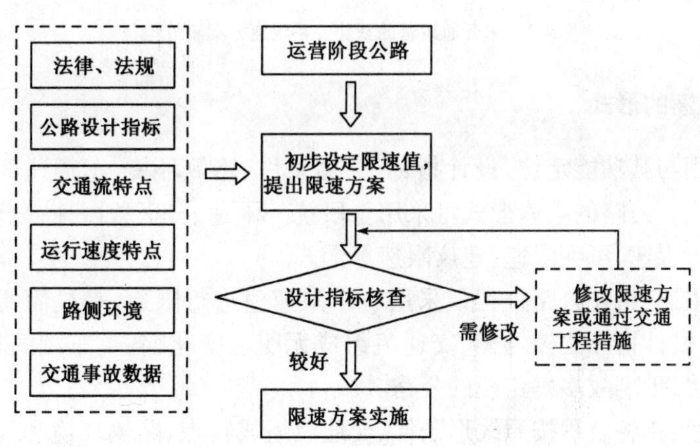

图 4-1　运营阶段公路限速方案制订流程

对于未开通运营公路，宜以设计速度为限速基础，全线以设计速度实施限速。待运营一段时间后，收集公路的交通量、交通事故、运行速度、驾驶员满意度等数据，采用运营阶段公路限速方案制订流程，进而优化、调整限速方案和设置相应的速度控制设施。未开通运营公路限速方案制订流程见图4-2。

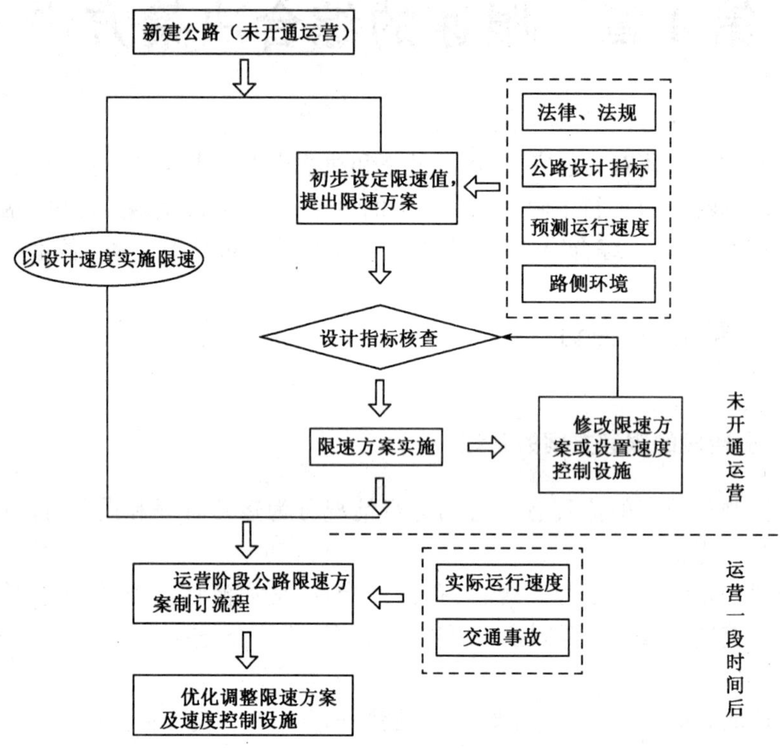

图4-2　未开通运营的新建公路限速方案制订流程

4.1.2　限速的形式

公路应采用与其功能定位、设计指标、交通条件、路侧环境、车辆速度差异等特点相适应的限速形式。公路的限速形式可采用全段统一限速、分区段限速、分车型限速、分车道与分车型结合限速、可变限速、建议限速等形式。

全路统一限速：指在公路全程仅采用一个限速值进行限速，是最简便的一种限速方法；适用于全段设计指标比较均衡、交通流组成无明显变化、各类车型的车速差异不大、基本无路侧干扰、无事故多发路段的公路。

分区段限速：指将公程按照线形条件、交通流组成特点、路侧环境和气候条件等因素以及交通事故分布情况划分为若干个限速区，各限速区根据车辆的速度特性以及车辆行车速度的均衡性确定不同的限速值；适用于全线设计指标不均衡、交通流组成和车辆速度变化较大，但分布具有一定规律的公路。

分车型限速：指综合考虑公路功能、通行效率、车辆运行安全和运营管理的需要，对不同车型采用不同限速值的限速方法。对于小车和大车速度差异较大或某种车型事故情况突出的路段,宜考虑采用分车型限速。

分车道与分车型结合限速:指对不同的车道采用不同限速值,使车型不同的车辆分道行驶,并使每条车道内车辆的运行速度趋于一致的限速方法;适用于出入口密度低、单向三车道及以上的公路;单向两车道的公路经论证可以实现交通量的均衡分布,且不会造成通行能力显著下降时可应用。

可变限速:指在一定的路段或者特定的时间段,根据雨、雪、雾天气的能见度、照明条件、路面的湿滑情况、通行效率、车辆运行安全、紧急事件处理和运营管理的需要,采用不同限速值的限速方法;适用于受不良天气影响严重,或对不同时段、不同行驶条件有特殊要求的公路。

建议限速:指为了提高特殊或危险路段(如急弯、交叉口)的行车安全性,警告和提醒驾驶员降低行车速度、注意行车安全而建议的行车速度;适用于线形条件稍差或者存在危险交通冲突,但不适宜严格限制速度,以避免限速区过于琐碎和增加执法难度的路段。

4.1.3　限制速度实施原则

限速的实施原则主要有以下几个方面:

(1)各等级公路应采用与功能定位、设计指标、交通条件、路侧环境、车辆速度差异等特点相适应的限速形式。

(2)各等级公路的限速形式可采用一种或几种限速形式的组合;同时,宜与相应的速度控制设施配合使用,以达到预期的限速效果。

(3)限速形式的选择应有利于减少速度离散性和交通冲突,有利于调节和均衡交通流速度,达到保障交通安全和保证通行效率的目的。

其中,分车型限速是综合考虑公路功能、通行效率、车辆运行安全和运营管理的需要,对不同车型使用不同的限速值进行限速。其实施原则具体包括以下几个方面:

(1)当公路路段上运行的小客车和货车的实际运行速度差在20km/h以上时,建议考虑采用分车型限速。

(2)实施分车型限速路段的线形指标、公路环境等应能够满足不同车型安全行驶的需要。

(3)实施分车型限速的路段应具有快慢车分道行驶和允许车辆安全超车的条件。实施分车型限速原则上不应增加高速车辆频繁变道超车所带来的安全隐患。

(4)对于高速公路,分车型限速宜与分车道限速结合使用;对于其他等级公路,分车型限速宜与分路段限速或分车道限速结合使用。

分车型限速适用于对通行效率要求较高,且小客车和货车速度差异较大,或某种车型事故情况突出,需要考虑单独限速的路段。

通常情况下,分车型限速适用于小客车的速度比货车高20km/h以上的情况,因此需要核查超高、视距等设计要素是否满足高速车辆和低速车辆行车安全的需要;同时,实施分车型限速可能增加同一断面相继到达车辆间的速度差,增加换车道、超车的概率。这些操作造成的冲突,可能引发更多的追尾事故、正面相撞事故或者侧面刮擦事故。为了避免分车型限速引发的安全问题,在高速公路应与分车道限速结合,在等级公路宜与分车道或分路段限速相结合使用,使快车和慢车尽量在空间上减少冲突的概率。

4.2 限速值的确定

限速值的确定应综合考虑法律法规、公路功能、设计指标、车辆运行特点、路侧环境、交通安全特点等,在保证安全运营和通行效率的前提下,兼顾执法形式,科学合理地设定限速值。

4.2.1 限速路段的划分

设置公路限速取值宜分为一般路段和特殊路段并分别予以考虑。特殊路段是指隧道和隧道群路段、连续长陡纵坡路段、穿越居民密集的村镇、县城路段或城镇化路段、交通事故多发路段、受不良天气影响严重路段、大型平交口或接入口路段等。一般路段指特殊路段之外的其他路段。

运营阶段公路限速取值流程如下:

(1)运营阶段公路

一般路段:宜根据法律法规、公路设计指标等确定基本限速值,然后根据车辆运行速度、行程车速、路侧环境、交通事故等数据对基本限速值进行修正。

特殊路段:限速值宜结合实际情况综合考虑选取。

在综合考虑了一般路段与特殊路段的限速需要与限速值的选取后,初步设定限速值并制订限速方案。

运营阶段的高速公路及一、二级干线公路限速取值流程见图4-3。

(2)新建公路(未开通运营)

确定新建公路(未开通运营)的限速值时,宜考虑以下两个因素:

①以设计速度作为基本限速值。

②根据法律法规、公路设计指标、预测的车辆运行速度、路侧环境等数据综合考虑,初步设定基本限速值并制订限速方案。

新建公路(未开通运营)基本限速值取值一般流程见图4-4。

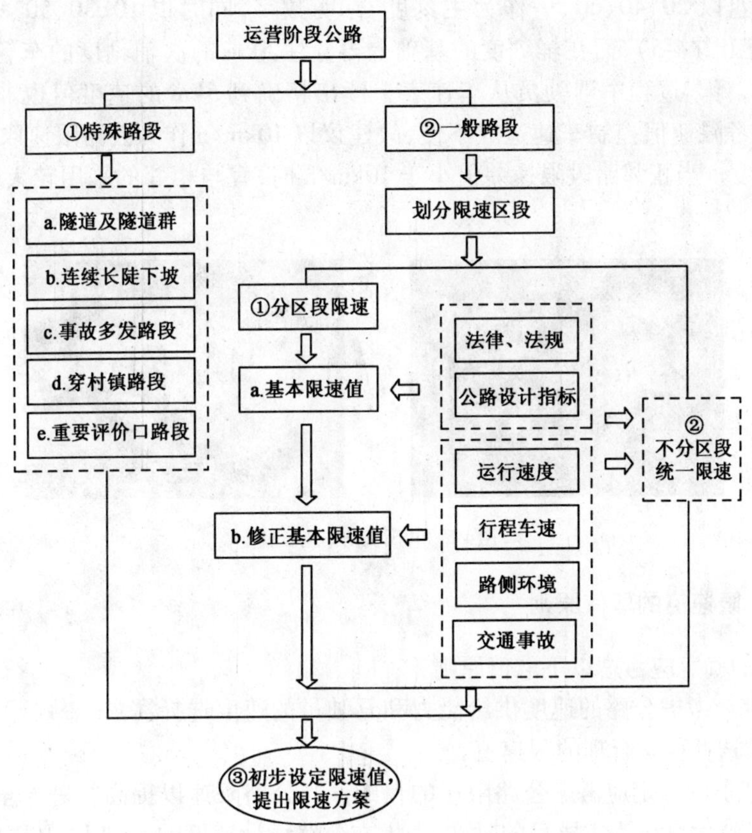

图 4-3　运营阶段公路限速取值流程

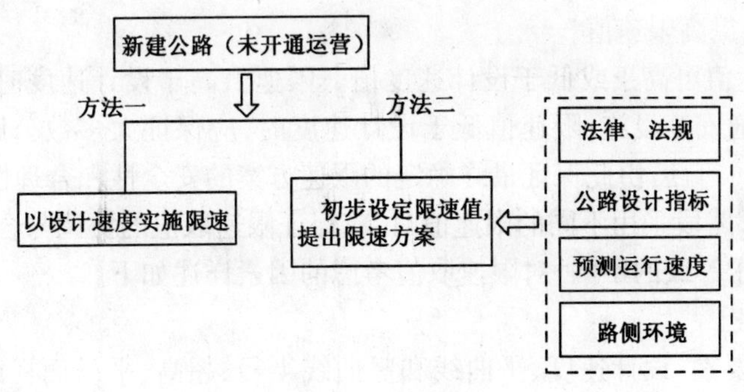

图 4-4　新建公路限速取值流程

4.2.2　限速值的步长选择

公路限速取值一般以 10km/h 或其整数倍作为增加或降低限速值的变化幅度，这是基于驾驶习惯的一种选择。通过调查，我国汽车均以 km/h 作为车速的度量单位，多数车辆车速仪表盘以20、40、60、…作为主刻度,标明数字,同时以10、30、50、…作为辅刻度,不标数字(图4-5),而在辅刻度的基础上再标注5km的次辅刻度的车辆相对较少,即使有标注,行车过程中驾驶员从车速表上读出精确到5km的速度值也非常困难,这给驾驶员参考限速值控制车速造成不便,故建议以10km/h作为公路限速取值增加或降低的变化幅度。当相邻路段限速差值小于10km/h时,宜与相邻的采用较大限速值的区段合并。

图4-5　我国机动车速表盘

4.2.3　限速值的取值原则

限速值的确定应考虑以下取值原则:

(1)应综合考虑公路的速度供给能力和驾驶员的速度选择需求,兼顾行车安全与执法的必要性,选择科学合理的限速值。

(2)限速值的确定应考虑公路限速的目的。当公路限速以提高行驶安全性,减少群死群伤的重、特大事故为主要目的时,应考虑在公路设计速度的基础上,必要时降低限速值;当公路限速以提高通行效率、兼顾行驶安全性为主要目的时,应该考虑在公路设计速度的基础上,适当提高限速值。

(3)公路限速值可高于或低于设计速度值。限速值高于设计速度时,应全面核查设计指标和完善交通安全设施;限速值低于设计速度时,应保证大多数公路使用者可以遵守和交通执法的可行性,由此保证最终确定的限速方案的安全性和合理性。

(4)公路相邻路段采用不同的限速值时,应保证限速取值的协调与合理过渡。

根据公路技术等级的不同,对限速取值考虑的因素详述如下。

(1)高速公路

①公路设计要素:设计速度、平曲线和竖曲线半径、超高、平纵面视距、纵坡和坡长、横断面车道数、路面摩阻系数等。

②交通流特点:交通量及车型组成、不同车型驾驶员的速度特点。

③速度分布特点:不同车型的速度统计分布特点、速度的离散性。

④行车安全性:交通事故的空间分布和特殊路段分布(如长大纵坡路段、连续急弯路段、隧道和隧道群路段、连续高架桥路段、互通立交桥区、多雾冰雪湿滑路段等)。

(2)一、二级干线公路

①公路功能和设计要素:公路在路网中的功能、设计速度、平曲线和竖曲线半径、超高、平纵面视距、纵坡和坡长、横断面车道数、路面摩阻系数、平曲线加宽和中央分隔形式。

②交通流特点:交通量及车型组成、不同车型驾驶员的速度特点。

③速度分布特点:不同车型的速度统计分布特点、速度的离散性。

④路侧环境与混合交通干扰:穿越村镇及公路街道化情况、平面交叉口的密度、行人、非机动车和摩托车对汽车的干扰等。

⑤行车安全性:事故多发路段的空间分布、事故原因和形态特点、特殊路段的分布(如长大纵坡路段、连续急弯路段、隧道路段、村镇学校路段、平交口、多雾冰雪湿滑路段等)。

4.2.4 基本限速值的取值方法

初步划分限速区后,应以法律法规、公路线形指标等因素为基础,综合考虑确定各限速区的基本限速值。

《中华人民共和国道路交通安全法实施条例》第七十八条规定:高速公路应当标明车道的行驶速度,最高车速不得超过120km/h,最低车速不得低于60km/h。在高速公路上行驶的小型载客汽车最高车速不得超过120km/h,其他机动车不得超过100km/h,摩托车不得超过80km/h。同方向有两条车道的,左侧车道的最低车速为100km/h;同方向有三条以上车道的,最左侧车道的最低车速为110km/h,中间车道的最低车速为90km/h。道路限速标志标明的车速与上述车道行驶车速的规定不一致的,按照道路限速标志标明的车速行驶。

为便于实际操作,在不违反相关法律、法规规定的原则上,确定基本限速值时主要考虑以下因素:

(1)公路限速取值一般以10km/h或其整数倍,作为增加或降低限速值的变化幅度。

(2)公路限速取值宜分为一般路段和特殊路段。特殊路段是指隧道和隧道群路段、连续长陡纵坡路段、穿居民密集的村镇、县城路段或城镇化路段、交通事故多发路段、受不良天气影响严重路段、平交口或接入口路段等。

(3)公路限速取值应该根据公路线形条件和驾驶员速度分布特点,选择合理的限速形式,参考相关法律法规划分限速区段、选择限速值,最后通过设计指标核查,确定限速取值的合理性。

(4)不同限速形式的限速取值方法如下:

①全段统一限速一般宜取路段设计速度作为限速值。

②限速区限速应该在公路的设计指标和实测运行速度的基础上,根据车辆运行速度的特点,同时考虑特殊路段的影响因素,划分限速区段,为每个限速区段选取满足车辆安全运行的限速值;各区段的限速值应该协调过渡、避免变化频繁。

③分车型限速应该在实测运行速度的基础上,根据车速离散程度和限速区段划分的

结果,分别确定大、小车的限速值。

④分车道与分车型结合限速应该以各车型的实测运行速度为基础,根据车速离散程度和限速区段划分的结果,结合各条车道的功能划分和车型分布,分别确定各车道的限速值。

⑤建议限速取值应比相邻一般路段的限速值低,一般差值为 10 ~ 20km/h。

4.3 限速综合决策模型进行限速值的确定

4.3.1 限速综合决策考虑的主要因素

限速决策需要综合考虑各种影响驾驶员速度选择的因素,包括道路线形、旅行时间、交通安全、燃料费用、限速执法效果等。通常,在实际驾驶过程中,驾驶员主要根据道路线形和交通安全选择自己认为合适的速度。速度的高低决定旅行时间的长短,从而影响驾驶员对速度的选择。驾驶员在选择速度驾驶时很少考虑燃料费用。高力度和高效的执法威慑力高,有助于驾驶员遵守限速。

限速综合决策一般主要从设计速度、85% 位速度/50% 位速度、道路线形、运行速度协调性和交通事故情况这 5 个关键技术方面去考虑。

(1)设计速度

现阶段,我国的道路几何线形设计仍基于设计速度。设计速度是公路设计时确定其几何线形的最关键参数。设计速度一经选定,公路的所有相关要素如视距、超高、纵坡、竖曲线半径等指标均与其配合以获得均衡设计。

在实际的驾驶行为中,没有一个驾驶员会自始至终地去恪守这一固定的设计速度。只要条件允许,驾驶者总是倾向采用较高的速度行驶。因此,限速决策中,对于线形设计指标很好的路段,限速值可以比设计速度高,但二者差值不能超过 20km/h;对于线形设计指标很低的路段,限速值可以比设计速度低,但二者差值不能超过 20km/h。考虑《中华人民共和国道路交通安全法实施条例》第六十七条规定,高速公路限速标志标明的最高时速不得超过 120km/h。因此限速决策时,限速最高不超过 120km/h。

(2)85% 位速度/50% 位速度

把 85% 位车速直接作为限速值对所有道路并不一定都合适。我国现阶段大、小车速度离散性大,把 85% 位车速作为限速值会存在安全隐患。

(3)道路线形

设计速度不同,道路线形的设计会有相应的标准与之对应。道路线形好,限速值高,道路线形差,限速值低。另外,对于特殊路段,比如急弯、长大下坡、连续弯等,如果驾驶员选择的速度与实际道路线形条件下的安全车速不一致,极有可能造成交通安全隐患。对于以上路段可以采用建议限速,建议限速值比一般路段的限速值低。

(4)运行速度协调性

根据《公路项目安全性评价指南》(JTG/T B05—2004),如果高速公路相邻路段85%位速度差大于20km/h,则其运行速度协调性为不良。因此,对于相邻限速区的限速值差值不应大于20km/h,避免造成相邻路段的85%位速度差大于20km/h。

大、小车的限速值差不要超过20km/h,以避免因大、小车限速值的设置不当引起实际行驶过程中大、小车的速度差大于20km/h。对于大、小车速度差现象严重的路段,如果有条件,为减少大车对小车行驶的干扰,可以采用限制大车行车道和分车型限速相结合的方法。

(5)交通事故历史记录

限速可以从两个方面来提高道路的安全性。第一,通过制订行驶速度的最大界限来减少事故的严重程度和减小事故发生的几率。第二,减小速度的离散程度,由此降低车辆发生冲突的机会。

在交通事故历史数据中,对于交通事故中超速事故高发路段,需要考虑对该路段设置合理的限速值。

4.3.2　交通事故的预测模型

1)路段单元的划分方法

合理的路段划分是模型精确性的前提。定长划分的缺点是,如果分段长度过大,道路特征为许多特征的汇合,统计规律及其使用价值不大;另一方面,由于交通事故的偶然性和稀少性,如果样本长度过小,大量样本的事故数是1或0,应用这种病态样本是难于得出正确结论的。另外,对于事故比较集中的位置,如收费站、服务区、立交桥区、隧道口等这些具有明显特征点的事故位置可能被强行分散到不同的段内,同时也可能造成事故发生频数相差较大的相邻路段被分到同一固定长度的段内,使得该段内的事故水平趋向平均,从而不能准确地衡量自变量的影响。上述两种情况对模型的精度都会产生较大的影响。为了尽量保证研究单元内平、纵、横线形的一致性,对作为样本的4条道路,其中3条高速公路(云南罗富高速公路、重庆渝遂高速公路和陕西西汉高速公路),1条一级公路(连霍国道新疆博赛段)共21个测速断面进行了划分,最终得到121个用于建立模型的路段单元。这些道路单元各自的平、纵、横线形基本一致,且可以认为各单元内速度服从同一分布。

路段单元划分的基本原则主要如下:

(1)高速公路应该根据地形条件和路线设计指标的均衡性、大型结构物分布情况、交通组成变化特点、事故空间分布、气候条件等情况来划分限速路段;其他等级公路应该增加考虑公路功能特点、沿线路侧环境和村镇分布等因素对路段划分的影响。

(2)路段划分应保证一定长度,避免限速区段和限速标志变化过于频繁,降低限速的遵守程度。

(3)各相邻路段的限速值应该均衡变化。

(4)在公路设计阶段(未开通运营)主要考虑以设计速度为基础进行路段划分;在公路运营阶段主要考虑以公路线形指标、交通量、公路环境、交通事故、运行速度、驾驶员满意度等数据综合分析的结果进行路段划分。

路段单元具体的划分方法如下:

对于纵坡变化丰富的地段,将测速断面向左右延伸直至达到该断面所处纵坡的两端点,将该测速断面的运行速度样本作为整个测速单元 j 的速度,认为该测速单元上的车辆服从运行速度测量值的分布。加权平曲线半径和加权曲率的计算公式如下:

$$R_{\mathrm{w(j)}} = \frac{\sum_{i=1}^{n} R_{\mathrm{ij}} \cdot L_{\mathrm{R(ij)}}}{\sum_{i=1}^{n} L_{\mathrm{R(ij)}}} \tag{4-1}$$

式中:R_{ij}——第 j 个纵坡上的第 i 个平面圆曲线半径(m);

$L_{\mathrm{R(ij)}}$——第 j 个纵坡上的第 i 个平面圆曲线长度(km);

$R_{\mathrm{w(j)}}$——第 j 个纵坡对应的加权平曲线半径(m)。

$$\text{加权半径} = \frac{1}{R_{\mathrm{w(j)}}} \tag{4-2}$$

对于极个别纵坡较长而平曲线设置相对丰富的路段,采用平曲线为主导的划分方式,将该纵坡段按照平面曲线划分为一个完整的平曲线长度,作为一个路段单元。对于在曲中点处设置测速断面的地点(连霍公路新疆博赛段),将该平曲线段单独分出来,并将曲中点的运行速度作为整条曲线上速度的代表。

2)事故率预测模型

将一定长度 L 的路段年平均事故总数作为因变量。模型的自变量包括:暴露变量(路段长度、交通量)、平纵线形变量(1/半径、纵坡坡度、坡长)、交通流属性变量(货车比例、小车速度均值、大车速度均值、小车速度标准差、大车速度标准差、小车限速、大车限速)。

按照几何线形基本一致的原则,将研究路段划分为121个单元,进行建模。由于线性回归和负二项回归时很多变量不显著,于是高速公路最终采用因变量均值服从泊松分布的广义线性回归模型。

模型数学形式如下:

$$\begin{aligned}\ln[E(N_{\mathrm{crash}})] = {} & \ln 11.702 + \ln(\mathrm{EXPO}) + 0.166 \times v_{\mathrm{PSL\_tru}} - 0.283 \times \\ & v_{\mathrm{PSL\_car}} - 32.940 \times (P_{\mathrm{tru}})^2 + 0.307 L_{\mathrm{s}} + 0.197 i + 1.217 \times \\ & \mathrm{SD}_{\mathrm{car}} - 0.751 \times v_{\mathrm{ms\_car}} - 0.236 \times \mathrm{SD}_{\mathrm{tru}} + 1.11 \times 5 v_{\mathrm{ms\_str}}\end{aligned} \tag{4-3}$$

式中:N_{crash}——年平均事故数;

EXPO——小时流量与路段长度的乘积;

P_{tru}——大车比例(%);

$v_{\mathrm{PSL\_tru}}$——大车限速(km/h);

v_{PSL_car}——小车限速(km/h)；

i——纵坡坡度(%)；

L_S——坡长(km)；

v_{ms_car}——小车速度均值(km/h)；

v_{ms_tru}——大车速度均值(km/h)；

SD_{car}——小车速度标准差(km/h)；

SD_{tru}——大车速度标准差(km/h)。

模型显示,随着交通量和路段长度的增加,事故率增加。从道路线形的角度来讲,随着坡长与坡度的增加,事故率增加;随着大车限速的增加,事故率增加。由于大车比例与事故率呈开口向下的二次抛物线形式,说明在一定范围内大车比例越高,事故率越高。大车比例越高或越低,说明车型一致性越高,事故率也会降低。

4.3.3　限速综合决策模型

由于速度限值不可能是一种物理方程的解析解,也不是一种确切的速度观测数据的统计值,而是一种人为选定的决策值。因此,就本质而言,选定限制速度,是一种典型的运筹学模型,它的模型内涵为在维持交通安全、交通运行效率、交通执法可行性等的约束条件下,求得特定效益取向下的最佳限速值。在此基础上,限制速度的理论优化综合决策模型可用式(4-4)表示:

$$\mathrm{Max}\,U[(V_{post},V_{design},V(V_{post},V_{design}),D_{behavior}]$$

$$\mathrm{S.t.}\begin{cases} N[V_{post},V_{design},V(V_{post},V_{design}),D_{behavior}] < N_{critical} \\ \mathrm{LOS}[V_{post},V_{design},V(V_{post},V_{design}),D_{behavior}] > \mathrm{LOS}_{critical} \\ E[V_{post},V_{design},V(V_{post},V_{design}),D_{behavior}] < E_{critical} \end{cases} \tag{4-4}$$

式中:　U——效用函数(特定效益取向下的综合效用指标);

V_{post}、V_{design}——分别指限制速度和设计速度;

$D_{behavior}$——驾驶行为因子;

$V(V_{post},V_{design})$——其他速度指标,它们是限制速度与设计速度的函数值;

N——年平均事故数,采用预测事故率作为其指标,$N_{critical}$为其临界值;

LOS——服务水平,用以表述交通运行效率,$\mathrm{LOS}_{critical}$为其临界值;

E——违章率,用以表述交通执法的可行性,$E_{cirtical}$为其临界值。

4.3.4　基于综合决策的限速推荐值

根据限速决策考虑到的约束条件,限速推荐值如表4-1所示。

高速公路及具有干线功能的一级公路一般路段最高限速基本值推荐值　　表 4-1

设计速度(km/h)	最高限速推荐值(km/h)		适用条件
	小车	大车	
120	120	100	平曲线和竖曲线设计指标大于 120km/h 对应的一般值;其他平纵横指标至少应满足 120km/h 对应的最小值或极限要求; 路面技术指标合格;视野开阔,视距充分;安全设施完善
100	120	90 或 100	平曲线和竖曲线设计指标大于 120km/h 对应的一般值,其他平纵横指标至少应满足 120km/h 对应的最小值或极限要求; 路面技术指标合格;视野开阔,视距充分;安全设施完善
	110	90 或 100	平曲线和竖曲线设计指标介于 100km/h 设计速度对应的一般值和 120km/h 设计速度对应的一般值之间,其他平纵横指标满足 100km/h 的设计速度对应的一般值; 路面技术指标合格;视野开阔,视距充分;安全设施较为完善
	100	80 或 90	平纵横设计指标均满足 100km/h 设计速度要求,并平曲线半径和竖曲线半径介于设计速度对应的极限值与一般值之间; 路面技术指标合格;安全设施较为完善
80	100	80	平曲线和竖曲线设计指标大于 100km/h 对应的一般值,其他平纵横指标至少应满足 100km/h 对应的最小值或极限要求; 路面技术指标合格;视野开阔,视距充分;安全设施完善
	90	80	平曲线和竖曲线设计指标介于 80km/h 设计速度对应的一般值和 100km/h 设计速度对应的一般值之间,其他平纵横指标满足 80km/h 的设计速度对应的一般值; 路面技术指标合格;视野开阔,视距充分;安全设施较为完善
	80	80	平纵横设计指标均满足 80km/h 设计速度要求,并平曲线半径和竖曲线半径介于设计速度对应的极限值与一般值之间; 路面技术指标合格;安全设施较为完善
60	80	60	平曲线和竖曲线设计指标大于 80km/h 对应的一般值,其他平纵横指标至少应满足 80km/h 对应的最小值或极限要求; 路面技术指标合格;视野开阔,视距充分;安全设施完善
	70	60	平曲线和竖曲线设计指标介于 60km/h 设计速度对应的一般值和80km/h 设计速度对应的一般值之间,其他平纵横指标满足 60km/h 的设计速度对应的一般值; 路面技术指标合格;视野开阔,视距充分;安全设施较为完善
	60	50 或 60	平纵横设计指标均满足 60km/h 设计速度要求,并平曲线半径和竖曲线半径介于设计速度对应的极限值与一般值之间; 路面技术指标合格;安全设施较为完善

为了提高急弯、陡坡、平面交叉路口、超速事故多发等重点路段的行车安全性，警告和提醒驾驶员降低行车速度、注意行车安全，本项目建议在以上路段设置低于限速值的建议限速。建议限速的设置适用于线形条件相对较差、限速值已满足限速要求，但是采用低于限速值的速度行驶更能保证行车安全的路段。建议限速不具有法律效应，只为驾驶员提供行驶速度的参考值。

4.4 建议限速的设置

建议速度是为了在弯道、陡坡、交叉口等危险路段，警告、提醒驾驶员降低行车速度、注意行车安全提出的安全舒适的行车速度。

建议限速值取自建议速度。建议速度比法律限速要低，起警告作用，不作为执法依据。建议速度本身并不意味着法律限速偏高，不意味着法律限速会导致车辆侧翻或者侧滑等危险存在。在很多情况下设置建议限速是为了给路况不熟悉，或者驾驶技能不熟练的驾驶员以提醒。

现行《公路交通标志和标线设置规范》(JTG D82—2009)实施后，将建议速度标志纳入规范。

鉴于我国的国情，建议限速适用于线形条件稍差，但不需要严格限速，避免限速区段过于琐碎和增加执法难度的路段。建议限速取值应比相邻一般路段的限速值低，一般差值为10~20km/h，并且不高于本路段的设计速度。只有这样，才能发挥其真正的提示和警告作用。

建议限速标志一般不单独使用，而是与其他警告标志联合使用或附加辅助标志，以说明建议速度的原因或路段位置和长度。

由于建议限速在我国应用时间较短，绝大多数驾驶员对其尚不熟悉，可能会使通常驾驶习惯发生变化，从而使多数驾驶员出现判断错误，故设置建议限速应充分论证，谨慎对待。

4.5 可变限速的建议

现有的可变限速主要运用在高速公路和一级公路上，尤其是在高速公路上，通过监控设施，监测特殊事件的发生，随时改变高速路段的限制速度，通过可变情报板或者其他可变限速标志设施发布限速信息，以保证车辆安全有效地运行。

4.5.1 可变限速措施

具体的可变限速措施主要包括：

(1)针对特殊天气的可变限速。通过对道路上控制路段晴、阴、雨、雾等气象条件的采集,结合路面状况、路面等级信息,可获取在当前气象条件下受控路段的路面性能评价状态和气象状态量值,并对这些数据进行实时处理,并接收来自优化层的期望轨迹数据。依靠这些数据,计算动态反馈控制规律,对路段内可变限速标志进行控制。

(2)针对特殊事件的可变限速。例如,当某一路段发生交通事故时,为避免拥堵和事故的发生,保持较稳定的交通流,可适当调整事故点上游路段的限速值,离事故点由远到近,限速值逐渐减小。

(3)昼夜可变限速。由于夜晚驾驶员视野范围缩小,行车速度一般小于白天行车速度,因此可适当降低夜晚的限速值,保证行车安全性及稳定性。

4.5.2 可变限速的作用

可变限速控制是指通过设置在道路上的可变限速标志来限制行车速度,使交通流的速度随车流密度的变化而变化,以保证交通流的均匀、稳定。其作用主要表现在:

(1)保证交通安全的前提下提高了道路的通行能力。

(2)在交通需求小于通行能力的情况下,当道路上的车辆数变化而引起交通密度变化时,可通过速度调节改善交通流的稳定性,避免冲击波的产生,并有助于保证达到最大交通量。

(3)当交通需求大于通行能力时,可变限速控制能够延缓交通拥挤的出现。

(4)当发生交通拥挤时,可变限速控制通过改善道路上车辆速度的均匀性,并在高峰时刻充分地降低行车速度,从而平滑交通流,减少追尾事故。

(5)减少交通事故频率及降低事故的严重程度,降低车辆因交通拥挤或堵塞而加、减速造成的能源消耗及尾气排放带来的环境污染。

(6)在非高峰交通期间作为一种提前报警系统来防止事故发生;另外,在雨、雪、雾等特殊气候条件下,给出能保证安全行驶的行车速度。

4.5.3 昼夜可变限速的建议

我国部分高速公路昼夜大、小车的速度统计见表4-2。其中,白天时段定义为8:00~20:00,夜晚为20:00~次日8:00。

部分高速公路分车型昼夜平均车速统计表　　表4-2

高速公路	时段	小车车速均值(km/h)	大车车速均值(km/h)	所有车辆速度均值(km/h)
渝邻高速公路	白天	120.6	95.2	112.5
	夜晚	118.9	86.0	101.8
	昼夜速度差值	1.6	9.2	10.7

续上表

高速公路	时段	小车车速均值(km/h)	大车车速均值(km/h)	所有车辆速度均值(km/h)
渝遂高速公路	白天	120.3	78.8	108.5
	夜晚	102.0	73.8	77.0
	昼夜速度差值	18.3	5.0	31.5
渝宜高速公路	白天	99.4	82.4	96.0
	夜晚	93.5	70.3	85.6
	昼夜速度差值	5.9	12.1	10.5
渝黔高速公路	白天	114.5	90.5	108.9
	夜晚	108.2	77.5	90.6
	昼夜速度差值	6.3	13.0	18.3
安新高速公路	白天	117.1	74.3	88.6
	夜晚	100.0	69.5	72.8
	昼夜速度差值	17.1	4.8	15.8

由于夜晚能见度降低、驾驶员视野范围缩小,车辆行车速度一般小于白天行车速度。从表4-2中可以看到,小车昼夜速度差值从2～18km/h不等,大车昼夜速度差值5～13km/h不等。因此,对于高速公路,可以制订昼夜限制速度不同的可变限速系统,小车夜晚限速值较白天低10～15km/h,大车夜晚限速值较白天低5～10km/h,以保证夜间行车的安全。

4.6　澳大利亚和美国的专家限速决策系统

《美国交通控制设施设计手册》(MUTCD,2003版)中指出:限速应根据自由流车速条件,在车辆85%位速度的10km/h(或5mph)范围内设置。然而,该手册并没有明确在设置限速时,除了考虑85%位速度以外,还需要如何考虑以下因素:

①道路环境属性、路肩条件、线形特征和视距;

②步长速度;

③路侧环境和开发程度;

④停车和行人活动的复杂程度;

⑤至少一年的交通事故历史记录。

因为MUTCD和其他相关资料在关于如何设置限速时缺少明确的指导和流程,工程师在决策速度区的限速值时,除了考虑运行速度以外,往往根据自己的经验和判断考虑其他的影响因素。对于不同的管辖地域会导致在如何设置限速时存在不一致,继而让驾驶员们感到困惑。

限速需要权衡行驶效率与交通安全。一个合理的限速不仅要用来保证交通安全，另外也需要得到大部分公众的认可，这样它才能起到保护公众健康的作用，并且被有效地实施执行。许多工程实践者都认为对于大流量、交通活动复杂、路侧干扰严重的城市道路而言，需要更好、更合理的方法去确定限速。

限速专家决策系统是用来为速度区设置合理限速值的一种方法。很多交通工程实践者和研究人员认为，基于专家知识和经验的限速值确定方法，可以为交通工程人员提供一个合理的制订限速的依据。TRB 特别报告 254 也表明，“限速专家决策系统方法值得考虑，因为在设置限速时，除了考虑车辆的 85% 位速度外，它还综合、系统地考虑了其他影响因素。”

限速专家决策系统意在模仿专家的思维过程以解决那些复杂的问题。从 20 世纪 80 年代后期开始，澳大利亚就使用了建议最大限速值的专家决策系统。第一个限速专家决策系统（VLIMITS）是澳大利亚道路研究委员会（Australian Road Research Board，ARRB）为维多利亚省开发的，是 DOS 版本的程序。VLIMITS 是基于 60 个地点的测试数据开发设计的。专家们根据这些测试数据，提出了关于不同道路、不同交通条件下的合理限速值设置的决策规则。这些信息被浓缩成一个计算机程序。在这个程序里，用户只需要通过回答一系列的问题，程序就可以提供一个建议限速值。1992 年，VLIMITS 被更新。从那时候开始，类似的程序陆续被设计开发，应用在澳大利亚各州和新西兰的道路上，包括 NLMITS（在新南威尔士应用）、SALIMITS（在南澳大利亚应用）、WALIMITS（在西澳大利亚应用）、QLIMITS（在昆士兰应用）、TLIMITS（在塔斯马里亚应用）、NZLIMITS（在新西兰应用）。这些系统被统称为 XLIMITS。值得注意的是，这些系统的逻辑被编码成计算机程序，但是它不会像其他专家系统一样，会自身学习以往的经验。

XLIMITS 的众多版本让用户通过 5 个步骤得到最终的建议限速值。第 1 步，处理道路所在区域的环境属性，包括乡村、城市、城市边缘、乡村边缘。第 2 步，处理道路和路侧特征（比如：车道数量、出入口控制、道路类型和中央分隔带宽度等）。通过输入前 2 步的信息，在第 3 个步骤里，系统会有一个估计的限速值。在接下来的 2 个步骤中，系统会根据其他因素（比如：学校区域、交通事故、线形和 85% 位速度等），对估计的限速值进行修正。最后的结果就是速度区的建议限速值。后续需要进行考虑的那些个别因素也要被标注出来。

美国联邦公路管理局（FHWA）联合澳大利亚道路研究委员会，基于 XLIMITS 的逻辑，根据美国的实际情况开发了 USLIMITS（或者称之为 FHWA-USLIMITS）。USLIMITS 在 XLIMITSR 的基础上作了一些调整，以便在美国应用。其中一个调整是建议限速值的取值在 50% 位速度和 85% 位速度之间，它的逻辑和决策规则不开放给用户。因此，关于影响 最终建议限速值的因素是哪些，影响程度多少，用户都不清楚。根据使用此系统的

高速公路
用户输入
*85%位速度
*50%位速度
*路段长度(mile)
*法定限速
*是否为不良线形?(是或者否)
*是否有过渡区?(是或者否)
*目前的年平均日交通量(AADT)
*道路类型：
中央无分隔(两车道或者多车道)
中央分隔或者双间有左转车道(多车道)
*立交数量
没有交通事故数据的高速公路限速值计算
立交间距=路段长度/立交的数量
1.如果AADT≥180 000 和0.5<立交间距≤1, 则限速值1取Rounded-down_85th和closest_50th的最大值
2.如果AADT<80 000 和立交间距≤0.5, 则限速值1取Rounded-down_85th和closest_50th的最小值
3.其他情况:限速值1取closesr_85th
输出限速值1
是否有交通事故数据？
是
否
交通事故模块用户输入
*事故数据的时长,即年份数量(Years)
*年平均日交通量(AADT)
*收集的事故数(Crashes)
*收集的伤人和死亡事故数(Injury_Crashes)
限速值=限速值1
事故年份≥1？
如果只有少于一年的事故数据，建议搜集额外的数据，重复这个过程
事故率=亿车公里事故率，包括财产损失和伤亡事故
伤亡事故率=亿车公里伤亡事故率
有，用户输入那些数据。
无，使用HSIS的平均事故和伤亡事故率的数据。
是否拥有同一时间相似路段的平均事故率(亿车公里)和平均伤亡事故率的数据?
事故率差=事故率-平均事故率
伤亡事故率差=伤亡事故率-平均伤亡事故率
事故率差<0?
该路段的事故率比相似路段的平均事故率高出事故率差
伤亡事故率<0?
该路段的伤亡事故率比相似路段的平均伤亡事故率高出伤亡事故率差
计算临界事故率C_c
事故率>临界事故率?
事故率>1.3平均事故率?
事故水平=高
事故水平=中
事故水平=低
伤亡率>临界事故率?
伤亡率>1.3平均事故率?
伤亡水平=高
伤亡水平=中
伤亡水平=低
事故水平1=事故水平,伤亡水平的最高值
对该路段采取交通控制和/或者几何措施是否能降低事故/伤亡事故率?
事故水平1是高/中？
事故水平=事故水平1
事故水平=低
事故水平是高，中低？
如果事故水平=低
限速值2=Closest_85th
如果事故水平=中
限速值2=Rounded-down_85th和Closesr_50th的最大值
如果事故水平=高
限速值2=Rounded-down_85th和Closest_50th的最小值
输出：限速值2
限速值=限速值1，限速值2的较低值

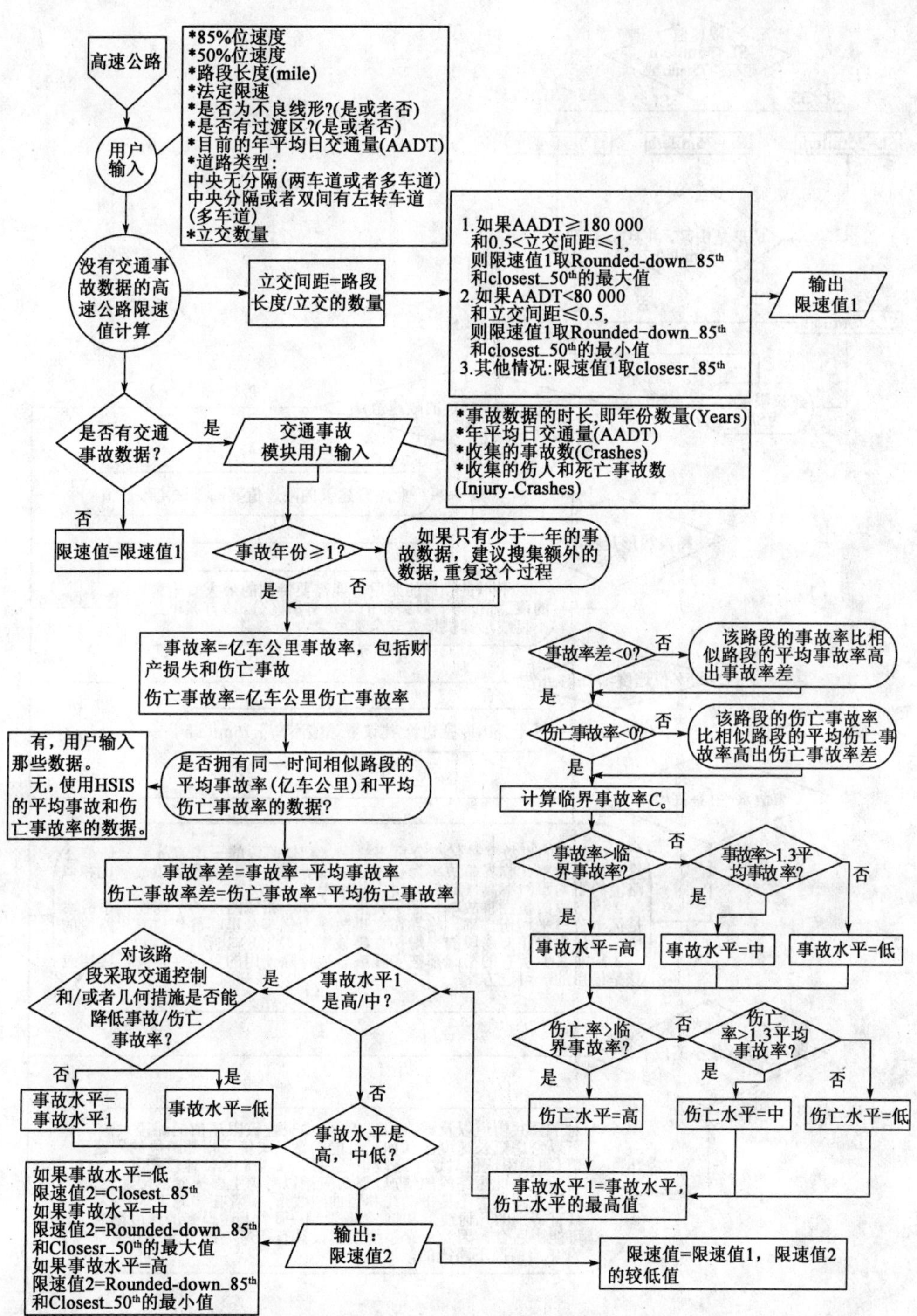

图　4-6

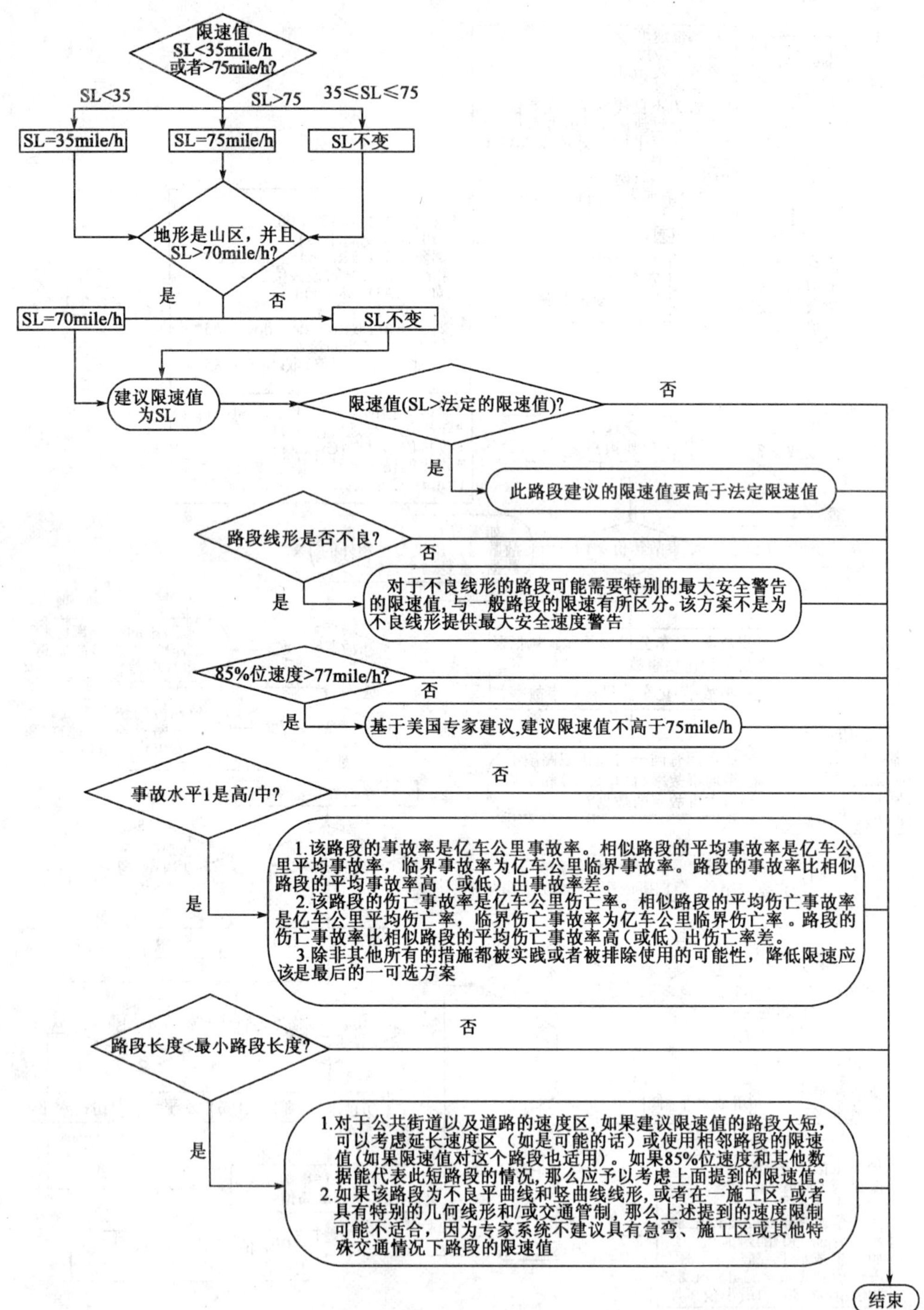

图 4-6　美国限速专家决策流程图

研究经验表明,道路所在区域的环境属性、道路特征、邻近地区的开发程度和运行速度会影响建议限速值的设置。然而,在使用此系统时,其他诸如交通事故数、邻近速度区的限速值、不良的线形等因素,看起来都没有影响建议限速值的设置,但是,在程序最后,当对建设限速值提供警告条件时,上面这些因素被考虑在内。USLIMITS 可以通过因特网(www. uslimits. com)利用授权获取的用户名和密码得到使用。

USLIMITS2 系统(或称之为 NCHRP-USLIMITS 项目)是限速专家决策系统 USLIMITS 的第二代。它采用决策流程图(图 4-6)的方式让用户根据不同的需求选用合理的最大限速值。此系统基于从美国各州不同地方汇集而来的交通工程人员、执法人员、决策者等专家的反馈信息、经验和建议发展起来的。与 USLIMITS 不同的是,此系统可以从因特网(www2. uslimits. org)上进入,用户可以创建自己的用户名和密码。此系统关于限速决策制定的规则通过流程图以"用户手册"的形式开放给用户。它包括从乡村双车道公路到城市高速公路等对于不同区域道路的速度区限速值的确定方法的设计。此系统针对的是一般情况下的限速,对于法定限速、临时或分时段限速(比如施工区和学校)不适用。对于不同交通量、天气和其他特殊条件下,限速值应适当随之提高或降低。

第5章　限速区限速设计方法

5.1　限速区、限速区过渡段的概念

限速区(Speed Zone):是指当无法制订全线同一限速值时,采用不同限速值的特定路段。

对于特殊路段,需要考虑采用限速区限速的方式。特殊路段主要包括隧道和隧道群路段、连续长陡纵坡路段、穿越居民密集的村镇、县城路段或城镇化路段、交通事故多发路段、受不良天气影响严重路段、大型平交口或接入口路段等。此外,几何线形不好的路段也可以考虑设置限速区,从而增进行车的安全。

限速区过渡段:当相邻两个限速区的限速差值大于或等于20km/h时,为使驾驶员安全、顺适地变速,则宜在两个限速区之间设置一定长度的过渡段,并设置相应的提示标志。此过渡段称为限速区过渡段。

我国的公路在修建阶段经常受某些路段地形和交通环境的限制而采用较低的设计标准,地形的复杂性和多变性使整条道路不可能采用统一的全线限速。因此,对于不能制定全线法定限速的路段,应根据路段的具体情况建立限速区,其限速值应尽量满足驾驶平顺性和连贯性的要求。

如果限速区设置得不合理,两个限速区不能很好地衔接,容易导致行驶车速发生跳变,即该区域车速离散程度的增加。随着道路环境、交通环境复杂程度的提高,发生驾驶员操作失误的可能性增大,容易引发交通事故。

车辆行驶速度产生跳变的情况主要可以分成以下三种:

(1)小半径平曲线与直线段衔接时,导致行驶速度的跳变,如图5-1所示。

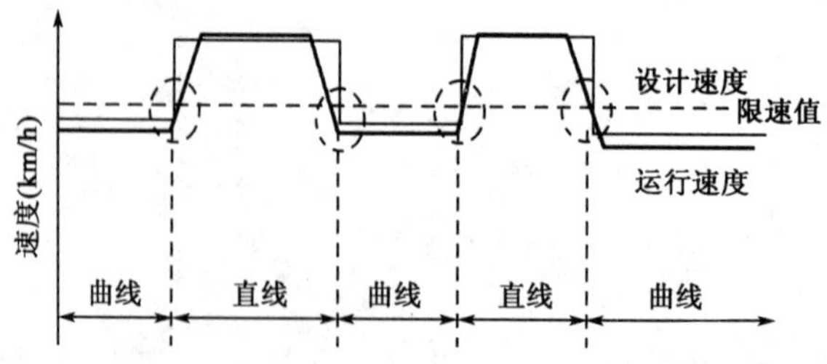

图5-1　曲线与直线衔接处行驶速度的跳变

(2)隧道、桥梁、事故多发点、施工区等特殊路段或道路环境发生变化的路段,行驶速度会发生相应变化,如图5-2所示。

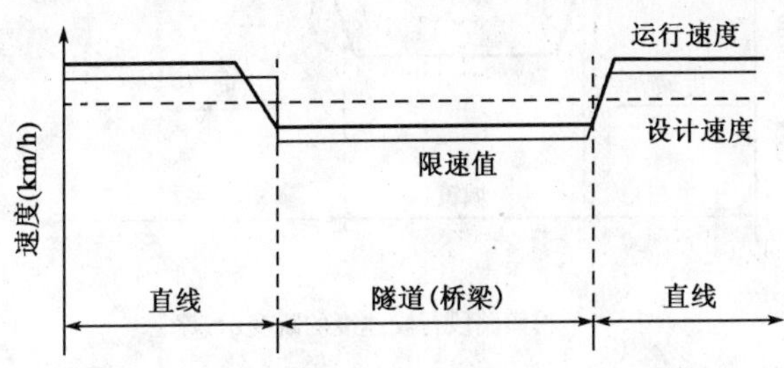

图5-2 隧道(桥梁)与直线段衔接处行驶速度的跳变

道路线形特征的突变,会引起行驶速度的变化。如果相邻限速区之间限速差值过大,将会降低前后两个断面的速度协调性,成为安全隐患。一旦速度值的跳变超出了驾驶员的负荷和预期,将会对驾驶行为产生误导。

道路的事故多发段以及施工路段也应该设置限速区,提醒驾驶员降低车速,适应周边环境的变化。

图5-3为新疆奎屯—克拉玛依二级公路限速区,全线限速为80km/h,在事故多发路段,限速为40km/h,在限速区的结束处,限速解除。此限速区与相邻路段的限速缺乏过渡,会引起行车速度的跳变,对行车安全构成一定的威胁。

图5-3 新疆奎屯—克拉玛依二级公路限速区

(3)一、二级干线公路的路肩,除供汽车停靠外,同时供农用车、自行车和行人通行,特别是在公路沿线村屯比较密集,农用车和路侧的行人、自行车、学校等因素对车辆的运行产生较大的干扰。所以,当车辆从乡村进入城镇时,驾驶员意识到道路周边环境的变化,若无法及时对车速作出相应调整,就会带来许多的安全问题。图5-4为村镇路段行驶速度的跳变示意图。

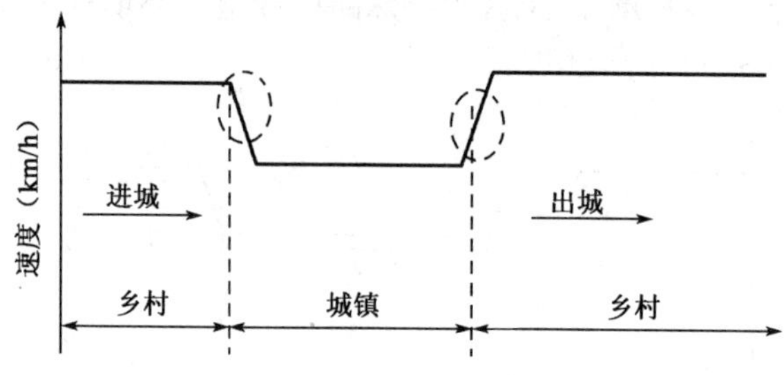

图 5-4　村镇路段行驶速度的跳变示意图

综上所述，道路线形特征和道路环境的突变，均会引起行驶速度的变化，不同限速区的设置应当从安全角度出发提示驾驶员降低速度。如果相邻限速区之间限速差值过大，影响前后两个断面车辆行驶速度的协调性，那么，当速度差过大并且超出了驾驶员的驾驶期望时，会造成潜在的安全隐患。

为了避免限速区的跳变，在相邻限速区差值过大的路段需要设置过渡段，引导驾驶员从一个限速区安全过渡到另外一个限速区。图 5-5 为不同限速区之间的过渡设计示意图。

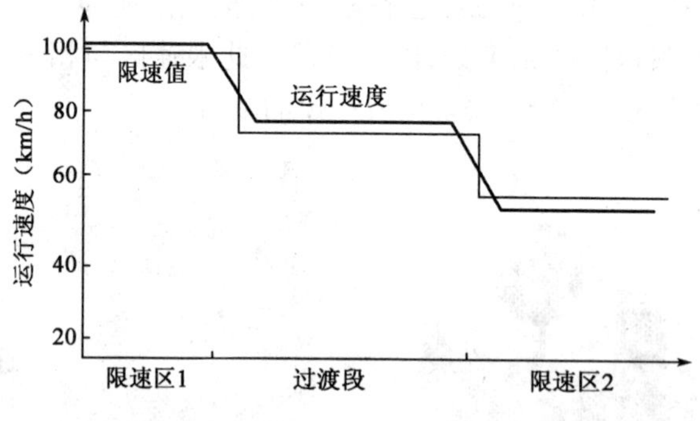

图 5-5　不同限速区之间的过渡设计示意图

5.2　限速区过渡段的设计方法

限速区限速是常用的限速方法之一，当特殊的路段不能满足全线最大限速的时候，需要设置限速区，其设置过程必须以交通调查为基础。当道路的条件和环境发生变化的时候，限速区必须及时进行调整。

设置限速区的路段，通常是道路的几何线形特殊或者道路环境条件频繁变化的地方，限速区上、下游的过渡段设计如图 5-6 所示。

限速区和限速区过渡段设置的流程如图 5-7 所示。

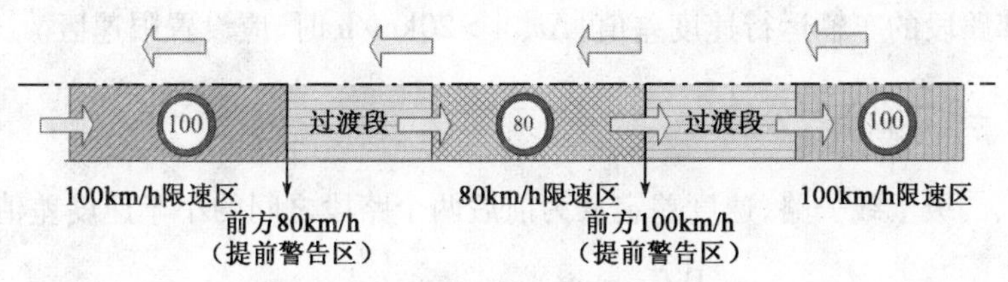

图 5-6　限速区上、下游的过渡段设计示意图

在进行限速区和过渡段设置时，必须分别针对高速公路和一、二级干线公路不同限速区的运行速度进行分析，并予以量化。《公路项目安全性评价指南》（JTG/T B05—2004）中，根据曲线半径和纵坡坡度的大小来划分车辆运行速度单元，划分为直线段、纵坡段、平曲线段和弯坡组合段等若干个分析单元，每个单元的起、终点为预测运行速度线形特征点。其中，纵坡坡度小于 3% 的直线段和半径大于 1 000m 的大半径曲线自成一段；其余小半径曲线段和纵坡坡度大于 3%、坡长大于 300m 的纵坡路段以及弯坡组合段，作为独立单元分别进行运行速度测算。由于运行速度与限速值的设置有着显著的相关关系，因此，在限速区设置时，分别对以下几种路段进行分别考虑。

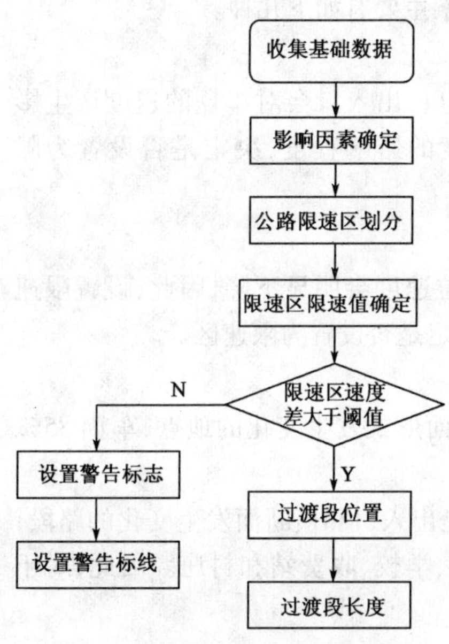

图 5-7　限速区和限速过渡段设置流程

直线路段：平曲线半径 $R > 1\ 000$m，坡度 $-3\% < i < 3\%$。

平曲线路段：平曲线半径 $R < 1\ 000$m，坡度 $-3\% < i < 3\%$。

纵坡路段：平曲线半径 $R > 1\ 000$m，坡度 $|i| > 3\%$。

弯坡组合路段：平曲线半径 $R < 1\ 000$m，坡度 $|i| > 3\%$。

5.3　限速区的选择

5.3.1　高速公路

高速公路限速区的判别以运行速度差作为依据。高速公路运行速度差在本项目中定义为相邻路段的车辆运行速度差值。《公路项目安全性评价指南》（JTG/T B05—2004）中指出：对于高速公路相邻路段运行速度的差值 $|\Delta v_{85}| < 10$km/h，运行速度协调性好；$|\Delta v_{85}|$ 为 10 ~ 20km/h，运行速度协调性较好；$|\Delta v_{85}| > 20$km/h，运行速度协调性不良。

因此，当相邻路段的车辆运行速度差值 $|\Delta v_{85}|>20$km/h 时，应设置限速区。

5.3.2 一、二级干线公路

对于一、二级干线公路，速度差定义为前后两个路段之间的小车速度差值。

$$\text{Diff}_i = v_{85\_car(i)} - v_{85\_car(i-1)} \tag{5-1}$$

式中：Diff_i——相邻路段的小车速度差（km/h）；

$v_{85\_car(i)}$——第 i 个路段的小车的85%位速度或者行驶速度（km/h）；

$v_{85\_car(i-1)}$——第 $i-1$ 个路段小车的85%位速度或者行驶速度（km/h）。

影响一、二级干线公路相邻路段小车速度差的因素主要有如下几种。

（1）出入口

由于二级公路不是全封闭，路侧经常会出现出入口，出入口会对车辆的速度产生影响，因此，设置限速区需要考虑出入口对交通流速度的影响程度，决定是否设置为限速区。

（2）桥区（隧道）

根据观测发现：车辆在经过桥区（隧道）时，85%位速度会明显下降，因此，设置限速区需要考虑桥区（隧道）对交通流速度的影响程度，决定是否设置为限速区。

（3）横断面

双向四车道公路向双向两车道过渡时，道路横断面形式发生变化的地点，车辆85%位速度也发生变化。

相邻路段的速度差在15km/h内时，主要出现的是出入口和横断面发生变化的路段；速度差在15～20km/h内时，主要出现的路段是桥区、学校、收费站和村庄。因此，对于一、二级干线公路的上述路段应考虑设置限速区。

关于公路设置限速区的推荐路段见表5-1。

公路设置限速区的推荐路段 表5-1

公 路 类 型	考虑小车运行速度的影响因素	考虑大车运行速度的影响因素
平原高速公路	收费站 互通立交桥区	收费站 互通立交桥区
山区高速公路	隧道 收费站 平曲线路段	隧道 收费站 纵坡路段 平曲线路段

续上表

公路类型	考虑小车运行速度的影响因素	考虑大车运行速度的影响因素
一、二级干线公路	隧道 平曲线路段 出入口路段 穿村镇路段	隧道 纵坡路段 平曲线半径 出入口路段 穿村镇路段

5.4　公路限速区的设置和限速值的确定

5.4.1　隧道路段限速值的确定

受隧道通风条件及车辆排放等问题的影响，车辆在隧道内行驶时，更容易引发驾驶疲劳。一般情况下，高速公路和一级公路隧道设计速度要比一般路段低20km/h。因此，从安全角度出发，建议高速公路和具有干线功能的一级公路隧道段按隧道设计速度进行限速。

二级干线公路的隧道一般为单洞双向行车，受隧道侧墙效应、隧道照明、对向车灯等的影响，偏于安全考虑，单洞双向行驶隧道限速值宜在隧道设计速度基础上降低10～20km/h。

(1)公路隧道路段限速取值建议参考表5-2。

山区公路隧道限速区限速推荐值　　表5-2

公路等级		限速取值
高速公路		隧道的设计速度
一、二级干线公路	双洞单行	隧道的设计速度
	单洞双行	在隧道的设计速度基础上减少10～20km/h

(2)对于由小间距连续隧道所组成的隧道群路段，宜将整个隧道群路段作为一个限速区，采用隧道的设计速度进行限速。

5.4.2　平曲线半径小于600m路段限速值的确定

1)高速公路

《公路项目安全性评价指南》(JTG/T　B05— 2004)中指出：在运行速度测算时，半径超过 600m 的平曲线的运行速度按直线段考虑。

根据上述特点,当平曲线半径小于 600m 时,可以考虑将此路段设置为限速区。采用第 4 章综合决策模型确定的平曲线段限速区的推荐限速值,见表 5-3。

半径小于 600m 的平曲线路段限速区推荐的限速值 表 5-3

设计速度(km/h)	平曲线半径(m)						
	125	150	200	250	300	400	500
60	50	50	60	60	70	70	80
80	—	—	—	70	70	80	80
100	—	—	—	—	—	80	90

2)一、二级干线公路

一、二级干线公路小半径平曲线路段车辆的运行速度与设计速度、坡度、平曲线半径、是否是交叉口、是否穿村镇等因素有关。

采用第 4 章综合决策模型确定的一、二级干线公路小半径平曲线路段限速区的推荐限速值,见表 5-4。

一、二级干线公路小半径平曲线路段限速区的限速推荐值 表 5-4

平曲线半径(m)	设计速度(km/h)		
	100	80	60
>600	100	80	70
500	90	70	60
400	90	70	60
300	—	70	50
250	—	60	50
125	—	—	40

5.4.3 陡坡路段限速值的确定

1)高速公路山区陡坡路段的限速值

图 5-8 为样本高速公路陡坡路段的 85% 位速度与纵坡坡度的关系图。由图可以看出,纵坡坡度在 -3% ~ -6% 之间,小车的 85% 位速度分布在 70 ~ 100km/h 之间,大车的 85% 位速度在 40 ~ 80km/h 之间。当纵坡坡度在 0 ~ -3% 之间,大车和小车车辆 85% 位速度变化不大。因此,山区高速公路的下坡坡度大于 3%,路段长度大于 300m 路段应予以重点考虑,其建议限速值如表 5-5 所示。

连续长下坡路段建议限速取值　　表5-5

公路等级	设计速度(km/h)	车型	限速取值(km/h)
高速公路	>80	小车	相邻一般路段限速
		大车	80
	80	小车	80
		大车	60或70
	<80	小车	80
		大车	60

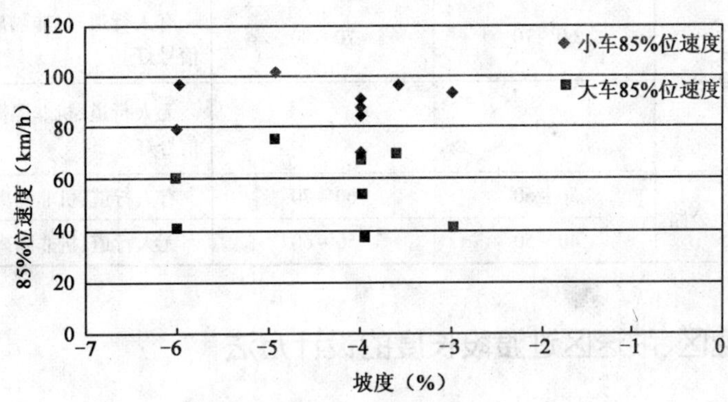

图5-8　85%位速度与坡度的关系

2)一、二级干线公路连续长陡下坡路段的限速值

一、二级干线公路纵坡在3%以内,纵坡坡度对大、小车85%位速度差影响较小;当纵坡大于3%,对大、小车85%位速度差影响变化较大。因此,一、二级干线公路连续长陡下坡路段限速推荐值如表5-6所示。

一、二级干线公路连续长陡下坡路段限速推荐值　　表5-6

公路等级	设计速度(km/h)	车型	限速取值(km/h)
具有干线功能的一级公路	>80	小车	相邻一般路段限速
		大车	80
	80	小车	80
		大车	60或70
	<80	小车	80
		大车	60
具有干线功能的二级公路		小车	80
		大车	60

5.4.4 穿村镇路段限速值的确定

对于穿村镇公路，非机动车和行人对车辆运行速度的干扰增大，机动车与非机动车、机动车和行人之间的冲突也逐渐增加。一般路段与穿村镇路段之间的运行速度存在显著性差异，应独立设置限速区，限速推荐值如表5-7所示。

穿村镇路段限速推荐值　　表5-7

公路等级	穿村镇或城镇化路段限速取值(km/h)	穿县城路段限速取值(km/h)	备注
具有干线功能的一级公路	60～70	70～80	有人行道、机非隔离设施和行人过街信号灯
	50	60	无人行道、机非隔离设施或行人过街信号灯
具有干线功能的二级公路	50～60	60～70	有人行道、机非隔离隔离设施
	40～50	50～60	无人行道、机非隔离隔离设施

5.5 限速区、限速区过渡段长度的设计方法

5.5.1 限速区最小长度的设计

1)限速区最小长度考虑因素

限速区的组成示意图见图5-9。

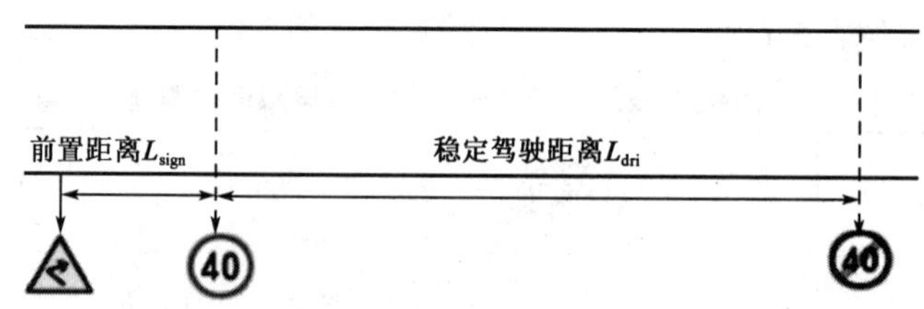

图5-9　限速区的组成示意图

从图5-9可以看出，限速区最小长度由两个部分组成，即交通标志的前置距离和驾驶员稳定驾驶距离。

$$L_{\min(SZ)} = L_{sign} + L_{dri} \tag{5-2}$$

式中：$L_{\min(SZ)}$——限速区最短长度(m)；

L_{sign}——交通标志前置距离(m)；

L_{dri}——驾驶员稳定驾驶距离(m)。

(1)交通标志前置距离的计算

在限速区前,需要给驾驶员提供相应的提示信息,该提示信息需要设置在限速区前的一定距离内。驾驶员看到提示信息的标志后,需对标志进行识别,读取信息,进行判断,并采取相应的驾驶操作。在此过程中,驾驶员需要相应的距离来完成上述过程。

根据驾驶员的视认性,参照《道路交通标志和标线》(GB 5768—2009)和《公路交通安全设施设计细则》(JTG/T D81—2006)中设计速度所对应的前置距离与视认距离,操作性比较强。本书推荐的设计速度与标志前置距离之间的对应关系如表 5-8 所示。

标志前置距离　　表 5-8

设计速度(km/h)	50	60	70	80	90	100	110
前置距离(m)	70	80	100	130	170	200	240

(2)驾驶员稳定驾驶距离

①行车安全性所需的最小距离 L_{safe}。限速区最小长度应能保障驾驶员及时对道路交通环境中限速值变化或是紧急事件产生视认、判别、反应、决策,并能及时安全实施驾驶操作,同时,要求满足此驾驶过程中车辆和乘客的安全和舒适性要求。

对于在具有中间隔离设施的高速公路和具有干线功能的一级公路上行驶的车辆,行车安全性所需的最小距离可以选用停车视距(表 5-9)。对于在具有干线功能的二级公路上行驶的车辆,行车安全性所需的最小距离可以选用会车视距。

高速公路、一级公路停车视距及货车停车视距　　表 5-9

设计速度(km/h)	120	100	80	60
客车停车视距(m)	210	160	110	75
货车停车视距(m)	245	180	125	85

②满足驾驶员短期记忆需要的行驶距离 L_{mem}。驾驶员在行驶途中,对交通标志进行视认,并形成短期记忆,在短期记忆残存期间,驾驶员可以按照记忆内容进行合理的驾驶,如果时间过长,驾驶员短期记忆就会衰退,则交通标志对驾驶员驾驶行为的约束作用就会出现不稳定状态。因此,在尽量保持驾驶员操作的稳定性,最短的限速区长度内驾驶员可以稳定驾驶的时间为 1 次短期记忆从开始记忆至衰退的时间。

驾驶员短期记忆时间可以通过驾驶舱模拟实验进行确定。驾驶员短期记忆测试实验的具体步骤如下。

a. 实验基本假设

本研究采用室内实验的方法分析驾驶员短期记忆的衰减规律,实验中暂不考虑情绪、注意力、视觉及外界干扰因素等对短时记忆的影响。假设驾驶员可以根据所残留的短期记忆信息,进行适当的驾驶操作,在短时记忆衰退到一定程度的时候,将会改变驾驶行为。

b. 实验方案设计

实验一共选取了 35 块不同的交通标志，包括：警告标志、禁令标志、指示标志、限速标志等，且均为单义标志，其视认性的难度与限速标志相当。通过排列组合，得到 6 组测试样本。采用 Microsoft PowerPoint 制作成影像，通过投影仪在大屏幕下自动放映，每组测试时播放 6 个交通标志，每张影像播放的时间间隔为 4s。

在驾驶员看完 1 组交通标志 5s、10s、15s、25s、35s、45s 后，对刚才看到的交通标志进行回忆，依次描述，记录驾驶员记忆的准确性。为了防止被测试人员在间隔时间内对所看到的内容进行复述，让被测试者做一些常识性数学题，在时间到后进行提问。利用记忆正确性的百分比对驾驶员短期记忆进行评价。

c. 实验结果分析。

根据每组的实验结果，虽然被测试者本身存在个体差异性，但是数据的离散程度并不大（图 5-10），说明不同的个体对单义交通标志的视认能力不存在显著性差异。

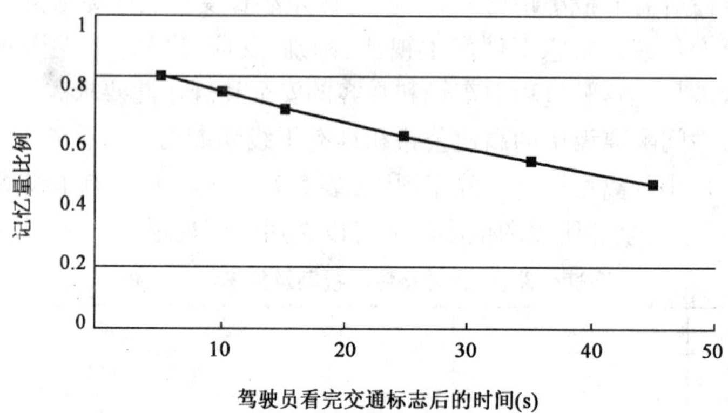

图 5-10　驾驶员的短期记忆曲线

由于在 65s 后驾驶员的短期记忆衰减速度变缓慢。因此，为尽量保持驾驶员操作的稳定性，可选择 65s 作为驾驶员短期记忆所需要的行程时间。

驾驶员稳定驾驶距离，既要保证停车视距，又要考虑驾驶员的记忆特性，取上述两个行驶距离中的最大值作为稳定驾驶的距离。

$$L_{dri} = \max(L_{safe}, L_{mem}) = L_{mem} = \frac{v}{3.6} \times 65 \approx 18v \tag{5-3}$$

其中：L_{dri}——驾驶员稳定驾驶距离（m）；

v——汽车的行驶速度（km/h）。

2）限速区最小长度的确定

根据第 4 章的分析结果，将限速值步长确定为 10km/h，限制区的最小长度也按 10km/h 的步长进行考虑。

限速区最小长度由交通标志的前置距离和驾驶员稳定驾驶距离两部分组成。

由美国联邦公路局（简称 FHWA）出版的《交通控制设施手册》（MUTCD）规定了限速区最小长度，见表 5-10。

美国限速区最小长度　　表 5-10

限制速度（km/h）	110	100	90	80	70	60	40
最小长度（km）	10	2.0	0.9	0.8	0.7	0.6	0.4

采用美国 MUTCD 对限速值为 100km/h 以上限速区最小长度，由式(5-2)可得到限速区最小长度的理论计算值，并给出适用于我国的限速区最小长度推荐值，见表 5-11。

限速区的最小长度推荐值　　表 5-11

限制速度（km/h）	限速区最小长度计算值（m）	限速区最小长度推荐值（km）
60	1 153	1.2
70	1 344	1.4
80	1 544	1.6
90	1 755	1.8
100	1 975	2.0
110	2 186	2.2
120	2 406	2.4

5.5.2　限速区过渡段长度的设计

我国公路某些路段由于受地形和交通环境的限制，其线形设计经常采用较低的设计标准，地形的复杂性和多变性使整条公路不可能采用统一的全线限速。因此，对于不能满足全线统一限速的路段，根据路段的具体情况划分限速区。

当相邻两个限速区的限速值变化较大时，需要在相邻限速区之间设置限速区过渡段。过渡段长度的设置主要考虑驾驶员行驶速度的调整，以及保持稳定驾驶所需的行驶距离的需要。限速区过渡段设置示意图见图 5-11。

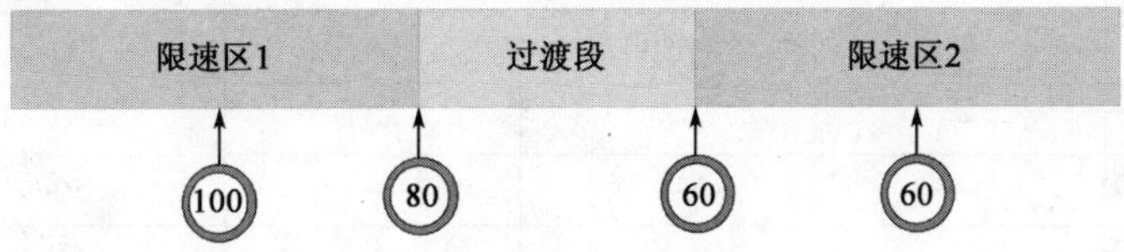

图 5-11　限速区过渡段长度示意图

过渡段的长度 L_{tran} 由驾驶员对交通提示信息的视认距离 L_1、车速调整过程中行驶的距离 L_2、车辆稳定行驶的距离 L_3 三个部分构成。

(1) 视认距离与设计速度的关系。

交通运输部公路科学研究院蒋海峰、韩文元等人在《交通指路标志字高与视认性关系研究》的实验中，得到不同行驶速度条件下的视认距离，见表 5-12。

不同行驶速度条件下的视认距离 L_1 表 5-12

行驶速度(km/h)	100 ~ 120	71 ~ 99	40 ~ 70	<40
字高(cm)	60 ~ 70	50 ~ 60	35 ~ 50	25 ~ 30
视认距离(m)	120	110	90	60

(2)车速调整过程中行驶的距离 L_2：即车辆在过渡段中，根据限速区 2 的限速要求，将限速区 1 中的行驶速度 v_1 进行相应调整过程中车辆行驶的距离。

(3)车辆稳定行驶的距离 L_3：即车辆在过渡段中，在完成上述车速调整后，根据转向、避让、换车道等操作要求，保持稳定行驶所需要的行驶距离。

过渡段长度 $L_{tran} = L_1 + L_2 + L_3$。限速区过渡段的长度宜取 50m 的整数倍。

车速调整行驶的距离 L_2 计算方法如下：

$$L_2 = \frac{v_{D1}^2 - v_{D2}^2}{2a} \tag{5-4}$$

式中：v_{D1}——限速区 1 的设计速度；

v_{D2}——限速区 2 的设计速度；

a——减速度，根据《公路交通标志和标线设置规范》(JTG D82—2009)，取0.75 ~ 1.5m/s^2；采用 85% 位车速值时，a 取 1.0m/s^2。

对于车辆稳定行驶距离 L_3，美国 AASHTO《公路与城市道路几何设计规范》(1994 年版)中指出：驾驶员需要 6 ~ 10s 对周围环境的信息进行判断处理，需要 4 ~ 4.5s 实施相应的驾驶操作。本研究中选用 14s 的行程距离来量化车辆稳定行驶所需要的距离。

高速公路和具有干线功能一、二级公路限速区过渡段长度推荐值见表 5-13。

限速区过渡段长度推荐表(单位：m) 表 5-13

限速区 v_{D1}(km/h)	限速区 v_{D2}(km/h)				
	100	90	80	70	60
120	700	750	750	800	800
110	—	650	700	700	700
100	—	—	600	650	650
90	—	—	—	550	550
80	—	—	—	—	500

第 6 章　速度控制技术的应用

速度控制技术分为三种类型——主动干预、信息诱导、交通管理与控制。主动干预手段包括减速丘、振动减速标线、减速路面等具体措施;信息诱导手段指利用交通标志、标线、视错觉等给驾驶员感官上的刺激以达到减速的目的;交通管理与控制手段包括监控设施及信号控制设施。

本章主要调研了多种速度控制设施附近车辆的速度数据,分析速度控制设施对其设置地点的上、中、下游车辆速度的影响情况,采用前后对比法评估各种速度控制设施的减速效果。

6.1　限速标志的应用效果分析

6.1.1　限速标志在高速公路上单独设置的减速效果分析

为了解限速标志对车辆运行速度是否产生影响,分别对限速标志前后的大、小车的均值速度差异进行了显著性分析。采用两个独立样本 t 检验,其目的是利用来自两个总体的独立样本,推断两个总体的均值是否存在显著差异。两个独立样本 t 检验的零假设是:两个总体均值无显著差异,表述为 $H_0:\mu_1-\mu_2=0$;μ_1、μ_2 分别是第一个和第二个总体的均值。然后对每个正态样本,进行方差未知的独立样本 t 检验。t 检验的过程是对两个样本均数(mean)差别的显著性进行检验,公式如下:

$$t=\frac{(\overline{X}-\overline{Y})}{S_{\mathrm{w}}\sqrt{\frac{1}{n_1}+\frac{1}{n_2}}}\sim t(n_1+n_2-2) \tag{6-1}$$

独立样本 t 检验结果表明:限速标志前后两个断面的大、小车速度均值存在显著差异,即说明限速标志对大、小车运行速度产生了一定的影响。

大、小车运行速度统计见表 6-1 和表 6-2。由这两个表格可以看出,限速标志对通过车辆运行速度的影响并不大,大、小车的运行速度均高于限速值。一方面是由于没有交警的现场执法,另一方面是由于平直路线进入曲线半径大于 1 000m 的曲线段,道路线形条件好,驾驶员容易忽视限速标志的提醒。

限速标志 80km/h 前后大车运行速度统计 表 6-1

大　车	断面 1(限速标志前)(km/h)	断面 2(限速标志处)(km/h)	断面 3(限速标志后)(km/h)
均值	83.8	82.5	81.1
v_{50}	82.6	81.5	79.3
v_{85}	104.7	103.5	100.3
标准差	17.61	17.76	17.18

限速标志 80km/h 前后小车运行速度统计 表 6-2

小　车	断面 1(限速标志前)(km/h)	断面 2(限速标志处)(km/h)	断面 3(限速标志后)(km/h)
均值	99.3	96.9	94.3
v_{50}	99.7	96.5	94.0
v_{85}	120.3	118.2	114.1
标准差	19.86	19.98	18.90

大车的 85% 位运行速度的限速标志前、后速度差最大 4.4km/h，小车的 85% 位运行速度的限速标志前、后速度差最大 6.2km/h。大车的运行速度分布的标准差低于小车，这是由于目前大车的机械性能低于小车，并且大车中超载运行的现象极为普遍，从而使大车的运行速度离散性小于小车。

检测断面所有车辆车速分布见图 6-1。《公路项目安全性评价指南》(JTG/T B05—2004)中指出：对于高速公路相邻路段运行速度的差值 $|\Delta v_{85}| > 20$km/h，则说明运行速度协调性不良。因此，本书选取 20km/h 的步长，统计车速在中值的 ±10km/h 范围内与通过车辆总数的百分比。由图 6-1 可见，在 20km/h 的步长范围内车辆数与通过该断面的车辆总数的百分比分别是：限速标志前为 34.7%，限速标志处为 35.4%，限速标志后为 37.1%。由此可见，60% 以上的车辆其速度差都超出协调运行的 20km/h 范围。

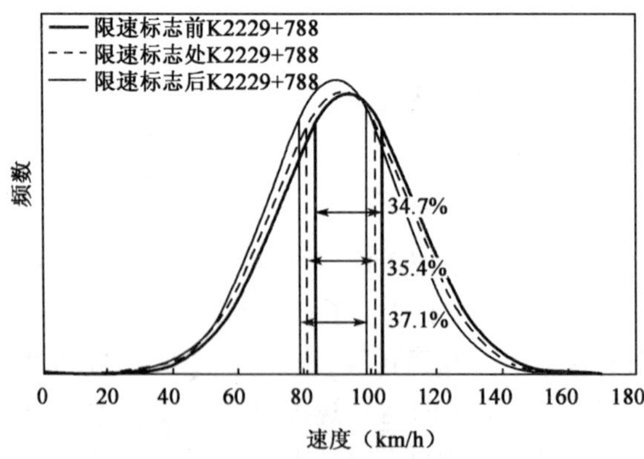

图 6-1　限速标志 80km/h 的检测断面的 20km/h 步长的车辆速度统计图

6.1.2　限速标志与线形警告标志联合设置在高速公路上的应用效果分析

在西汉高速公路汉中往西安方向 K76 + 800 ~ K76 + 342 段，该路段事故多发，事故形态以追尾事故和撞固定物为主。道路由平曲线 K76 + 600 处设有限速标志 80km/h 和前方弯路路段的警告标志（图 6-2），此路段由曲线半径 3 000m 进行连续弯道，曲线半径依次为 400m、410m 和 400m 的三个连续弯道组成。

图 6-2　限速标志 80km/h 与警告标志联合同设置的采样地点

根据检测数据独立样本 t 检验，结果表明：限速标志前后两个断面大、小车速度均值存在显著差异。通过限速标志后，只有小车的 85% 位运行速度高于限速值，其他统计值均在限速范围内。

大、小车运行速度分布图见图 6-3。由图中可以看出，限速标志与警告标志联合设置对通过车辆运行速度的影响很显著，大、小车的运行速度中值在通过限速标志后都有明显下降。而且在 20km/h 的步长范围内车辆数据与通过该断面的车辆总数的百分比分别都有增长。对所有大车统计，分布在大车运行速度中值 20km/h 步长范围内车辆比例由限速标志前的 34% 上升为限速标志后的 40%。对于所有小车统计，结果也类似，限速标志后 49% 的小车都运行在中值的 20km/h 的步长范围内。

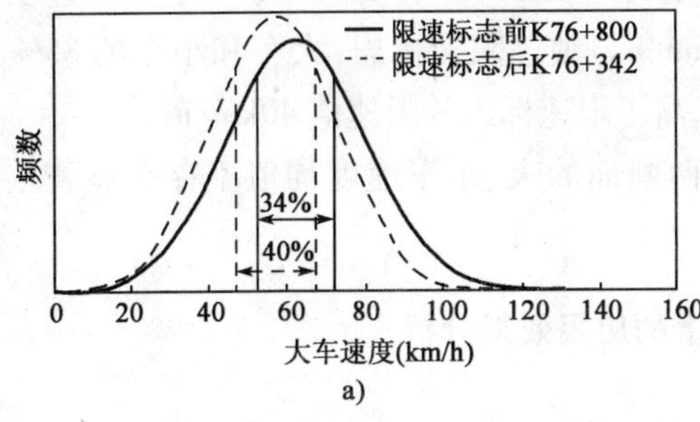

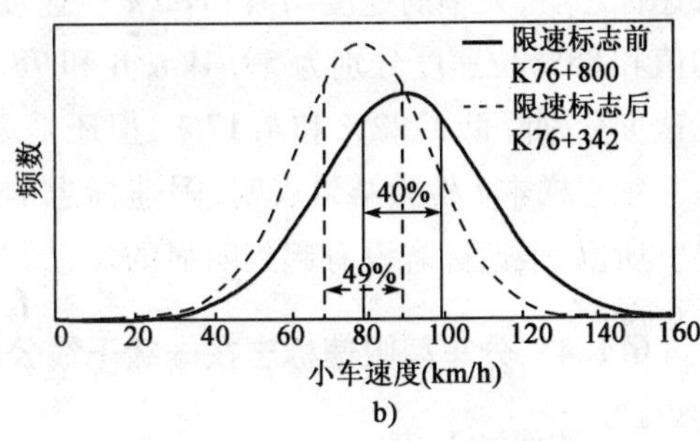

图 6-3　限速标志 80km/h 与警告标志联合同设置地点大小车运行速度分布图

限速标志设置效果的对比分析如下：

对于80km/h限速标志的设置，同样在没有现场执法的情况下，配合设置曲线警告标志路段的限速效果更为显著，见表6-3。由表可见，与限速标志单独设置相比，限速标志与警告标志联合设置的效果尤为显著，对车辆运行速度有显著影响。

80km/h限速标志前、后速度指标对比表 表6-3

项 目	80km/h限速标志+急弯警告(小车)	80km/h限速标志+急弯警告(大车)
均值差(限速标志前、后)(km/h)	10.4	4.2
v_{85}差(限速标志前、后)(km/h)	14.7	7.6
标准差之差(限速标志前、后)(km/h)	3.8	1.63
项 目	80km/h限速标志(小车)	80km/h限速标志(大车)
均值差(限速标志前、后)(km/h)	5	2.7
v_{85}差(限速标志前、后)(km/h)	6.2	4.4
标准差之差(限速标志前、后)(km/h)	0.96	0.43

6.1.3 限速标志在二级干线公路上的应用效果分析

(1)调研断面信息

数据采集于宜安二级干线公路，“限速标志40km/h”设置于东古丘隧道前(图6-4)，K28+373(限速标志前)、K28+450(限速标志处)、K28+553(限速标志后)的纵坡小于1%，平曲线半径依次是195m、550m、550m。

(2)速度统计特性分析

由于该二级公路流量小，在限速标志前，大车的速度均值和85%位速度分别为61.0km/h和87.9km/h，小车的速度均值和85%位速度分别为59.1km/h和81.6km/h；在限速标志后，大车的速度均值和85%位速度分别为55.9km/h和68.6km/h，小车的速度均值和85%位速度分别为59.4km/h和78.2km/h。驶过限速标志，大车和小车的85%位速度分别降低了22%和4.17%，但还是远远高于限速标志的限速值40km/h。

独立样本t检验结果表明，限速标志前后两断面的大、小车速度均值不存在显著差异。所以，限速标志没有起到明显的效果。

6.1.4 分车型限速标志在一级干线公路上的应用效果分析

(1)调研断面信息

数据采集于连霍国道新疆博赛段四台大坡桩号K4669+700分车型限速标志附近

(图6-5)。该路段为上坡路段,纵坡坡度为3.4%~2.7%,平曲线半径为1 000~1 500m。此路段为沥青路面,单向两车道,上下行分离。该路段对三种车型分别设置了限速标志,分别是:小客车100km/h,大客车80km/h,货运车60km/h。

图6-4 限速标志40km/h调研现场

图6-5 分车型限速标志调研现场

(2)速度统计性描述

对分车型限速标志前中后三个断面的车辆速度数据进行对比分析发现,大、小车的85%位速度在限速标志处均高于限速标志前,到限速标志后降至最低,但此时小车的85%位速度仍高出限速值12.13km/h,而大车的85%位速度降至限速值以下。速度差异的显著性分析表明,限速标志前后两个断面的大、小车速度均值存在显著差异。由于调研路段位于上坡路段,车辆速度变化受地形影响较大,所以很难评价此处分车型限速标志的减速效果。

6.2 监控设施的应用效果分析

6.2.1 超速摄像头在高速公路上的应用效果分析

1)调研断面信息

西汉高速公路汉中往西安方向K75+620处设置了超速摄像头,并在K75+270处设有一个限速标志80km/h。该路段为连续上坡路段,平曲线半径为6 300m,纵坡坡度为2.14%。该处事故多由于超速而致,事故形态为追尾事故和撞固定物。分别在摄像头处(K75+620)和摄像头后(K75+270)进行了车辆运行速度检测,其结果见图6-6。

2)速度统计性描述

对独立样本t检验摄像头处和摄像头后两个断面的大、小车速度均值存在显著差异。大车和小车的85%位速度在经过摄像头后均有明显下降,分别降低了13.9%和20.3%。在摄像头处断面和摄像头后350m断面处,大车和小车的85%位速度均低于此路段的限速值80km/h。

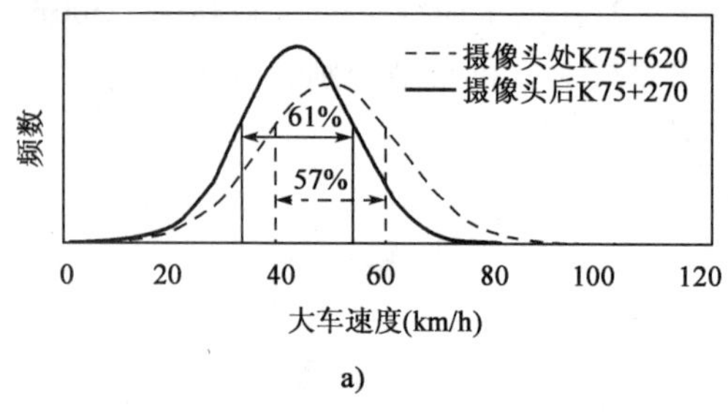

a)

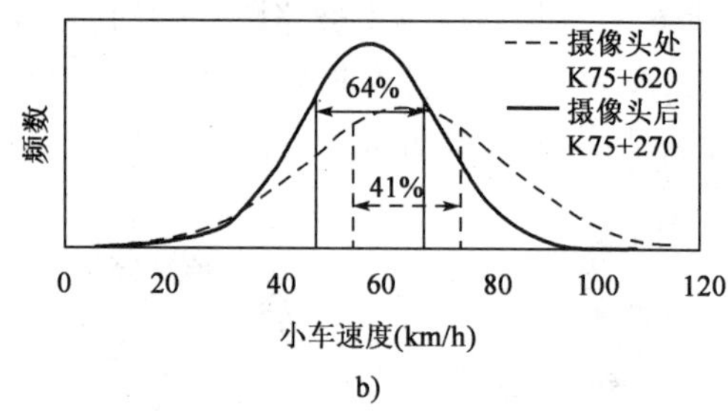

b)

图6-6　摄像头处及其后的分车型的车辆速度统计分布

此路段为连续上坡路段，大车受车辆动力性能和超载运行的影响，以低于60km/h的速度行驶。大车在摄像头处，有57%的车辆在其中位速度的±10km/h范围内行驶；在摄像头后350m处，有61%的车辆在其中位速度的±10km/h范围内行驶。对于小车，在摄像头处，有41%的车辆在其中位速度的±10km/h范围内行驶。

在摄像头后350m处，有64%的车辆在其中位速度的±10km/h范围内行驶。尤其是在摄像头后350m，大、小车的运行速度都在限速值以内行驶，这是摄像头检测车尾牌的效应。鉴于摄像头的可视距离远，而且是针对车辆牌照进行检测，其控制速度的范围较限速标志要远。

摄像头处大车的85%位速度已小于限速值80km/h，小车的85%位速度也在限速值附近，与摄像头前断面相比，摄像头后大、小车的85%位速度分别降低了13.9%和20.3%，均降至限速值80km/h以内，15%位车速、50%位车速以及速度的标准差等指标都明显减小。速度差异的显著性分析也表明，摄像头处与摄像头后大、小车的速度均值存在显著差异。由此说明，此处摄像头的减速效果较好，且减速效果有一定的持续性。

6.2.2　雷达测速仪在一级干线公路上的应用效果分析

(1)调研断面信息

数据采集于沪昆高速公路湖南段娄底联络线K4+200~K4+900直线段，K4+750处设有雷达测速仪，该路段限速值为80km/h，依次在雷达测速前(K4+200)、雷达测速处(K4+750)、雷达测速后(K4+900)设置了三个调研断面，该断面纵坡为1.9%~2.6%。

(2)速度统计性分析

与雷达测速点前相比，大、小车的85%位速度在雷达测速点处分别降低了29.5%和33.8%，在雷达测速点后断面处分别降低了14.3%和14.5%，大小车的各项速度指标在雷达测速点处达到最低，且大、小车的85%位速度均降至限速值80km/h以下。因此，此处的雷达测速仪起到了很好的减速效果，虽然雷达测速点后车辆速度又有所回升，但仍低于雷达测速点前的速度，表明雷达测速仪的减速效果有一定的持续性。

6.2.3　限速标志及超速摄像提醒标志的应用效果分析

(1) 调研断面信息

样本位于 G109 线 K2 +000 处，路基宽 8.5m，单向车道宽 3.5m，土路肩宽 0.75m。路段平面前后线形衔接平顺，纵断面平缓，无路侧干扰，设置限速标志 50km/h 和速度监控摄像头标志(图 6-7)。

图 6-7　限速 50km/h 并设置速度监控提醒

(2) 速度统计性分析

车辆通过该组合交通标志前后车速都高于限速值，客车 85% 位速度降低 0.3km/h，货车 85% 位速度降低 0.9km/h，降幅不明显。结果表明：缺乏交警执法的情况下，限速和速度监控设施的效果非常微弱。

6.3　横向振动减速标线

6.3.1　高速公路横向减速标线——双白减速标线

(1) 调研断面信息

广东清连高速公路 K2180 +442 ~ K2179 +791 路段时平曲线半径由 1 100m 变换到 600m 的路段，纵坡由上坡 1.3% 进入到上坡 3.8% 路段，该路段的限速值为 80km/h。该地点事故多发，事故形态为追尾事故和撞固定物。为了提醒驾驶员减速行驶，在此路段设置了双白线减速标线，此处的减速标线共 9 组，前 6 组间距 32m，后三组间距 15m [图 6-8a)]。每条标线厚度为一层白色标线，线宽 45cm，线间距 95cm。

减速标线前、后断面处大、小车的速度均值均高于限速值。只在减速标线中部处的大、小车速度下降到限速值以下。速度差异的显著性分析也表明减速标线前、后两断面大、小车的速度均值没有显著差异。

a)

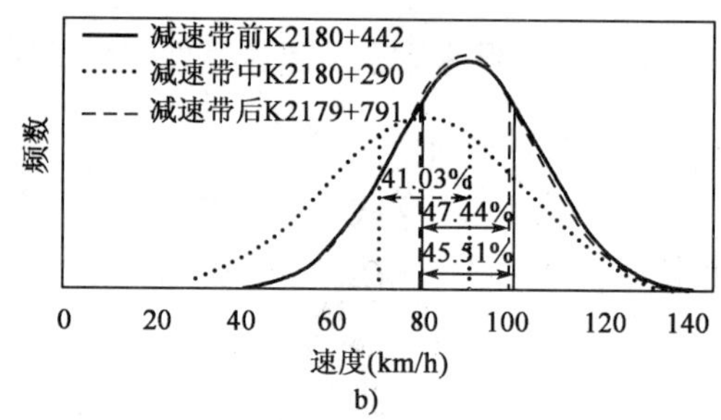

b)

图6-8　双白线减速标线现场(左图)与车速(右图)分布图

(2)速度统计分析

通过对所有通过该检测断面的车流速度与频率[图6-8b)]进行分析,车辆通过减速标线前、后的车速分布几乎没有变化,只是在减速标线中的车辆速度有一定程度的下降。在减速标线前,有45.51%的车辆在中位车速的±10km/h范围内行驶;在减速标线后,有47.44%的车辆在中值车速的±10km/h范围内行驶。

6.3.2　高速公路横向减速标线——单白减速标线

(1)调研断面信息

广东清连高速公路K2203+355路段为下坡路段,纵坡坡度为3.7%~2.7%,该路段曲线半径为510m。此地点的事故形态多为追尾事故。此下坡的平曲线路段,限速值为80km/h。设置了单白线减速标线,此处的减速标线共3组,每组间距30m,每组11条标线(图6-9)。每条标线厚度为三层白色标线的叠加,线宽45cm,线间距45cm。分别对K2203+355(减速标线前)、K2203+808(减速标线后)的交通流速度进行了观测。

图6-9　单白线减速标线

(2)速度统计分析

独立样本t检验结果表明:减速标线前后两个断面的大、小车速度均值存在显著差异。与减速标线前大、小车速度均值相比,减速标线后大、小车速度均值显著增大,这说明该横向单白减速标线未能收到预期的减速效果。

6.3.3　高速公路横向减速标线——多线式减速标线

(1)调研断面信息

样本位于清连高速公路石潭路段K2201+400处。该路段为下坡直线路段,纵坡坡度为1.9%,路段设计速度80km/h,分离式路基半幅宽13.0m,单向车道宽3.75m,路肩宽3.0m。路段平面前后线形衔接平顺,纵坡1.2%,无路侧干扰,设置减速标线。

(2)速度统计分析

对多道白色振动式减速标线前后两个断面的车辆速度数据进行对比分析发现,进入减速标线前,车辆速度较高;当驾驶员遇到连续多条减速标线后往往有意识地控制了行车速度。全部车辆的平均速度降低4.9km/h,最高速度减少26.0km/h,85%位速度减少9.0km/h,90%位速度降低9.3km/h,95%位速度减少10.0km/h,速度标准差减少5.6km/h。这说明多道白色振动式减速标线总体上对车速有一定影响,影响幅度较单道或双道减速标线大,具体降速幅度与进入减速标线前速度有关。在减速标线后的货车速度低于80km/h的设计速度。

6.3.4　高速公路组合式减速标线——组合式振动减速标线

(1)调研断面信息

数据采集地点为西汉高速公路汉中往西安方向K54+180附近的白色振动减速标线前后,该路段小车限速60km/h,大车限速50km/h,为上坡路段,纵坡坡度为3.1%~4.7%,前一部分为曲线路段,平曲线半径为600m,后一部分为直线路段,共4组减速标线,每组减速标线由11小组减速标线组成,每小组减速标线由三条宽度为20cm的白色带方格凸起的标线组成,振动线间距为20cm(图6-10)。

图6-10　减速标线的形式

(2)速度统计分析

与减速标线前断面相比,减速标线处和减速标线后断面处大、小车的速度均值以及

15%位车速、50%位车速、85%位车速以及速度的标准差等指标都有了不同程度的下降，其中，减速标线后断面处大、小车的85%位车速分别降低了15.4%和23.3%。速度差异的显著性分析也表明减速标线前后两个断面的大、小车速度均值都存在显著差异。由此可见，在白色振动减速标线和限速标志的组合作用下，车辆速度得到了很好的控制。限速标志与减速标线组合设置点的上游，大小车速度均值、85%位速度分别高于相应的限速值，通过限速标志与组合标线后，大车速度在限速值以内，小车速度有显著降低，高于限速值60km/h。

6.3.5 一、二级干线公路横向减速标线

(1)调研断面信息

G109线北京段K33+580~K33+700分别位于下坡急弯之前、后处。K33+650处设置红色减速振动式标线(图6-11)，路段设计速度40km/h，路基宽8.5m，单向车道宽3.5m，土路肩宽0.75m。路段平面前后线形衔接平顺，纵断面平缓，无路侧干扰。

图6-11 K33+650振动减速标线样本

(2)速度统计分析

对振动式减速标线前后两个断面的车辆速度数据进行对比分析发现，通过振动标线后各种车辆的平均速度、85%位车速等均有较大幅度的增加，并没有体现出减速标线的减速效果。

从上面的调查样本来看，设置横向减速标线后不同速度区间的车速变化特性各不相同。对特征速度的具体作用表现如下：

①横向减速标线具有良好的警示效果，大部分高速行车或者超速行车的驾驶员在减速标线前都会减速，然后匀速或减速通过减速标线区域。

②横向减速标线对小客车的作用明显高于货车的作用。由于振动标线凸出路面，车辆通过时出现颠簸，颠簸的幅度与车辆重量和速度有密切的关系。一般来说，速度越大，颠簸的幅度越大；重量越大，颠簸的幅度越小。因此，横向减速标线对小客车作用明显大于对货车的作用。

③尽管具有干线功能的一、二公路横向减速标线设置在下坡、弯道等不同的地点(通常设置方法为100m内设5~10组，每组设2~3道)，但是其对速度控制的效果没有明显

的差别，通常平均速度降低1.0～3.0km/h；85%位速度减少1.0～2.0km/h；速度标准差减少0～2.0km/h。

④高速公路横向减速标线对于速度超过100km/h的车辆控制效果较为明显，并且减速标线的区段越长，其效果相对显著。

6.4　纵向视觉减速标线

6.4.1　二级干线功能的公路纵向视觉减速标线——白色视觉减速标线

(1)调研断面信息

通顺路双埠头加油站附近，视觉减速标线分布于K12+100～K12+750之间。路段设计速度80km/h，路基半幅宽22m，单向4车道，车道宽3.75m，路肩宽0.75m(图6-12)。路段平面前后线形衔接平顺，纵断面略有纵坡，无路侧干扰，设置纵向白色菱形块状视觉减速标线。此调研路段采用雷达测速仪完成速度检测，得到的数据样本车型按客车、货车进行分类。

图6-12　双埠头加油站纵向视觉减速标线

(2)速度统计分析

通过对纵向白色视觉减速标线前、中、后三个断面的车辆速度数据进行对比分析发现，进入减速标线前，车辆速度较高；当车辆进入白色视觉减速标线后，客车的速度均值降低5.2km/h，85%位速度减少2.3km/h，货车的速度均值降低3.8km/h，85%位速度增加1.2km/h，这说明纵向视觉减速标线使行车道在视觉上变窄和醒目的效果对驾驶员产生了一定影响，但减速的效果并不显著。

6.4.2　高速公路纵向视觉减速标线

(1)调研断面信息

清连高速公路K2208+000～K2207+300设置纵向视觉减速标线，路段设计速度

80km/h，路基宽28m，单向2车道，车道宽3.75m，右路肩宽3.0m（图6-13）。路段平面前后线形衔接平顺，纵断面纵坡2%。断面K2208＋000（视觉减速标线前）前后为直线段；断面K2207＋300（视觉减速标线后）平曲线半径为1 311m。

图6-13　K2208＋000～K2207＋300测速点（清远—连州方向）

（2）速度统计分析（表6-4）

视觉减速标线前后速度统计表　　表6-4

统计指标	视觉减速标线前（km/h）		视觉减速标线后（km/h）	
	客车	货车	客车	货车
均值	99.0	70.5	95.4	62.9
v_{85}	113.0	78.8	103	66.6
标准差	14.6	10.7	10.8	2.6

对两个断面的车辆速度数据进行对比分析发现，与视觉减速标线前相比，视觉减速标线后客车的平均速度以及85%位车速分别下降了4%、9%；货车的平均速度以及85%位车速分别下降了11%、15%。因此，此处的视觉减速标线对车辆运行速度有一定的效果。

从上面的调查样本来看，设置纵向视觉减速标线后，不同速度区间的车速变化特性各不相同。对特征速度的具体作用表现如下：

①纵向视觉减速标线不仅具有车道线醒目和良好的警示效果，而且高速车辆驾驶员会感觉到车道变窄，从而使大部分高速行车或者超速行车的驾驶员在减速标线区域会降低车速。

②总体上来看，纵向减速标线对大车的作用明显高于小车的作用。由于车道变窄后，大车会感到侧向净空减小，从而明显减速，小车则根据车流密度适当调节速度。大车驾驶员习惯后，纵向减速标线对其作用不大。

③视觉减速标线常设在弯道或者下坡路段,其速度控制的效果与设置的长度和驾驶员进入标线区域的速度有关。

6.5　各类速度控制设施的减速效果分析

1)限速标志

限速标志是最基本的限速手段,其限速指令对应一个区间段,但这个区间段的长度,国内标准没有规定和说明。关于限速标志也没有一整套全面、翔实的针对各类道路实施合理限速及设置限速标志的方法、指南或规范,而限速值设置的合理与否也直接影响着道路的安全水平。总的来说,限速标志在我国部分地区还没有得到合理的应用。

调研过程中发现限速标志没能起到良好的减速效果,主要存在以下几方面的原因:

(1)长直路段上的限速标志,在没有其他速度控制设施配合使用的情况下,驾驶员主要依据道路线形情况选择车速。

(2)存在限速标志部分或全部被树枝、树叶遮挡的情况,由于易见性和视认性不良,很难对驾驶员起到较好的减速作用。

(3)长下坡路段,车辆在重力的作用下速度增加较快,仅靠限速标志的警示作用很难使车辆速度降低至限速值以下。

(4)部分路段存在限速标志的限速值欠合理的情况。

因此,为了使限速标志可以更有效地控制车辆速度,需要注意以下几点:

(1)首先必须保证限速值的合理性。

(2)限速标志的设置必须符合易见性的要求,标志必须设置在视距良好的位置,且不能被树木、建筑物等遮挡。

(3)限速标志和其他标志、标线的设置应具有较强的连续性,以保证向驾驶员提供的信息符合连续性、完整性的要求。

(4)可以将限速标志与其他配套措施结合使用,如可变限速标志、振动减速标线、视觉减速标线、减速路面、监控测速等配套设施,这些设施能够有效地提醒驾驶员减速,对控制车辆速度具有很好的作用。

2)超速抓拍摄像头和雷达测速仪

超速抓拍摄像头和雷达测速仪的减速效果特别明显,主要用于实时监控公路车辆的运行速度,促使驾驶员遵守限速,从而抑制驾驶员的超速行为。雷达测速仪和超速抓拍摄像头配合使用是国内整治违规超速的主要设备。另外,超速抓拍摄像头和雷达测速仪均可以和其他速度控制设施配合使用。

3)振动减速标线

设置振动减速标线的目的是通过振动提醒并警告驾驶员减速。调研的样本数据表明:横向减速标线对小车的作用明显优于货车。高速公路横向减速标线对于速度超过100km/h的车辆控制效果较为明显,并且减速标线的区段越长其效果相对显著。

高速公路上减速标线的减速效果参差不齐,某些地方减速标线的减速效果可以达到20%左右,也有地方的减速标线几乎没有效果甚至减速标线之后的车辆速度有所升高,这种现象的产生可能是多种因素综合作用的结果,比如减速标线的形式、标线宽度、长度、厚度、重复次数、地形条件等。因此,为了使减速标线能够更有效地控制车辆速度,需要注意以下几点:

(1)减速标线的最后一道标线距离危险点的距离不能太长,以免驾驶员在危险点前重新加速。

(2)在确定减速标线的设置位置时,应根据车辆速度的变化和制动要求确定设置地点。例如,在小半径曲线路段,减速标线应设置在小半径曲线起点前端和出口附近的合理位置;长下坡路段则应在坡顶前及下坡途中的合理位置设置减速标线,在坡底可以根据情况设置一组标线,避免车速变化频率过快发生事故。

(3)高速公路减速标线的效果与组数和每组的条数相关,在设置减速标线时要科学地选取线宽、线长、线间距、标线组数、重复次数等参数;一般来说,组数多,速度控制的区段长,效果相对明显;每组的条数越多,组合控制效果越好;每组2~3条与每组8~10条标线相比,后者的速度控制效果好。

(4)在危险路段,振动减速标线应和其他的交通安全设施组合设置。

4)纵向视觉减速标线

综合样本调查的结果,纵向视觉减速标线的作用如下:

(1)纵向视觉减速标线具有使车道线醒目的特点,促使高速车辆驾驶员感觉到车道变窄,具有良好的警示效果,从而使较高车速行驶的驾驶员在减速标线区域后会降低车速。

(2)总体上来看,纵向视觉减速标线对大车的作用明显好于小车。

(3)纵向视觉减速标线常设在弯道或者下坡路段,其速度控制的效果与设置的长度和驾驶员进入标线区域的速度有关。

5)减速丘

综合样本调查的结果,减速丘对交通流特征速度的作用如下:

(1)减速丘会使所有的车辆强制减速,并且减速的幅度很大,通常几乎所有的车辆都被强制减速到10~25km/h才能相对舒适地通过减速丘。

(2)减速丘可以在人口密度大、车辆干扰多、行车速度慢的路段使用,但是要提前设置警告标志。

(3)减速丘在高速公路以及高等级公路主线上不宜使用,因为车辆在减速丘前突然减速容易造成追尾事故,此外,车辆高速通过减速丘时的剧烈颠簸可能形成安全隐患。

6）速度控制设施组合

（1）当不同的速度控制设施组合设置时，要比其单独设置更能影响驾驶员的驾驶行为，对速度的控制效果更好。

（2）不同的速度控制设施组合方式所增加的驾驶负荷是不同的，对驾驶员驾驶行为的影响效果也是不同的。例如，限速标志与测速摄像头组合设置的减速效果最好，对驾驶员的驾驶行为的影响最大；其次是视觉和振动标线的结合，而限速标志和视觉标线实际上所起的作用相似，其效果一般。

（3）不同车型的驾驶员对各种速度控制设施组合时所增加的驾驶负荷的反应是不同的。例如，对于限速标志与横向振动减速标线的组合方式，对小车驾驶员驾驶行为的影响远大于对大车驾驶员的影响。

附件 1

《公路速度限制与速度控制技术指南》

1 总则

1.0.1 为合理进行公路速度限制和速度控制，建立安全、高效运行的公路网，根据《中华人民共和国公路法》、《中华人民共和国道路交通安全法》、《道路交通标志和标线》(GB 5768—2009)、《公路交通标志和标线设置规范》(JTG D82—2009)等法律、法规、标准和规范，结合我国公路运行和管理实际情况编制《公路速度限制与速度控制技术指南》(以下简称指南)。

1.0.2 本指南适用于新建和已投入运营的高速公路和具有干线功能的一、二级公路设定最高限速值，以及公路设置速度控制设施。

1.0.3 高速公路最低限速值和恶劣气候条件下的最高限速值应依照现行的《道路交通安全法》设定。

1.0.4 本指南限速车型可为小车(即轴距≤3.8m 的小客车)和大车(即轴距 >3.8m 的客、货车)。

1.0.5 本指南与国家相关法律、法规、规范性文件和技术标准、规范的规定不一致时，应以国家相关法律、法规、规范性文件和技术标准、规范为准。

2 术语

2.0.1 设计速度(Design Speed)

设计速度是公路设计时确定几何线形的基本要素。它是在气象条件良好，车辆行驶只受公路本身条件影响时，具有中等驾驶技术的人员能够安全、顺适驾驶车辆的速度。

2.0.2 运行速度(Operating Speed)

运行速度是指当交通流处于自由流状态的速度分布。通常用选定路段或地点上测定的85%位速度来表示。

2.0.3 85%位速度(the 85th Percentile Speed)

在观测车辆的地点速度中，有85%的车辆的地点速度都低于或等于该值。

2.0.4 50%位速度(the 50th Percentile Speed)

在观测车辆的地点速度中，有50%的车辆的地点速度都低于或等于该值。

2.0.5 平均速度(Average Speed)

平均速度包括时间平均速度和区间平均速度。时间平均速度是指在单位时间内通过公路某断面各车辆地点速度的算术平均值;区间平均速度是指在某一特定瞬间行驶于公路某一特定长度内全部车辆的速度分布平均值。

2.0.6　限制速度(Posted Speed Limit)

限制速度是指公路运营后,在保障车辆安全运行条件下,道路交通管理部门为发挥道路的运输效率,对道路上行驶车辆规定的管理速度,其包含最高行驶速度限制和最低行驶速度限制。

本指南下文中如未特别说明,限速值均指天气晴好、路面干燥、平整时的最高限速值。

2.0.7　限速区(Speed Zone)

当无法制定全线同一限速值时,采用不同限速值的特定路段。

2.0.8　限速区过渡段(Transition Zone)

为避免前后限速区由于限速值相差过大,而设置的限速过渡路段。

2.0.9　速度控制效果(Effect of Speed Control)

车辆通过限速设施或速度控制设施或速度区前后的速度减少值,单位为km/h。

2.0.10　期望速度(Desired Speed)

期望速度是指在自由流状态下,驾驶员在不受道路线形特征约束的条件下所选择的行驶速度。

2.0.11　限速建议值(或建议限速,Advisory Speed Limit)

限速建议值是指为了增进急弯、陡坡、平面交叉路口等重点路段行车安全,而建议驾驶员采用的可能低于限速值的行车速度。

2.0.12　行程车速(Running Speed)

也称为区间车速,是车辆行驶在公路某一区间的距离和行程时间的比值。

3　制订限速方案的一般流程

3.0.1　公路限速方案制订的一般流程宜按运营阶段公路和新建公路(未开通运营)分别考虑。

3.0.2　运营阶段公路宜根据法律法规、公路设计指标、交通流特点、车辆运行速度分布特点、路侧环境、交通事故数据等因素,制订限速方案,并核查公路设计指标,最终确定并实施限速方案。

运营阶段的高速公路及具有干线功能的一、二级公路,其限速方案制订流程见图3.2。

3.0.3　对于新建公路(未开通运营),宜考虑以下两种方法制订限速方案:

(1)以设计速度为限速基础,全线以设计速度实施限速。

(2)根据法律法规、公路设计指标、预测的车辆运行速度、路侧环境等数据,制订限速方案,进行公路设计指标核查,实施限速方案,并在必要的路段设置速度控制设施。

运营一段时间后,宜收集公路的交通事故、车辆实际运行速度等数据,采用运营阶段

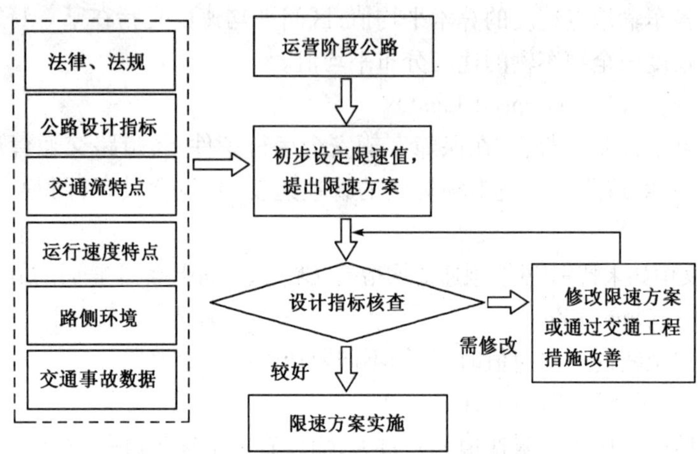

图 3.2 运营阶段公路限速方案制定流程

公路限速方案制订流程，优化、调整限速方案和速度控制设施。

新建公路（未开通运营）限速方案制定流程见图 3.3。

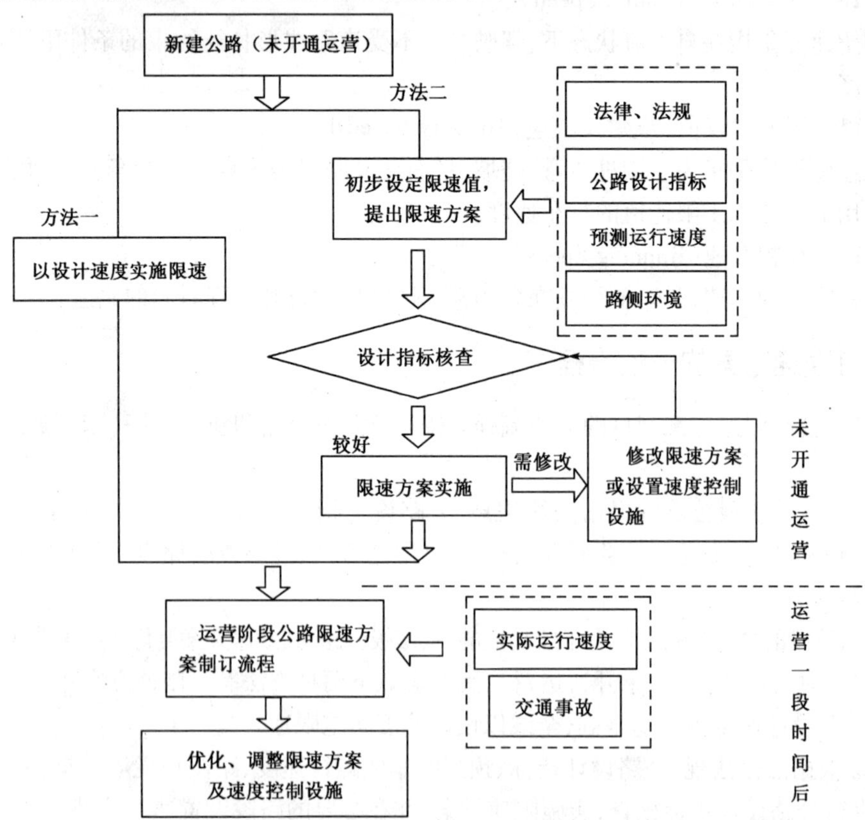

图 3.3 新建公路（未开通运营）限速方案制订流程

3.0.4 限速方案实施后,应根据公路的实际运营情况进行定期(1~3年)后评价,并及时优化和调整,以适应公路交通安全和效率的需求。

4 限速形式

4.1 限速形式选择原则

4.1.1 公路应采用与其功能地位、设计指标、交通条件、路侧环境、车辆速度差异等特点相适应的限速形式。

4.1.2 公路的限速形式可采用全段统一限速、分区段限速、分车型限速、分车道与分车型结合限速、可变限速、建议限速等形式。

4.1.3 各种限速形式可单独使用或者与其他限速形式组合使用,同时,宜与相应的速度控制设施配合使用,以达到限速的预期效果。

4.1.4 选择限速形式应有利于减少速度离散性和交通冲突,达到保障交通安全和保证通行效率的目的。

4.2 全段统一限速

4.2.1 全段统一限速指在公路全段仅采用一个限速值进行限速,是最简便的一种限速方法。

4.2.2 适用于全段设计指标比较均衡、交通流组成无明显变化、各类车型的车速差异不大、基本无路侧干扰、无事故多发路段的公路。

4.3 分区段限速

4.3.1 分区段限速是将公路按照线形条件、交通流组成特点、路侧环境和气候条件等因素以及交通事故分布情况划分为若干个限速区,各限速区根据车辆的速度特性以及车辆行车速度的均衡性而确定不同的限速值。

4.3.2 适用于全线设计指标不均衡、交通流组成和车辆速度变化较大,但分布具有一定规律的公路。

4.3.3 限速区划分原则:

(1)高速公路划分限速区,宜考虑地形条件、路线设计指标的均衡性、重要结构物分布情况、交通组成变化特点、交通事故空间分布、气候条件等因素,一般宜以互通立交为限速区划分的节点。

具有干线功能的一、二级公路,宜考虑上述因素的基础上,进一步考虑公路功能特点、沿线路侧环境和村镇分布等因素对限速区划分的影响。

(2)限速区划分应满足最小长度的要求,避免限速区和限速标志变化过于频繁,降低遵守限速的自觉性。

(3)各相邻区段的限速值宜均衡变化,其差值不宜大于20km/h。

(4)运营阶段公路,主要以线形指标、交通流组成、路侧环境、交通事故、运行速度等数据综合分析的结果进行限速区划分。新建公路（未开通运营），主要以设计速度为基础进行限速区划分。

4.4 分车型限速

4.4.1 分车型限速是综合考虑公路功能、通行效率、车辆运行安全和运营管理的需要，对不同车型使用不同限速值的限速方法。

4.4.2 对于小车和大车速度差异较大或某种车型事故情况突出的路段，宜考虑分车型限速。

4.4.3 分车型限速原则：

(1)当公路路段上运行的小车和大车的运行速度差在20km/h以上时，建议采用分车型限速。

(2)实施分车型限速的路段设置要求：具有快慢车分道行驶、允许车辆安全超车并避免高速车辆频繁变道的条件。

(3)对于条件允许的高速公路，分车型限速宜与分车道限速结合使用；对于具有干线功能的一、二级公路，分车型限速宜与分区段限速或分车道限速结合使用。

4.5 分车道与分车型结合限速

4.5.1 分车道与分车型结合限速是对不同的车道采用不同限速值，使车型不同的车辆分道行驶，并使每条车道内车辆的运行速度趋于一致的限速方法。

4.5.2 适用于出入口密度低、单向三车道及以上的公路；单向两车道的公路经论证可以实现交通量的均衡分布，且不会造成通行能力显著下降时可应用。

4.5.3 分车道与分车型结合限速原则：

(1)实施分车道与分车型结合限速的路段，应有条件减小不同车型间的速度差异，将速度差异较大的车辆分别分配到不同的车道行驶，能够实现交通量在各车道中的均衡分布，并且可以满足车辆超车时变换车道的要求。

(2)同一车道内的车速宜相对均衡，使车道通行能力保持设计服务水平。

4.6 可变限速

4.6.1 可变限速是在一定的路段或者特定的时间段，根据雨、雪、雾天气的能见度、照明条件、路面的湿滑情况、通行效率、车辆运行安全、紧急事件处理和运营管理的需要，采用不同限速值的限速方法。

4.6.2 适用于受不良天气影响严重，或对不同时段、不同行驶条件有特殊要求的公路。

4.6.3 可变限速原则：

(1)可变限速应确保在特殊天气或紧急情况下，按照安全优先的原则，及时改变限速值，并通过可变限速标志板等设施及时发布。

(2)可变限速宜根据天气情况、能见度、照明条件、交通流状况、路面状况、交通事件与交通事故等情况，制定可变限速预案，保证可变限速实施的合理性和实效性。

4.7　建议限速

4.7.1　建议限速是指为了提高特殊或危险路段(如急弯、交叉口)的行车安全性,警告和提醒驾驶员降低行车速度、注意行车安全而建议的行车速度。

4.7.2　适用于线形条件稍差或者存在危险交通冲突,但不适宜严格限制速度,以避免限速区过于琐碎和增加执法难度的路段。

5　限速值

5.1　限速取值原则

5.1.1　限速值的确定应综合考虑法律法规、公路功能、设计指标、车辆运行特点、路侧环境、交通安全特点等,在保证安全运营和通行效率的前提下,兼顾执法形式,科学合理地设定限速值。

5.1.2　公路限速值可不同于设计速度值。

当实际运行速度高于设计速度,并且设计指标与安全设施等能满足安全行车的条件下,宜采用高于设计速度的限速值。

当实际运行速度接近设计速度,宜采用设计速度作为限速值。

当实际运行速度低于设计速度,或者由于实际运行速度超过设计速度行车造成的事故较多时,宜采用低于设计速度的值作为限速,并且所采用的限速值应保证大多数公路使用者可以遵照执行及交通执法的可操作性。

5.1.3　公路限速取值一般以10km/h或其整数倍作为增加或降低限速值的变化幅度;公路相邻路段采用不同的限速值时,应考虑限速值的协调和过渡;当限速差值小于10km/h时,宜与相邻的、采用较大限速值的区段合并。

5.1.4　公路限速取值宜分为一般路段和特殊路段。

特殊路段在本指南中特指隧道和隧道群路段、连续长陡纵坡路段、穿越居民密集的村镇、县城路段或城镇化路段、交通事故多发路段、受不良天气影响严重路段、大型平交口或接入口路段等。

一般路段特指公路特殊路段之外的路段。

5.2　限速取值流程

5.2.1　运营阶段的公路:

(1)一般路段宜根据法律法规、公路设计指标等确定限速值的基本值,然后根据车辆运行速度、行程车速、路侧环境、交通事故等数据对限速值进行修正。

(2)特殊路段限速值宜结合实际情况综合考虑选取。

(3)最后将一般路段与特殊路段结合考虑,初步确定限速值并制订限速方案。

运营阶段的高速公路及具有干线功能的一、二级公路的限速值取值流程如图5.2.1所示。

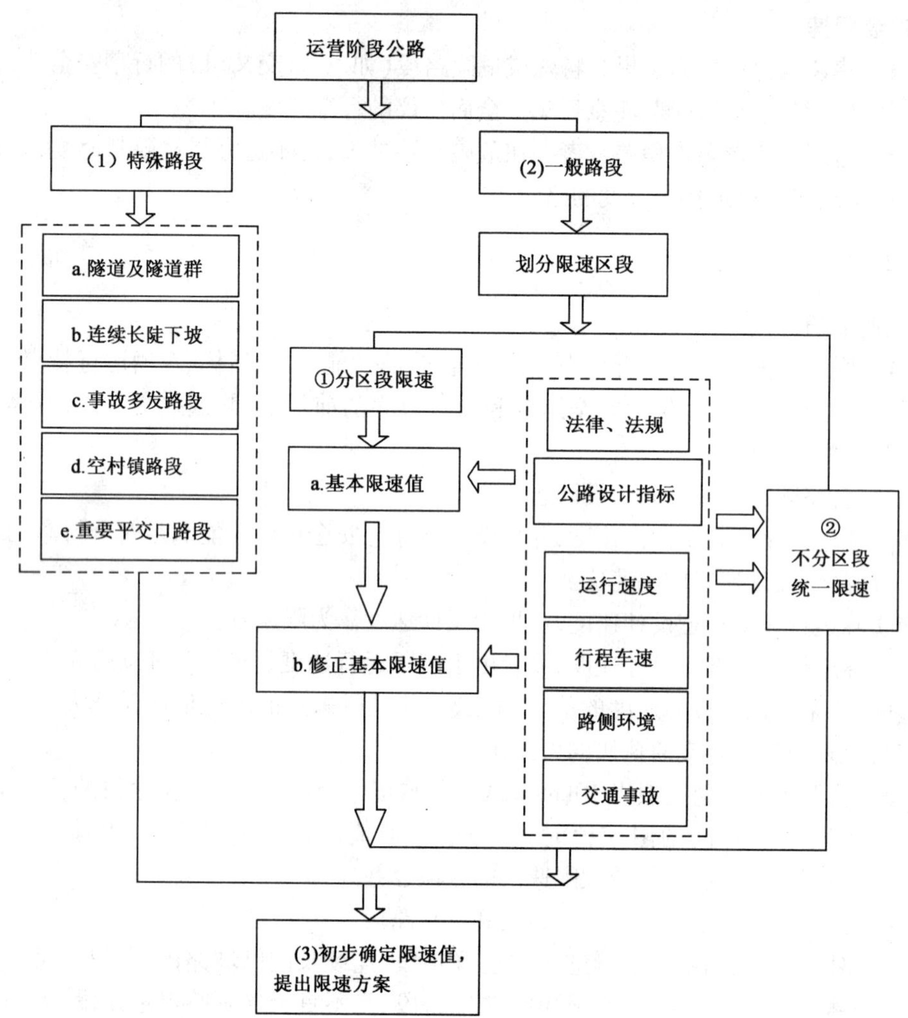

图 5.2.1　运营阶段公路限速取值流程

5.2.2　新建公路（未开通运营），宜考虑以下两种方法：

（1）方法一　以设计速度作为限速值。

（2）方法二　根据法律法规、公路设计指标、预测的车辆运行速度、路侧环境等数据综合考虑，初步确定限速值并制定限速方案。

新建公路（未开通运营）限速取值流程见图 5.2.2。

5.3　一般路段限速取值

5.3.1　公路一般路段限速取值宜先考虑是否划分区段。当全线设计指标不均衡、交通特性变化较大，但分布具有一定规律时，宜分区段选取限速值；否则，宜全路段统一选取限速值。

5.3.2　基本限速值的确定。基本限速值的确定主要考虑限速区划分、法律法规以及

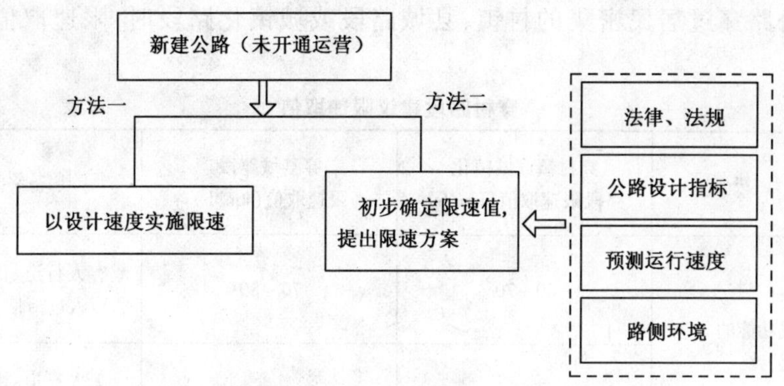

图5.2.2　新建公路限速取值流程

公路线形指标(如平曲线半径指标)等因素。

5.3.3　基本限速值的修正。基本限速值确定后,宜考虑不同车型的运行速度、行程车速、交通车型组成特征、路侧环境等因素,对基本限速值进行修正,以使提出的限速方案达到交通安全和通行效率的和谐。

5.4　特殊路段限速取值

5.4.1　公路隧道或隧道群路段限速取值:

(1)公路隧道路段限速取值建议参考表5.4.1。

公路隧道路段建议限速取值　　表5.4.1

公路等级		限速取值
高速公路		隧道的设计速度
具有干线功能的一、二级公路	双洞单行	隧道的设计速度
	单洞双行	在隧道的设计速度基础上减少10～20km/h

(2)对于由小间距连续隧道所组成的隧道群路段,宜将整个隧道群路段作为一个限速区,采用隧道的限速值进行限速。

5.4.2　公路连续长陡下坡路段建议限速取值参见表5.4.2。

连续长陡下坡路段建议限速取值　　表5.4.2

公路等级	设计速度(km/h)	车型	限速取值(km/h)
高速公路、具有干线功能的一级公路	>80	小车	相邻一般路段限速
		大车	80
	80	小车	80
		大车	60或70
	<80①	小车	80
		大车	60
具有干线功能的二级公路		小车	80
		大车	60

注:①适用于已通车运营的按设计速度60km/h进行设计的高速公路、一级公路或其局部路段。

5.4.3 公路穿过居民密集的村镇、县城路段或城镇化路段时，限速取值建议参考表5.4.3。

穿村路段建议限速取值 表5.4.3

公路等级	穿村镇或城镇化路段限速取值(km/h)	穿县城路段限速取值(km/h)	备注
具有干线功能的一级公路	60~70	70~80	有人行道、机非隔离设施和行人过街信号灯
	50	60	无人行道、机非隔离设施或行人过街信号灯
具有干线功能的二级公路	50~60	60~70	有人行道、机非隔离设施
	40~50	50~60	无人行道、机非隔离设施

5.4.4 公路事故多发路段限速值宜根据事故特点、事故原因、事故车辆组成、公路线形、路侧环境等综合选取。一般宜在设计速度基础上降低10km/h或20km/h作为事故多发路段的限速值。同时，应尽量通过工程手段改善；条件困难时，应加强速度控制设施和安全警告标志。

5.4.5 路段长期存在相对固定的、受不良天气(雨、雾、雪等)影响严重的路段，宜在设计速度基础上降低10km/h或20km/h作为不良天气时的限速值。

5.4.6 公路的重要平交口或高速公路互通立交在具有干线功能的一、二级公路上的接入口，当未设置信号灯且视距不良时，宜在公路的平交口范围内限速。

一般宜在公路设计速度基础上降低10km/h或20km/h作为平交口限速值；若平交口前后一般路段的限速值高于设计速度，则宜采用设计速度作为平交口限速值。

5.5 限速值核查

5.5.1 根据公路限速方案流程(图5.2.1和图5.2.2)确定限速值后，需要对限速值的合理性和可实施性进行核查。

5.5.2 高速公路限速值的核查主要针对设计指标(即横断面组成与宽度、平曲线半径、平曲线超高、平纵面视距等)、车道功能、车型特点和公路路侧环境等进行相关核查，具体宜参见表5.5.2。

5.5.3 具有干线功能的一、二级公路限速值核查，主要针对设计指标(即横断面组成与宽度、平曲线半径、平曲线超高、平纵面视距等)车道功能、车型特点和路侧环境、混合交通、路侧干扰等进行核查，具体宜参见表5.5.3。

5.5.4 经过对限速值的核查，对于限速值比设计速度有所提高的路段，应提出基于相应的交通工程速度控制设施的设计方案，以保证提速后的运行安全性。

高速公路及具有干线功能的一级公路一般路段限速值核查表

表 5.5.2

设计速度（km/h）	最高限速推荐值（km/h）	内侧车道推荐值（km/h）	中间车道1推荐值（km/h）	中间车道2推荐值（km/h）	外侧车道推荐值（km/h）	适用范围
120①	小车 120	120	110	110	100	平曲线和竖曲线设计指标大于 120km/h 对应的一般值，其他平纵横指标至少应满足 120km/h 对应的最小值或极限要求；路面技术指标合格；视野开阔，视距充分；安全设施完善
	大车 100	—	—	100	100	
100	小车 120	110	110	100	100	平曲线和竖曲线设计指标大于 120km/h 对应的一般值，其他平纵横指标至少应满足 120km/h 对应的最小值或极限要求；路面技术指标合格；视野开阔，视距充分；安全设施完善
	大车 90 或 100	—	—	100	90	
	小车 110	100 ~ 110	100 ~ 110	100 ~ 110	90 ~ 100	平曲线和竖曲线设计指标介于 100km/h 设计速度对应的一般值和 120km/h 设计速度对应的一般值之间，其他平纵横指标满足 100km/h 的设计速度对应的一般值；路面技术指标合格；视野开阔，视距充分；安全设施较为完善
	大车 90 或 100	—	—	100	90	
	小车 100	100	90 ~ 100	90 ~ 100	90 ~ 100	平纵横设计指标均满足 100km/h 设计速度要求，且平曲线半径和竖曲线半径介于设计速度对应的极限值与一般值之间；路面技术指标合格；安全设施较为完善
	大车 80 或 90	—	—	90	80	

续上表

设计速度（km/h）	最高限速推荐值（km/h）	内侧车道推荐值（km/h）	中间车道1推荐值（km/h）	中间车道2推荐值（km/h）	外侧车道推荐值（km/h）	适用范围
80	小车100	100	90~100	—	90	平曲线和竖曲线设计指标大于100km/h对应的一般值，其他平纵横指标至少应满足100km/h对应的最小值或极限要求；路面技术指标合格；视野开阔，视距充分；安全设施完善
	大车80	—	80	—	80	
	小车90	90	80~90	—	80~90	平曲线和竖曲线设计指标介于80km/h设计速度对应的一般值和100km/h设计速度对应的一般值之间，其他平纵横指标满足80km/h的设计速度对应的一般值；路面技术指标合格；视野开阔，视距充分；安全设施较为完善
	大车80	—	80	—	80	
	小车80	80	80	—	80	平纵横设计指标均满足80km/h设计速度要求，并平曲线半径和竖曲线半径介于设计速度对应的极限值与一般值之间；路面技术指标合格；安全设施较为完善
	大车80	—	80	—	70	

续上表

设计速度（km/h）	最高限速推荐值（km/h）	内侧车道推荐值（km/h）	中间车道1推荐值（km/h）	中间车道2推荐值（km/h）	外侧车道推荐值（km/h）	适用范围
60	小车80	80	—	—	80	平曲线和竖曲线设计指标大于80km/h对应的一般值，其他平纵横指标至少应满足80km/h对应的最小值或极限要求；路面技术指标合格；视野开阔，视距充分；安全设施完善
	大车60	—	—	—	60	
	小车70	70	—	—	70	平曲线和竖曲线设计指标介于60km/h设计速度对应的一般值和80km/h设计速度对应的一般值之间，其他平纵横指标满足60km/h的设计速度对应的一般值；路面技术指标合格；视野开阔，视距充分；安全设施较为完善
	大车60	—	—	—	60	
	小车60	60	—	—	60	平纵横设计指标均满足60km/h设计速度要求，并平曲线半径和竖曲线半径介于设计速度对应的极限值与一般值之间；路面技术指标合格；安全设施较为完善
	大车50或60	—	—	—	50(60)	

注：①设计速度120km/h只适用于高速公路；具有干线功能、双向四车道及以上的一级公路，宜参照同一设计速度的高速公路限速值。

具有干线功能的二级公路一般路段限速值核查表 表 5.5.3

设计速度(km/h)	推荐最高限速值(km/h)	适用范围
80	小车 80 或 90 大车 70 或 80	平曲线和竖曲线设计指标满足 80km/h 设计速度对应的一般值要求,停车视距和超车视距、其他平纵横指标均满足 80km/h 的设计速度要求;路面技术指标合格,视野开阔,安全设施完善;在满足上述公路条件下:(1)当交通组成相对单一,完全无路侧干扰时,小车最高限速可取 90km/h;其他情况最高限速宜取 80km/h;(2)大车最高限速宜取 70km/h 或 80km/h
	小车 70 或 80 大车 60 或 70	平纵横设计指标均满足 80km/h 设计速度要求,且平曲线半径和竖曲线半径介于 80km/h 设计速度对应的极限值与一般值之间;路面技术指标合格;在满足上述公路条件下:(1)机非混行和路侧干扰基本不影响正常行车,安全设施比较完善,小车最高限速可取 80km/h,其他情况最高限速宜取 70km/h;(2)大车最高限速宜取 60km/h 或 70km/h
60	小车 70 或 80 大车 60 或 70	平曲线和竖曲线设计指标满足 80km/h 设计速度对应的一般值要求,停车视距和超车视距、其他平纵横指标均满足 80km/h 的设计速度要求;路面技术指标合格;安全设施完善,视野开阔;在满足上述公路条件下:(1)基本无机非混行和路侧干扰,小车最高限速可取 80km/h;其他情况最高限速宜取 70km/h;(2)大车最高限速宜取 60km/h 或 70km/h
	小车 60 或 70 大车 50 或 60	平曲线和竖曲线设计指标介于 60km/h 设计速度对应的一般值和 80km/h 设计速度对应的一般值之间,其他平纵横指标满足 60km/h 的设计速度对应值;路面技术指标合格;视野开阔;在满足上述公路条件下:(1)基本无机非混行和路侧干扰,安全设施较为完善,小车最高限速可取 70km/h;其他情况最高限速宜取 60km/h;(2)大车最高限速宜取 60km/h 或 70km/h
	小车 60 大车 50 或 60	平纵横设计指标均满足 60km/h 设计速度要求,且平曲线半径和竖曲线半径介于设计速度对应的极限值与一般值之间;路面技术指标合格;机非混行和路侧轻微干扰正常行车,安全设施较为完善

5.6　建议限速取值

5.6.1　建议限速取值应比相邻一般路段的限速值低，一般差值为10～20km/h，同时，建议限速不应大于路段的设计速度，才能发挥其真正的提示和警告作用，并保证运行安全性。

5.6.2　对于限速值大于设计速度值的路段（即提高限速路段），存在相对独立的急弯、陡坡等危险点时：

（1）若危险点的线形指标满足提高限速后对应指标的极限最小值，则宜在危险点前设置建议限速，建议限速值不大于设计速度。

（2）若危险点的线形指标小于提高限速后对应指标的极限最小值，则应在危险点前设置限速，限速值取设计速度。

5.7　限速区最小长度

5.7.1　为使驾驶员在一个限速区内能够有较为充足的时间保持稳定的行车速度，使车辆速度变化更为平顺，避免限速变化频繁，宜保证每个限速区间都具有较为充足的长度。

5.7.2　限速区最小长度推荐值见表5.7.2。

限速区最小长度推荐值　　表5.7.2

限制速度（km/h）	120	110	100	90	80	70	60	50	40
限速区最小长度（km）	10.0	10.0	2.0	0.9	0.8	0.7	0.6	0.5	0.4

5.7.3　限速区最小长度不宜连续使用；若限速区间隔较密，宜考虑适当合并。

5.7.4　公路穿过居民密集的村镇、县城路段、城镇化路段，经过重要学校、医院或事故多发路段时，限速区最小长度可按表5.7.2所列长度进行适当折减。

5.8　限速区过渡段长度

5.8.1　当公路从限速值较高的限速区向限速值较低的限速区过渡，限速差值不低于20km/h时，为使驾驶员安全、从容地减速，宜在两个限速区之间设置限速区过渡段，且宜设置相应的提示标志。

5.8.2　限速区过渡段的位置见图5.8.2，限速区过渡段长度推荐值见表5.8.2。

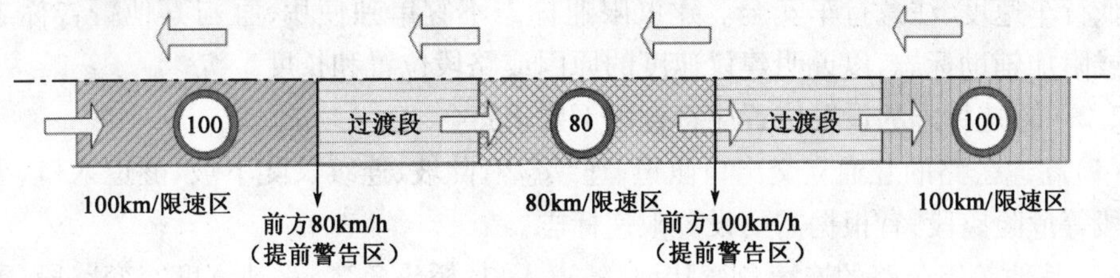

图5.8.2　限速过渡段位置示意图

限速区过渡段长度推荐值 表5.8.2

后一个限速区(km/h)		100	90	80	70	60
前一个限速区(km/h)	120	550	600	600	650	650
	110	—	500	550	550	550
	100	—	—	450	500	500
	90	—	—	—	400	400
	80	—	—	—	—	350

注:长陡下坡路段视具体情况应适当增加过渡段长度。

6 速度控制设施

6.1 一般规定

6.1.1 速度控制设施应根据设施本身的特点、公路交通环境、驾驶行为、交通管理水平、车辆运行速度、交通事故等情况,科学合理地选择。

6.1.2 速度控制设施宜与其他相关的交通标志、交通标线、动态交通信息发布设施等配合使用,及时为公路使用者提供准确可靠的信息。

6.1.3 速度控制设施按照其使用时控制路段的长度可分为断面型和区段型,宜根据实际情况进行选择和设置。

6.1.4 多种速度控制设施的合理配合使用,可使综合使用效果得到提高。

6.2 限速标志

6.2.1 限速标志的设置应符合以下条件:

(1)公路限速标志的版面内容、视认距离、大小、形状、支撑方式、支撑结构和材料要求,应符合现行《道路交通标志和标线》(GB 5768—2009)和《公路交通标志和标线设置规范》(JTG D82—2009)中的相关规定。

(2)限速标志宜与辅助标志或其他警告标志、减速标线、减速路面、监控抓拍设施等配合使用,使限速达到预期的安全和效率目标,起到较好的控速效果。

(3)在急弯、陡坡、交叉口等危险路段,可考虑设置建议限速标志,以警告和提醒驾驶员降低行车速度、注意行车安全。建议限速标志不宜单独使用,宜与其他警告标志联合使用或附加辅助标志,以说明建议速度的原因或路段位置和长度。

6.2.2 限速标志的设置位置应符合以下要求:

(1)高速公路的互通立交出口匝道、连续急弯陡坡、连续长陡下坡、隧道入口、事故多发路段等危险路段,宜根据需要设置限速标志。

(2)其他等级公路的连续急弯陡坡、隧道入口、桥头急弯、路基宽度突变路段、重要平面交叉路口之前、穿人群密集的村镇、学校路段、视距不良路段、事故多发的路段和其他有必要提醒驾驶员限制车速的路段,应根据需要设置限速标志。

6.3　横向振动减速标线

6.3.1　横向振动减速标线的设置条件:

(1)横向振动式减速标线适用于高速公路及各种等级公路,可设置于沥青路面或水泥路面。

(2)横向振动式减速标线宜与警告标志或限速标志、监控抓拍设施等配合使用,以便起到较好的速度控制效果。

6.3.2　横向振动减速标线的设置位置:

(1)高速公路的收费站之前、互通立交出口匝道之前、隧道进口之前与出口之后、急弯陡坡、长陡下坡路段、超速易引发重大事故或二次事故的危险路段,以及其他需要车辆减速或提醒驾驶人注意行车安全的地方,宜设置横向振动式减速标线。

(2)其他等级公路的收费站、检查站,路基宽度突变、桥头急弯路段之前,人群密集的村镇和学校之前,与较高等级公路的接入口之前,视线不良的小型平交口之前,以及急弯陡坡、隧道入口之前,事故多发路段等位置,和其他需要车辆减速或提醒驾驶人注意行车安全的地方,宜设置横向振动式减速标线。

6.3.3　横向振动减速标线的设置方法:

(1)对于公路主线和匝道的各类收费站、检查站,公路路基宽度突然变化的路段,以及高速公路互通立交出口匝道、各等级公路急弯陡坡、隧道口、事故多发的平交口之前等重点路段,希望车辆经过振动减速标线后的断面上,能将车速降低到一个较低的期望车速。此时,横向振动式减速标线宜根据驶入速度、设置长度、期望末速度等进行计算,减速度可取 $1.8m/s^2$,并使车辆经过各道振动减速标线的时间基本相等。

横向振动式减速标线应设置在需要提示的重点路段之前,设置长度不宜小于5s运行速度长度。

(2)对于长陡下坡、连续弯坡组合等路段,希望能在较长的区段内提示驾驶员减速,并控制车辆保持一个较低的运行速度。此时,横向振动式减速标线宜设置在需要提示的重点路段的全长设置,可根据实际情况间隔设置,设置总长度宜与重点路段同长。

(3)横向振动式减速标线的标线厚度、设置组数、每组间距、每组道数、每道间距等,宜根据实际情况和对车辆减速的期望具体计算和设置。

6.4　纵向视觉减速标线

6.4.1　纵向视觉减速标线的设置条件:

(1)纵向视觉减速标线可设于高速公路、一级公路和二级公路的沥青路面或水泥路面上,当设置在黑色路面上时,纵向视觉减速标线的提示和减速效果较好。

(2)纵向视觉减速标线宜与减速路面、横向振动式减速标线,或限速标志、监控抓拍设施等配合使用。

6.4.2 纵向视觉减速标线的设置位置：

(1)高速公路的隧道进口之前与出口之后、急弯陡坡、长陡下坡、视距不良路段、互通立交出口匝道及相应主线、小半径曲线桥梁路段，以及其他需要车辆减速或提醒驾驶人注意行车安全的地方，宜设置纵向视觉减速标线。

(2)一级公路、二级公路的隧道进口之前与出口之后，急弯陡坡、长陡下坡、视距不良路段，路基宽度突变路段，桥头急弯路段，穿越人群密集的村镇、学校路段，以及其他需要车辆减速或提醒驾驶人注意行车安全的地方，宜设置纵向视觉减速标线。

6.4.3 纵向视觉减速标线的设置方法：

(1)纵向视觉减速标线宜从需要提示的重点路段之前开始设置，并延伸进重点路段至少5～10s运行速度长度，也可根据需要在重点路段全段长度之内连续设置。

(2)纵向视觉减速标线一般平行于车道分界线或路缘线设置平行四边形虚线块，长度与间隔均宜为1m，宽度宜为0.3m。在起始位置宜设置30m左右的渐变段，虚线块由窄变宽。当设置长度较短时，可取消渐变段。

(3)纵向视觉减速标线一般采用白色热熔型高亮度标线涂料；当在水泥混凝土路面上设置时，为避免白色标线与灰色路面颜色相近，可采用黄色热熔标线，但此时设置距离不宜过长。

6.5 减速丘

6.5.1 减速丘的设置条件：

(1)减速丘可根据实际情况设置于运行速度较低的三、四级公路，等外的通乡、通村公路，以及小区、厂区公路上；高速公路，具有干线功能的一、二级公路等车速较高的公路主线不宜使用。

(2)减速丘应与减速丘警告标志共同配合使用，提前告知驾驶员，降低其带来的负面影响。

6.5.2 减速丘的设置位置：

(1)高速公路、一级公路、二级公路。对于高速公路、一级公路、二级公路主线，原则上不宜设置减速丘，以避免车辆高速通过减速丘时，产生剧烈的颠簸，使转向控制失稳，对驾驶员和车辆造成伤害。

对于高速公路、一级公路、二级公路的主线收费站或匝道收费站，为使进入收费岛车辆的车速降低到安全水平，可在进入收费岛之前设置减速丘，但应配合相应的警告标志和标线。

(2)三级公路、四级公路。对于三、四级公路及等外路，可在事先采用警告标志提示的前提下，在必要的路段设置减速丘。

(3)公路接入口。对于较低等级公路或等外路汇入较高等级公路的平交式接入口，为避免车辆突然驶入较高等级公路主线时所形成的安全隐患，宜在接入口之前的较低等级公路或等外路上设置减速丘。减速丘应与路口让行标志、标线等结合设置。

(4)减速丘的设置位置不宜与居民房屋距离过近,且在货车经常通过的路段,不宜设置减速丘,以避免车辆经过时产生剧烈颠簸,同时,也避免货物在振动中掉落伤人。

6.5.3　减速丘的设置方法:

(1)常用的减速丘一般按照形状分为减速带和减速台。减速带较窄,产生的颠簸感强烈;减速台较宽,车辆产生的颠簸感比减速带轻。

(2)减速带可采用橡胶减速带成型产品或混凝土预制块减速带。减速带应醒目,其前方应设置警告标志或标线,提示驾驶员提前减速。

(3)减速台是在路幅宽度内比正常路面隆起的强制性减速设施。与一般减速带不同的是,减速台的顶面较宽,整体较平缓,可以避免车辆高速通过时所产生的剧烈颠簸和噪声,同时起到降低车辆运行速度的作用。

减速台可采用水泥混凝土、沥青混凝土等材料制作,其断面形式一般为平顶,前后接弧线形,尺寸应保证减速带相对平缓。

减速台前方应设置警告标志或标线,在减速台的表面宜设置反光标线,提示驾驶员提前减速。

6.6　减速路面

6.6.1　减速路面的设置条件:

(1)公路常用的减速路面一般有薄层彩色减速防滑路面和弹石(砾石)减速路面。

(2)薄层彩色减速防滑路面一般适用于高速公路、一级公路及有条件的二、三级公路。

(3)弹石(砾石)减速路面一般适用于三、四级公路和等外的通乡、通村公路等。

(4)减速路面宜与警告标志或限速标志等配合使用,以便起到较好的效果。

6.6.2　减速路面的设置位置:

(1)高速公路、一级公路及有条件的二、三级公路的隧道进口之前和出口之后,超速易引发重大事故或二次事故的危险路段,易发生侧滑引发交通事故的路段,小半径曲线桥梁路段,急弯陡坡路段,长大下坡路段以及互通立交匝道出口,收费站之前等路段宜设置薄层彩色减速防滑路面。

(2)一般的三、四级公路和等外的通乡、通村公路的急弯陡坡路段,易发生侧滑引发交通事故的路段,路基宽度突变和桥头急弯路段之前,人群密集的村镇和学校路段,视线不良的驼峰竖曲线路段,与高等级公路的接入口之前以及视线不良的小型平交口之前等宜设置弹石(砾石)减速路面。

6.6.3　减速路面的设置方法:

(1)薄层彩色减速防滑路面宜为砖红色,从需要提示的重点路段之前开始设置,并延伸进重点路段至少5~10s运行速度长度,也可根据需要在重点路段全段设置。

薄层彩色减速防滑路面可在车道内连续铺设或间隔铺设。当进行间隔铺设时，间距宜为15m，段落长度宜为15m，当铺设距离较长时，宜在起始位置铺设过渡段。

薄层彩色减速防滑路面可与纵向视觉减速标线共同配合使用。

(2)弹石(砾石)减速路面可在车道内间隔设置或连续设置。当进行间隔设置时，每段长度宜为15m，不少于2组，段落间距宜为15m；连续减速路面可设置在陡下坡坡段内，设置长度比下坡坡长略短。

弹石(砾石)减速路面应与限速标志配合设置。

6.7 其他速度控制设施

6.7.1 视错觉减速标线：

(1)视错觉减速标线是将二维平面的彩色标记设置在路面上，利用人眼和感官的视错觉，使驾驶员看到三维立体的标记，从而引起驾驶员注意，降低车速。

(2)视错觉减速标线一般分为横向视错觉标记和纵向视错觉标线。

(3)视错觉减速标线可设置在各等级的公路上，由于其造价较高，使用寿命较短，很少在低等级公路使用。

(4)视错觉减速标线的设置位置宜参考横向振动减速标线和纵向视觉减速标线。

(5)横向视错觉标记应成排设置，不应单独孤立的设置横向视错觉标记。

(6)视错觉减速标线的具体形状和颜色，应在小区域内铺设实验，观察实际效果后，再在公路上大面积实施。

6.7.2 交通静化技术涉及的速度控制措施：

(1)水平速度控制可采用交通花坛(环岛)和波纹路等措施。交通花坛用于村镇内部交通量不大、无大型车辆的低等级公路交叉口；波纹路适用于大型车不多的通村公路或穿村路段。

水平速度控制措施应与交通标志标线配合使用。

(2)垂直速度控制可采用平缓减速丘和减速台等设施。

垂直速度控制措施应与交通标志标线配合使用。

(3)车道断面窄化可采用路面窄化、中心岛窄化和交叉口瓶颈化等措施。路面窄化适用于车流量不大的村镇路段；中心岛窄化适用于交通量不大且路面较宽的村镇路段。

车道断面窄化措施应与交通标志标线配合使用。

7 控制设施组合设计

7.1 一般规定

7.1.1 各种速度控制设施宜科学组合利用，提高控制设施的控制效果。通常可按照如下优先顺序采用组合方式：

(1)限速标志与超速监控组合。

(2)限速标志与振动式减速标线(或减速路面、减速丘)组合。

(3)限速标志与视觉减速标线组合。

(4)振动式减速标线与视觉减速标线组合。

(5)视觉减速标线与彩色防滑路面组合。

(6)多种设施综合设置。

7.1.2　组合速度控制设施的有效作用范围应与预期控制的路段长度相匹配。

7.1.3　多种速度设施可优化组合,断面型速度控制设施和路段型速度控制设施宜结合使用,提高控制速度的效果。

7.1.4　危险区段的速度控制设施,若采用多种断面型速度控制设施相组合,宜注意应在重点位置重复设置;若采用多种路段型速度控制设施相组合,应注意在危险区间加强标志警示。

7.2　限速标志与速度监控设施

7.2.1　设置条件:

(1)限速标志与速度监控(超速图像抓拍、雷达测速等)组合设施可设置在各种等级公路上,提高公路安全性和驾驶员守法意识。

(2)长距离的危险路段内如果由于超速引发多起事故,应连续多次设置监控设施扩大其作用范围。

7.2.2　设置位置:

(1)高速公路的长大隧道入口、超速易引发重大事故或二次事故的危险路段应设置;急弯陡坡路段、长大下坡路段、临水临崖路段、立交桥区等,宜配合监控中心设置地点、条件设置。

(2)其他等级公路的长隧道入口、行人和机动车冲突严重路段、因超速多次危及公路使用者交通安全的路段和交叉口、超速易引发重大事故或二次事故的等危险路段应设置;急弯陡坡路段、长大下坡路段、临水临崖路段、立交桥区等,宜配合监控中心设置地点、条件设置。

7.2.3　设置方法:

(1)设置位置应在危险路段之前,距离危险点不宜过远,并与危险点尽量通视。限速标志、超速抓拍设施与危险点之间的距离宜在10s限速行程以内。

(2)在设置超速监控之前,应先设置限速标志、前方测速区标志或监控标志,且超速监控与限速标志、前方测速区标志宜保持通视。

(3)限速标志与速度监控设施的设置位置,宜结合现有的交通工程设施设置,高速公路及四车道以上等级公路的监控设施可附着在门架或者分离式立交桥下。

(4)限速标志与超速抓拍设施组合设计如图7.2.3-1和图7.2.3-2所示。

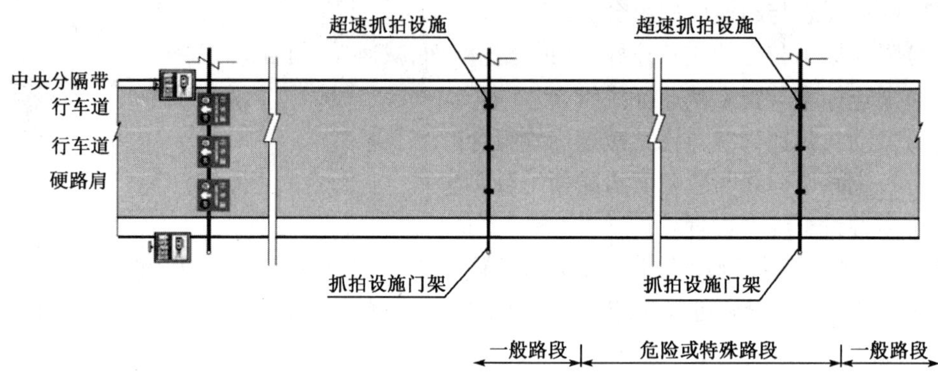

图 7.2.3-1　高速公路限速标志与超速抓拍设施组合设计图

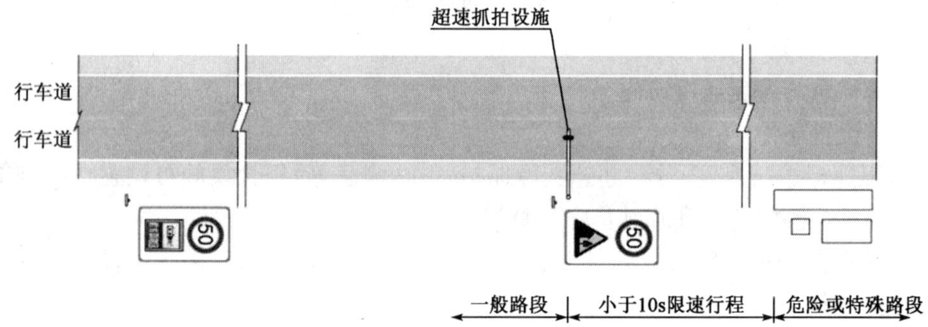

图 7.2.3-2　等级路限速标志与超速抓拍设施组合设计图

7.3　限速标志与横向振动减速标线

7.3.1　设置条件：

(1)限速标志与横向振动减速标线组合设施可设置在各种等级公路上,提高公路的安全性。

(2)减速标线设置长度应根据需要进行速度控制的路段长度来确定。

7.3.2　设置位置：

(1)高速公路的急弯陡坡、长大下坡、主线收费站、减速车道、隧道进口以及因超速容易诱发事故的危险路段应设置。

(2)等级公路的急弯陡坡、长大下坡、视距不良路段、路侧险要路段、路基宽度突变路段、交通冲突严重的路段和交叉口、隧道进口以及因超速容易诱发事故的其他危险路段应设置。

7.3.3　设置方法

(1)限速标志与横向振动减速标线组合设施设置的位置应在危险路段之前,距离危险点不宜过远,宜与危险点互相通视;振动标线末端与危险点之间的距离宜在 10s 限速行程以内。

(2)减速标线的设置方法应参照前述章节进行计算,减速标线末端的期望速度可假定为限速标志所示的限速值。

(3)限速标志与横向振动减速标线组合设计如图7.3.3所示。

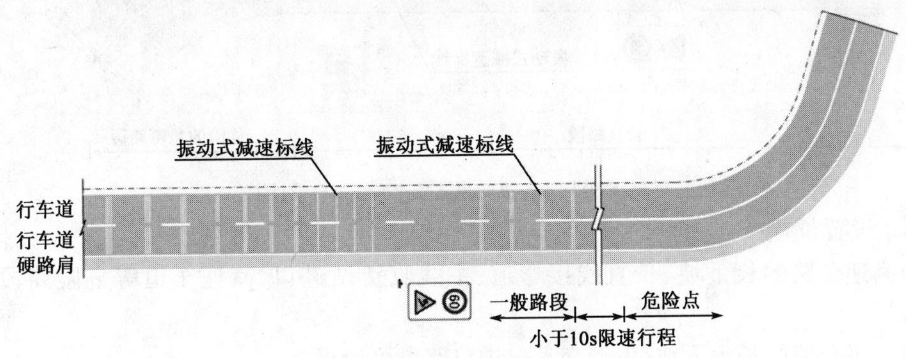

图7.3.3　限速标志与横向振动减速标线组合设计图

7.4　限速标志与纵向视觉减速标线

7.4.1　设置条件:

(1)限速标志与纵向视觉减速标线组合设施可设置在高速公路和一级、二级公路上,提高公路的安全性。

(2)纵向视觉减速标线设置长度应根据需要进行速度控制的路段长度来确定,通常不宜小于100m。

7.4.2　设置位置:

(1)高速公路的长下坡、长直线接弯道、主线收费站进口、减速车道等危险路段可设置。

(2)一级和二级公路的长大下坡、长直线接弯道、大型交叉口进口路段可设置。

7.4.3　设置方法:

(1)纵向视觉减速标线设置的位置宜在危险路段之前100m左右开始,直到危险路段结束全路段设置。

(2)限速标志宜设置在纵向视觉减速标线起始之后附近。

(3)限速标志与纵向视觉减速标线组合设计如图7.4.3所示。

7.5　振动式减速标线与视觉减速标线

7.5.1　设置条件:

(1)振动式减速标线与视觉减速标线组合设施可设置在高速公路和一级公路,提高公路的安全性。

(2)振动式减速标线与视觉减速标线设置长度应根据需要进行速度控制的路段长度来确定。

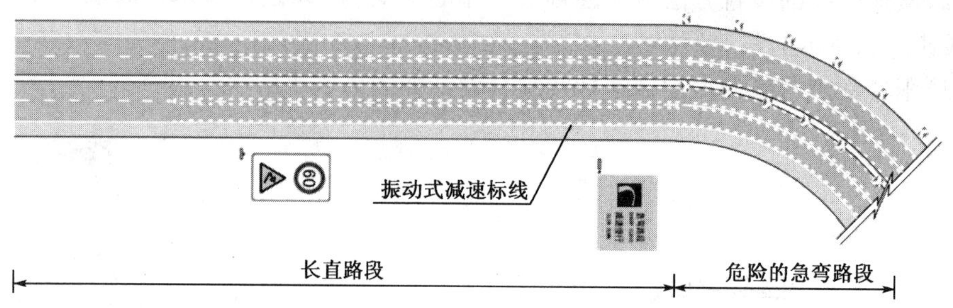

图 7.4.3　限速标志与纵向视觉减速标线组合设计图

7.5.2　设置位置：

（1）高速公路的长下坡、长直线接弯道、主线收费站进口、减速车道等危险路段可设置。

（2）一级公路的长大下坡、大型交叉口进口路段可设置。

7.5.3　设置方法：

（1）视觉减速标线宜在接近危险路段前适当位置开始，并连续设置直到危险路段结束。

（2）振动式减速标线宜在视觉减速标线起点同时设置，并根据需要每隔一定距离重复设置，直到到达危险点之前结束。

（3）振动式减速标线与纵向视觉减速标线组合设计如图 7.5.3-1 和图 7.5.3-2 所示。

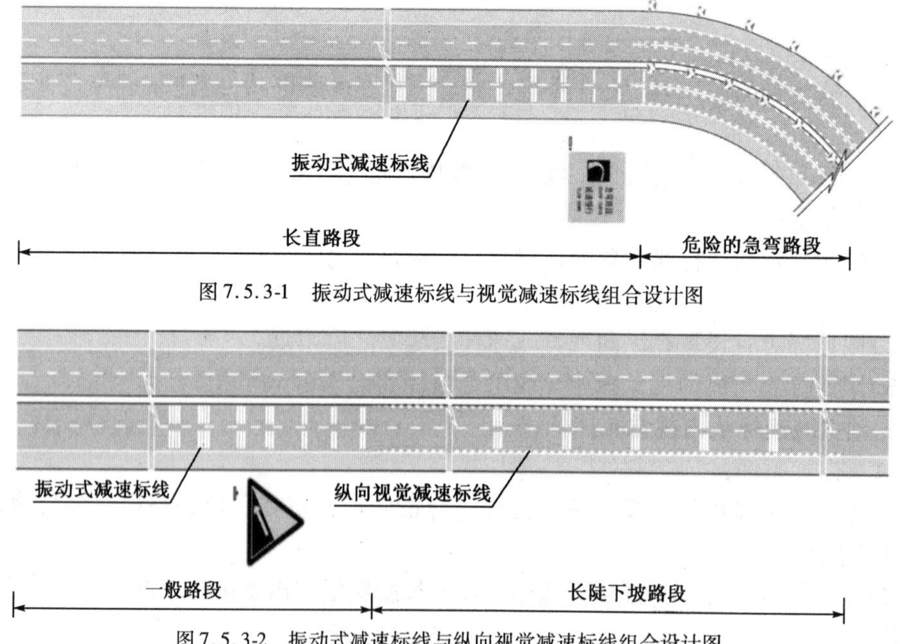

图 7.5.3-1　振动式减速标线与视觉减速标线组合设计图

图 7.5.3-2　振动式减速标线与纵向视觉减速标线组合设计图

7.6　视觉减速标线与彩色防滑路面

7.6.1　设置条件:

(1)视觉减速标线与彩色防滑路面组合设施可设置在高速公路或者一级公路,提高公路的安全性。

(2)设置长度应根据需要进行速度控制和防滑路段的长度来确定。

7.6.2　设置位置:

(1)高速公路多雾多雨的湿滑路段、隧道进出口、避险车道分流车道、特大桥桥面、长直线接急弯等危险路段可设置。

(2)一级公路的多雾多雨湿滑路段、隧道进出口、长大下坡末端接急弯等危险路段可设置。

7.6.3　设置方法:

(1)视觉减速标线宜在接近危险路段前适当位置开始,并连续设置直到危险路段结束。

(2)彩色防滑路面宜在视觉减速标线起点同时设置,或直接设置到危险点结束或根据需要每隔一定距离重复设置,直到通过危险点之后结束。

(3)视觉减速标线与彩色防滑路面组合设计方法如图7.6.3所示。

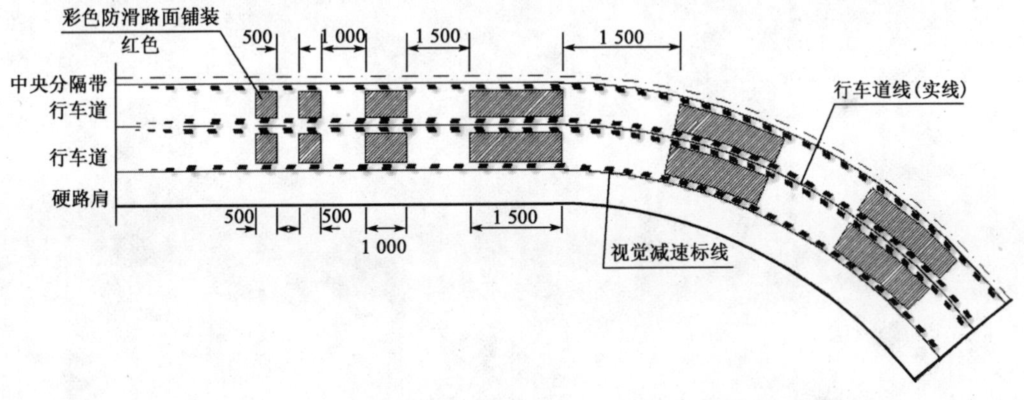

图7.6.3　彩色防滑路面与视觉减速标线组合设计图(尺寸单位:cm)

8　用词说明

对执行指南条文严格程度的用词,采用以下写法:

(1)表示很严格,非这样做不可的用词:正面词采用"必须";反面词采用"严禁"。

(2)表示严格,在正常情况下均应这样做的用词:正面词采用"应";反面词采用"不应”或“不得”。

(3)表示允许稍有选择,在条件许可时首先应这样做的用词:正面词采用“宜”;反面词采用“不宜”。

(4)表示有选择,在一定条件下可以这样做的,采用“可”。

(5)条文中指明应按其他相关标准、规范执行的写法为“应按……执行”或“应符合……要求或规定”。

附件 2

《公路速度限制与速度控制技术指南》条文说明

1 总则

1.0.1 为合理进行公路速度限制和速度控制，建立安全、高效的公路网，根据《中华人民共和国公路法》、《中华人民共和国道路交通安全法》、《中华人民共和国道路交通安全法实施条例》、《道路交通标志和标线》(GB 5768—2009)、《公路交通安全设施设计规范》(JTG D81—2006)、《公路交通标志和标线设置规范》(JTG D82—2009)等法律、法规、标准和规范的规定，以交通运输部 2007 课题《西部地区公路速度限制标准与速度控制技术研究》、《西部地区公路运行速度特征与应用模型的研究》的调研和研究成果为基础，结合我国公路运行和管理实际情况，编制本指南。

1.0.2 根据《西部地区公路速度限制标准与速度控制技术研究》项目的研究内容，本指南适用于新建和已投入运营的高速公路，以及具有干线功能的一、二级公路设定最高限速值，其他公路设定最高限速值可以本指南作为参考。此外，本指南也适用于各种公路设置速度控制设施。

1.0.3 目前，我国公路上运行的车辆类型较多，但是小客车与其他大型车辆、载重车辆的运行特性具有显著的差异，《公路工程技术标准》(JTG B01—2003)2.0.1 条款公路设计所采用的设计车辆外廓尺寸的规定——小客车的轴距为 3.8m，因此，《西部地区公路速度限制标准与速度控制技术研究》以轴距 3.8m 为基准线，将所有公路车辆分为两种类型：轴距小于等于 3.8m 的车辆归为小车(后文提到的小车均指此类车)，轴距大于 3.8m的车辆归为大车。

为与《中华人民共和国道路交通安全法》、《中华人民共和国道路交通安全法实施条例》中限速相关的条文相对应，提高限速的法律效力和可实施性，本指南所讨论的限速车型中，小车对应交通安全法中的小型载客汽车，大车对应交通安全法中的其他汽车(包括大客车、各类货车)。

1.0.4 高速公路最低限速值和恶劣气候条件下的最高限速值应依照国家现行的《中华人民共和国道路交通安全法》设定，具体如下：

第七十八条　高速公路应当标明车道的行驶速度，最高车速不得超过每小时 120km，最低车速不得低于每小时 60km。同方向有两条车道的，左侧车道的最低车速为每小时 100km；同方向有三条以上车道的，最左侧车道的最低车速为每小时 110km，中间车道的最低车速为每小时 90km。道路限速标志标明的车速与上述车道行驶车速的规定不一致的，按照道路限速标志标明的车速行驶。

第八十一条　机动车在高速公路上行驶，遇有雾、雨、雪、沙尘、冰雹等低能见度气象条件时，应当遵守下列规定：

（一）能见度小于 200m 时，开启雾灯、近光灯、示廓灯和前后位灯，车速不得超过每小时 60km，与同车道前车保持 100m 以上的距离。

（二）能见度小于 100m 时，开启雾灯、近光灯、示廓灯、前后位灯和危险报警闪光灯，车速不得超过每小时 40km，与同车道前车保持 50m 以上的距离。

（三）能见度小于 50m 时，开启雾灯、近光灯、示廓灯、前后位灯和危险报警闪光灯，车速不得超过每小时 20km，并从最近的出口尽快驶离高速公路。

遇有前款规定情形时，高速公路管理部门应当通过显示屏等方式发布速度限制、保持车距等提示信息。

3　制订限速方案的一般流程

3.0.1　由于处于新建公路（未开通运营）与运营阶段的公路的限速问题有着较大的区别，如新建公路（未开通运营）无法实测运行速度等，故本指南考虑将公路限速方案的制订一般流程分为运营阶段公路和新建公路（未开通运营）分别考虑。

3.0.2　运营阶段公路限速方案的制订过程主要参考依据为法律法规、公路设计指标（包括横断面宽度、平曲线半径、平曲线超高、竖曲线半径、平均纵坡、平纵面视距等）、交通流特点（交通组成等）、车辆运行速度分布特点和离散性特点（包括 85% 位车速、行程车速等）、路侧环境（包括连续长陡坡、隧道与隧道群、路侧干扰、沿线土地开发强度和进出口密度、不良天气分布等）以及交通事故（包括事故分布特点以及由于超速造成事故的相对集中点等）。

（1）根据以上因素初步确定限速值并提出限速方案。

（2）针对限速方案的设计指标（即横断面组成与宽度、平曲线半径、平曲线超高、平纵面视距等）、车道功能、车型特点和路侧环境、混合交通、路侧干扰等进行核查。

（3）当核查的指标难以满足安全行车要求时，应修改限速方案，降低相应的限速值；当核查的指标仅影响行车舒适性，对行车安全影响不大时，应通过交通工程速度控制设施加以改善。

（4）若公路存在部分相对独立的急弯、陡坡、视距不良等危险点无法划归到一般路段和特殊路段中，可以设置相应的限速区。对于这些相对独立的危险点，宜综合考虑其设计指标和实际情况，采用建议限速解决。

(5)综合考虑各相关因素,提出最终的限速方案,并通过设置限速标志和标线、速度控制设施,采用限速监控设备、速度信息发布设备,以及采用必要的限速执法管理进行实施。

3.0.3 新建公路(未开通运营)限速方案制订的一般流程。

新建公路(未开通运营)由于不可能实际观测车辆的运行速度,也无法取得交通事故数据,故其限速方案的可实时性和准确性比运营阶段公路低。鉴于以上问题,本指南提出两种限速方案的制订方法。

(1)以设计速度为限速基础,全线以设计速度实施限速是相对保守又相对可靠的方法,在没有实测数据的情况下,是进行交通工程设计相对可靠的依据,本指南推荐此方法。

(2)另外一种方法为参考运营阶段公路限速方案的制订流程,将实测运行速度环节采用预测运行速度代替,初步确定限速值并提出限速方案,经过设计指标核查后实施限速方案,同时,应考虑在设计阶段根据运行速度预测与协调性评价结果,在必要的路段设置相应的交通安全速度控制设施。

新建公路(未开通运营)无论采取什么方法确定限速方案,都应在运营一段时间后,收集公路的交通事故、车辆运行速度等数据,采用运营阶段公路限速方案制订流程,优化、调整限速方案和速度控制设施,以使其适应公路实际行车安全的要求。

3.0.4 由于公路车辆的运行特征以及公路自身的运行条件等是一个随时间变化的过程,故限速方案也不应是一成不变的,应根据公路的实际运营情况进行定期(1~3年)后评价,采用实测运行速度和行程车速的方法,参考交通事故分布,对现有限速方案进行调整和优化。主要考虑提高限速值被执行的可行性、在事故多发路段增设限速标志或速度控制设施、重新调整限速路段、优化速度控制设施等方法。

4 限速形式

4.1 限速形式选择原则

由于各种等级公路的平纵横设计要素、在路网中的功能地位、公路交通组成、车辆的车速特点、驾驶员习惯、路侧开发强度、气候环境等特点各不相同,而且这些特点在很大程度上都会直接影响到驾驶员的速度选择和行车安全,因此,在速度管理中应采用与这些特点相适应的限速形式,才能有效提高公路的通行效率,保障行车安全,促进驾驶员守法的自觉性。

经过调研发现,目前国内外各种等级公路的限速形式主要有:全段统一限速、分区段限速、分车型限速、分车道与分车型结合限速、可变限速、建议限速等形式。各种限速形式在分类上有交叉,且考虑的侧重点不尽相同。如全段统一限速和分区段限速,主要从公路设计指标的均衡性特点来考虑选择限速值;分车型限速主要从我国小客车和载货汽车的速度特点来考虑选择限速值;分车道及分车型结合限速则侧重车型速度特点和车道功能来考虑选择限速值;特殊气候可变限速则侧重从恶劣气候条件和突发紧急情况等来考虑选择限速值。

由于各种限速形式有各自的优缺点和适用范围,为了提高限速的效果,不仅应根据公路交通条件特点将限速形式进行优化组合,实现优势互补,而且应与速度控制设施配合使用,才能达到较好的预期效果。

4.2 全段统一限速

所谓全段设计指标比较均衡是指:公路全段采用相同的设计速度,平曲线半径、纵坡、竖曲线半径等设计指标前后相差不大,无明显的突变点。

交通组成无明显变化是指:公路全段交通组成不因互通立交和平面交叉口的车辆出入而改变或者基本保持不变。

此外,实践证明,全段统一限速还需要满足各类车型的车速差异不大、基本无路侧干扰、无事故多发路段或者事故多发点,这样采用统一的限速值才能保证安全和效率的协调。

全段统一限速具有实施方便、操作简单等优点,但是由于单一的限速值要求的适用条件比较严,特别是在路线距离长和指标不够均衡的情况下,不容易选择科学合理的限速值。因此,这种限速方法适用面窄,特别当以设计车速为基础设定的限速值不能真实反映公路实际行车状况,与车辆实际运行速度不一致时,容易引起驾驶员的不满与抱怨,产生限速标志可信度下降、执法压力增大、执法公信力降低等一系列问题。

4.3 分区段限速

分区段限速,即将公路按照线形条件、交通流组成特点、路侧环境和气候条件等因素以及交通事故分布情况划分为若干个限速区,各限速区根据速度特性确定不同的限速值。这种限速方法能切实反映各限速路段的安全行车条件,体现不同路段的速度特征,因此,分区段限速是较科学、具有较好推广价值的一种限速形式。

分区段限速特别适用于公路设计指标不均衡(尤其是根据地形特点分段采用不同的设计速度,存在局部路段比较集中地采用极限或低限设计指标)、或者进入某路段后交通特性发生明显变化的情况。

限速区划分是一项较为困难的工作,目前尚无定量的方法或严格的准则可以参照,在划分时通常需要考虑多种因素并结合工程技术人员的经验来确定。限速区划分应遵循驾驶员的驾驶速度适应性和协调性准则,否则,限速路段划分不妥容易出现限速失效或者带来新的安全问题。

4.4 分车型限速

由于车辆的动力性能不同,小车和大车(特别是载货汽车)的行车速度会出现差异,公路交通条件难以同时满足不同车型安全运行的需要,因此,在一定路段综合考虑公路功能、通行效率、车辆运行安全和运营管理的需要,对不同车型实施不同的限速标准,从而节约小客车运营的时间成本,优化路网的通行效率。

分车型限速考虑了不同车型车辆间的性能差异,有助于改善特定类型车辆的安全运行状况。但是,车型分类的不确定性和多样性往往是最主要的障碍,目前国外通常按小型车和载重车辆划分车型;《西部地区公路速度限制标准与速度控制技术研究》项目根据《公路工程技术标准》(JTG B01—2003)按照车辆轴距将车辆分为小车和大车两类。

在实际交通运行中,小车的性能明显高于载货车辆,小车的动力性能优势在高速公路,干线一、二级公路上体现非常明显,因此,主要将小车单独划分,单独考虑。在我国,大客车的实际机动性能与小客车已经十分相近,通过实际调查,在高速公路无限速标志路段,大客车的实际运行速度可以达到110km/h以上,但是,由于其载客安全风险和发生交通事故的严重程度均远大于小客车,偏于安全考虑,《中华人民共和国道路交通安全法》规定,在高速公路上行驶的大客车速度不得超过100km/h,本指南分车型限速也将小客车与大客车分别考虑,将大客车划归大车。

为与《中华人民共和国道路交通安全法》、《中华人民共和国道路交通安全法实施条例》中限速相关的条文相对应,提高限速的法律效力和可实施性,本指南所采用的限速车型中,小车对应交通安全法中的小型载客汽车,大车对应交通安全法中的其他汽车(包括大客车、各类货车)。

实施分车型限速可能增加同一断面相继来临车辆间的速度差,增加换车道、超车的概率,可能引发更多的追尾事故、正面相撞事故或者侧面刮擦事故。为了避免分车型限速的潜在安全问题,对于高速公路,分车型限速宜与分车道限速结合使用;对于具有干线功能的一、二级公路,分车型限速宜与分区段限速或分车道限速结合使用,使快、慢车尽量在空间上减少冲突的概率。

4.5 分车道与分车型结合限速

分车道与分车型结合限速实际上是对单向三车道及以上高速公路或一级公路同时采用分车道和分车型的限速方法,不仅能够减少分车型不分车道限速时同一车道内车速离散性大的潜在安全问题,还克服了单独分车道不分车型限速时不能体现不同类型车辆驾驶员的速度需求特点,而多种车型在同一车道行驶而造成通行能力下降和车辆借道超车频繁等缺陷。这种方法综合了分车道和分车型限速的共同优点,既保证了通行效率,节约了高速车辆的时间成本,还减少了速度差异带来的交通冲突,是实践中值得广泛推广应用的一种限速方法。

由于分车道限速对于横断面较宽的单向三车道以上公路来说,内侧车道和外侧车道在平曲线处车速差异较大,但是曲线处的超高却相同,如果某个车道的限速值偏高或偏低,则可能出现欠超高或过超高的现象,带来一定安全隐患。因此设定限速值后应核查设计要素，确保满足不同车道限速车辆的安全运行。

分车道与分车型结合限速将车速差异较大的车辆（尤其是小客车和载重货车）分别分配到不同的车道行驶，使一个车道内车辆的性能和运行速度趋于一致。这样可以有效地解决由于高速公路或一级公路上存在较大速度差异的车辆混行而导致的交通安全隐患，同时也降低了由于各车型混行尤其是载重车辆混行对公路通行能力产生的影响。多项研究表明，分车道与分车型结合限速能降低速度的离散度，提高公路车辆的平均速度和实际通行能力。

4.6 可变限速

可变限速主要考虑在不良天气、特定的时间段或紧急情况等，对限速值进行降低或调整，是目前较为科学的限速方法之一。这种方法被广泛应用在高速公路和有可变情报信息板的公路上，在保障交通安全方面发挥着重要作用。

可变限速值的选择以保证安全为前提，由于速度低对应的动能小，从而使由于反应不及时和制动距离过长的问题能在很大程度上缓解，可以根据公路情况、气候条件、交通条件等设置实时调控的限速值。

在条件许可的情况下，宜根据天气情况、能见度、交通流状况、路面状况、交通事件与交通事故等情况，制定可变限速预案，通过可变情报信息板等设施，及时准确地告知驾驶员前方的路况信息，提高特殊情况下的交通安全性。

4.7 建议限速

建议限速来源于建议速度，主要在新西兰、澳大利亚、美国等国家应用，迄今为止有近70年的历史，并且这些国家提出了建议速度的标志标准和建议速度值（图4.7）。

图4.7　建议速度标志

根据对建议速度的一般理解（是为了在弯道、陡坡、交叉口等危险路段，警告提醒驾驶员降低行车速度、注意行车安全提出的安全舒适的行车速度），建议限速值取自建议速度。建议速度比法律限速要低，起警告作用，不作为执法依据。建议速度本身并不意味着法律限速偏高，也不意味着法律限速会导致车辆侧翻或者侧滑等危险存在。在很多情况下，设置建议限速是对路况不熟悉或者驾驶技能不熟练驾驶员的警告和提醒。

建议速度应用后出现了两派意见，一派认为在弯道、陡坡、交叉口等危险路段提醒新手驾驶员或路况不熟悉的驾驶员，能有效降低速度，提高安全性；另一派认为，建议速度对大多数驾驶员没有意义，因为建议速度本身不意味着法律限速不安全，如果所有的驾驶员按照法规限速行驶，从理论上讲，速度差和方差都应比较小。出现建议速度后，大多数驾驶员遵守法律限速，而小部分驾驶采用比限速低20km/h的速度通行，容易导致追尾等事故，并且这时容易产生法律纠纷，可能使设置建议速度的设计部门和管理部门在法庭上处于比较被动的位置。因此，有些国家依然采用只是不断根据公路交通状况调整建议速度的标准，有些国家使用后废止了。

我国以建议速度进行建议限速的时间还很短。现行《公路交通标志和标线设置规范》(JTG D82—2009)实施后，才将建议速度标志纳入规范。

鉴于我国的国情，本指南提出，建议限速推荐用于个别线形条件稍差，但不需要严格限制速度，以避免限速区分布过于频率和增加执法难度的路段，其余段还是需要以法律限速进行约束。

由于建议限速在我国应用较短，绝大多数驾驶员对其尚不熟悉，可能会使通常的驾驶习惯发生变化，从而使多数驾驶员出现判断错误，故设置建议限速应充分论证，谨慎对待。

5 限速值

5.1 限速取值原则

5.1.1 近年来机动车的性能越来越好，各级公路路面也为车辆高速行驶提供了客观条件，驾驶员对速度需求正在不断增长。但是由于限速值不合理，限速方法使用不当，加之速度执法管理不到位引起公众的抱怨，影响了社会和谐，背离了限速的初衷。高速公路最低限速值和恶劣气候条件下的最高限速值依照现行的《中华人民共和国道路交通安全法》设定。下文仍然重点讨论最高限速值问题。

当前我国最高限速值的确定仅仅简单采用设计速度或者更低的速度作为限速的依据，在很大程度上没有考虑公路车辆的实际运行情况和特点，这样是不科学的，容易导致一系列由限速带来的问题。

限速值的取值要根据应综合考虑法律法规、公路功能和设计指标、车辆运行特点、路侧环境、交通安全特点等因素，并同时考虑交通执法的形式和可操作性。限速值的选取是一个数据分析、经验调整和实践检验的综合过程，也是一个循环往复的完善过程。

(1)高速公路限速值取值主要考虑以下因素：

①相关法律法规；

②公路设计指标：设计速度、平曲线和竖曲线半径、平曲线超高、平纵面视距、纵坡和坡长、横断面组成及宽度等；

③车辆运行特点：不同车型的速度统计特点、断面的速度统计特点、行程车速等，重点考虑平均速度、运行速度、速度标准差(方差)等；

④路侧环境：互通立交出入口密度、不良天气影响等；

⑤公路安全特点：交通量及车型组成、交通事故的空间分布和特殊路段分布(如长大纵坡路段、连续急弯路段、隧道和隧道群路段、连续高架桥路段、多雾冰雪湿滑路段等)，

特别是由于超速引起的交通事故多发路段等。

(2)具有干线功能的一、二级公路选择限速值主要考虑以下因素:

①相关法律法规;

②公路功能和设计指标:公路在路网中的功能、设计速度、平曲线和竖曲线半径、平曲线超高、平纵面视距、纵坡和坡长、横断面车道数、中央分隔形式;

③车辆运行特点:不同车型的速度统计特点、断面的速度统计特点、行程车速等,重点考虑平均速度、运行速度、速度标准差(方差)等;

④路侧环境:路侧干扰和混合交通特点,沿线土地开发特点,进出口密度,穿越村镇及公路街道化情况,行人、非机动车和摩托车对汽车的干扰,不良天气影响等;

⑤公路安全特点:交通量及车型组成、交通事故的空间分布和特殊路段分布(如长大纵坡路段、连续急弯路段、隧道和隧道群路段、多雾冰雪湿滑路段等),特别是由于超速引起的交通事故多发路段等。

5.1.2 设计速度是一个理论上的技术指标,通常是在保证交通安全的前提下,受地形限制路段(如小半径弯道、陡坡、视距受限等)应遵循的相应最低技术指标的代表值。公路设计速度值的选取,与公路所在地区地形条件、前后路网的设计速度衔接、工程造价等均有直接的关系,但是设计速度不能代表公路车辆的实际运行情况,所以设计速度仅可作为限速段落划分和限速值取值的基本参考,但不是决定指标。

公路限速值可以不同于设计速度值。在综合考虑设计指标、路侧环境、行车条件等,并设置了满足安全行车条件的安全设施和速度控制设施后,可将限速基于设计速度适当提高,以适应公路车辆的实际速度需求。对于一些特殊路段,如穿过人群密集的村镇和学校路段、路侧干扰严重路段、事故多发路段等,为提高行车安全性,减少交通事故数量,降低事故严重程度,可考虑在设计速度值适当降低作为限速值。限速值低于设计速度时,应保证大多数公路使用者可以遵照执行及交通执法的可操作性,否则会降低限速的可信度或造成不良的社会影响。

5.1.3 公路限速取值一般以10km/h或其整数倍作为增加或降低限速值的变化幅度,这是基于驾驶习惯的一种选择。通过调查,我国汽车均以km/h作为车速度量单位,多数车辆车速仪表盘以20、40、60、…作为主刻度,同时标明数字,同时以10、30、50、…作为辅刻度,不标数字(图5.1.3),而在辅刻度的基础上再标注5km的次辅刻度的车辆相对较少,即使有标注,行车过程中驾驶员从车速表上读出精确到5km的速度值也非常困难,这给驾驶员参考限速值控制车速造成不便,故本指南建议以10km/h作为公路限速取值增加或降低的变化幅度,当相邻路段限速差值小于10km/h时,宜与相邻的采用较大限速值的区段合并。

多数研究认为,为保证运行速度的协调性,公路相邻路段车辆运行速度差不宜超过20km/h,而限速值的确定与运行速度协调性有密切关系。公路路段限速值不仅应与所在路段的设计速度相协调，而且不同路段的限速值应保证与相邻路段的限速值相协调。相邻路段采用不同的限速值时，为使限速前后路段速度差不产生突变，因此需要考虑限速值的协调和过渡，过渡段长度应符合速度过渡长度标准。

图 5.1.3 我国机动车车速仪表盘

5.1.4 公路限速取值宜分为一般路段和特殊路段考虑。特殊路段一般指隧道和隧道群路段、连续长陡纵坡路段、穿居民密集的村镇、县城路段或城镇化路段、交通事故多发路段、受不良天气影响严重路段、大型平交口或接入口路段等路段。这些路段往往有着相对特殊的速度特点与运行特点，其发生交通事故的几率比其他路段高，其限速值宜单独考虑，在一般路段限速值的基础上进行适当折减。

5.2 限速取值流程

5.2.1 对于运营阶段的公路，其限速值取值主要分为限速区划分、限速基本值确定、限速基本值修正、初步确定限速值并提出限速方案等步骤。主要参考为法律法规、公路设计指标、车辆运行速度、行程车速、路侧环境、交通事故等数据，具体流程叙述如下：

(1)首先根据公路实际情况，将公路按照限速一般路段和限速特殊路段（隧道及隧道群、连续长陡下坡、事故多发路段、穿村镇路段、重要平交口路段等）进行考虑，其优点是由于特殊路段的运行特点相对固定，其限速值的取值影响因素相对较少，将特殊路段与一般路段分开考虑，使整个限速方案制定流程的可实施性更高。

(2)若公路存在特殊路段，根据特殊路段限速取值方法进行分析，确定其限速值。

(3)公路一般路段的限速值取值主要与公路指标、运行速度等相关，考虑因素相对较多。

①首先划分限速区。当公路全线设计指标不均衡、交通特性变化较大，但分布具有一定规律时，宜划分限速区，否则采用全线统一限速。

②划分限速区后，主要考虑法律法规以及公路线形指标（主要为平曲线半径指标）等因素，初步确定各个限速区的基本限速值。

③基本限速值确定后，通过实测各车型断面运行速度、各限速区行程车速，分析公路路侧环境、交通事故等因素，考虑采取何种限速形式，并对基本限速值进行修正，得出基本满足交通安全和通行效率的公路一般路段限速值。

(4)将一般路段限速值和特殊路段限速值进行组合和综合分析，初步确定限速值并提出限速方案。

5.2.2 对于新建公路限速取值，本指南提出以下两种方法：

(1)以设计速度作为限速值，在没有实测数据的情况下，该速度值是进行交通工程设计的相对可靠的依据，本指南推荐此方法。

(2)另外一种方法为参考运营阶段公路限速取值流程，将实测运行速度环节采用预测运行速度代替，初步确定限速值并制定限速方案。

5.3 一般路段限速取值

公路一般路段的限速取值是确定公路限速方案的重点，一般路段的限速值代表了大多数驾驶员在公路上行车安全和效率的需求。确定了一般路段的限速值后，结合特殊路段的限速分析，即可综合提出初步的限速方案。

5.3.1 限速区的划分。

当全线设计指标不均衡、交通特性变化较大，但分布具有一定规律时，宜分区段选取限速值，否则宜全路段统一选取限速值。限速区的划分目前上没有精确的定量方法，限速区的划分过程是一个结合数据分析、设计经验、实际情况的综合分析过程。

根据工程实际经验，限速区划分可采用如下方法。

(1)若公路分路段采用了不同的设计速度，则限速区一般按照设计速度进行划分。

(2)若公路全线仅采用了一个设计速度，则应对路线指标、交通特性等进行具体分析。为简化分析流程，可仅选取路线平曲线半径指标进行分析，再综合考虑交通特性等参数的影响，步骤如下：

①绘制平曲线半径—桩号分布图。将拟分析公路的路线平曲线半径及其曲中点对应桩号制成半径—桩号分布图进行分析。

②分析平曲线半径—桩号分布图的分布趋势。若平曲线半径—桩号分布图中的平曲线分布比较均衡，基本无明显集中分布的趋势，且交通特性无明显变化时，可以将公路全线统一选取限速值。

若公路在某路段区间内交通特性发生明显改变，如在某一区段内载货汽车明显增多，或在某一区段内互通立交、平交口等相对集中，车辆进出频繁等，宜考虑将此区间单独划分为限速区。

5.3.2 基本限速值的确定。

初步划分限速区后，应以法律法规、公路线形指标等因素为基础，综合考虑确定各限速区的基本限速值。

为便于实际操作,在不违反相关法律、法规规定的原则上,基本限速值主要以公路平曲线半径指标作为主要分析对象,当平曲线半径满足高一档设计速度极限指标时,可以考虑限速比设计速度提高10km/h;当平曲线半径满足高一档设计速度一般指标时,可以考虑限速比设计速度提高20km/h。

5.3.3 基本限速值的修正。

完成限速区的划分和基本限速值的确定后,限速的最原始方案已经初步成形,但是限速值并不见得是合理的。为保证限速方案达到交通安全和通行效率的和谐,还应进行基本限速值的修正。

为便于实际操作,基本限速值的修正主要考虑不同车型的运行速度、行程车速、交通车型组成特征、路侧环境等几项指标。

(1)不同车型的运行速度。针对初步划分的限速区,在自由流条件下,实测线形条件相对良好处各车型的断面车速,通过统计分析得到85%位速度,同一区段内宜选择两个以上的断面实测运行速度,取其平均值作为本区段基本限速值修正的参考值。此外,不同车型之间速度差,考虑分车型、分车道进行限速的可行性。

(2)行程车速。条件允许时,宜采用不同车型,在自由流条件下以满足行车舒适性为原则,实测限速区的行程车速,即车辆行驶在限速区的长度和行程时间的比值,作为本区段基本限速值修正的参考值。

(3)交通车型组成特征。交通车型组成特征主要考虑大型车比例的因素。当公路上运行的大型车量增多时,由于大小车速度差所导致的交通事故明显增多,公路所能提供的安全供给速度将有下降趋势。

(4)路侧环境。路侧环境对基本限速值的修正主要考虑公路路侧的干扰。公路平交路口(无信号灯)或接入口通常会使驾驶员减速。美国《道路通行能力手册》(HCM2000)中统计,公路每个接入口或平交口会导致车辆自由流速度下降0.4km/h左右。我国实地调研数据表明:在没有紧急情况下,车辆通过路口时减速幅度在1~2km/h,通过路口后速度会提升。

实例分析:某高速公路全长118km,位于山岭区,其间穿越部分低丘和平原区,全线设计速度80km/h,全线车辆组成和交通特征无明显变化。

步骤1:限速区的划分。

绘制半径—桩号分布图,见图5.3.3。由图可以看出,K0~K32、K32~K46、K46~K54、K54~K85、K85~K118具有较明显的半径集中分布趋势,可以作为限速区划分的初始依据。此外,为便于设置交通工程设施,高速公路限速区划分宜以互通立交作为划分点。经核查,本高速公路互通立交桩号,初步划分限速区见表5.3.3-1。

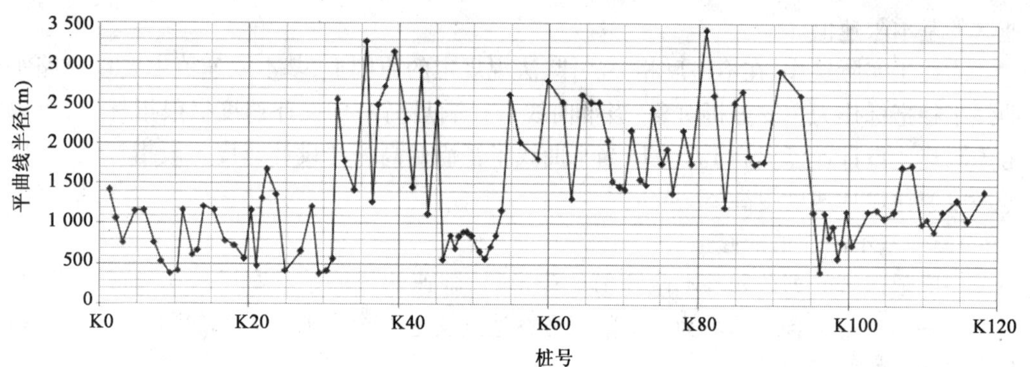

图 5.3.3　半径—桩号分布图

初步划分限速区表　　表 5.3.3-1

序　　号	限　速　区	备　　注
1	K0 ~ K31 +650	山岭区,线形条件差
2	K31 +650 ~ K44 +900	低丘平原区,线形较好
3	K44 +900 ~ K55 +080	山岭区,越岭线,线形条件差
4	K55 +080 ~ K84 +410	山间河谷低丘,线形较好
5	K84 +410 ~ K118	山岭区,线形条件差

步骤 2:提出基本限速值。

上述某高速公路,已完成初步限速区的划分,经过对其平曲线半径指标的分析,提出基于限速区的基本限速值,见表 5.3.3-2。

基 本 限 速 值 表　　表 5.3.3-2

序号	限　速　区	设计速度(km/h)	基本限速值(km/h)	备　　注
1	K0 ~ K31 +650	80	80	平曲线指标仅满足 80km/h 极限值
2	K31 +650 ~ K44 +900	80	100	平曲线指标满足 100km/h 一般值
3	K44 +900 ~ K55 +080	80	90	平曲线指标满足 100km/h 极限值
4	K55 +080 ~ K84 +410	80	100	平曲线指标满足 100km/h 一般值
5	K84 +410 ~ K118	80	90	平曲线指标满足 100km/h 极限值

步骤 3:对基本限速值进行修正。

①根据限速区划分,在自由流条件下,在各段落中,各选取两个线形条件相对良好的断面,实测各车型的断面车速,见表 5.3.3-3。

运行速度断面实测表 表5.3.3-3

序号	限速区	基本限速值(km/h)	实测地点断面	实测 v_{85} 车速(km/h)		平均值(km/h)	
				小车	大车	小车	大车
1	K0 ~ K31 +650	80	K18 +600	83.5	71.3	86.8	71.8
			K26 +800	90.2	72.2		
2	K31 +650 ~ K44 +900	100	K38 +000	102.2	88.3	102.9	84.7
			K40 +200	103.5	81.1		
3	K44 +900 ~ K55 +080	90	K45 +600	88.9	73.4	92.0	76.2
			K50 +100	95.2	78.9		
4	K55 +080 ~ K84 +410	100	K66 +720	107.3	81.1	104.6	79.0
			K72 +800	101.9	76.8		
5	K84 +410 ~ K118	90	K90 +300	93.5	79.1	91.3	75.0
			K103 +000	89.1	71.0		

②根据限速区划分,采用小客车在自由流条件下以满足行车舒适性为原则,实测限速区的行程车速,往返一次平均后车速实测值见表5.3.3-4。

区间车速实测表 表5.3.3-4

序号	限 速 区	基本限速值(km/h)	方 向	行程车速(km/h)	
				小车	平均
1	K0 ~ K31 +650	80	上行	84.2	82.8
			下行	81.4	
2	K31 +650 ~ K44 +900	100	上行	101.3	105.75
			下行	110.2	
3	K44 +900 ~ K55 +080	90	上行	86.2	89.35
			下行	92.5	
4	K55 +080 ~ K84 +410	100	上行	108.2	104.95
			下行	101.7	
5	K84 +410 ~ K118	90	上行	98.2	92.15
			下行	86.1	

③考虑高速公路上交通车型组成特征和路侧环境影响后，初步得出各限速区的基本限速值的综合修正表，见表5.3.3-5。

限速值综合修正表 表5.3.3-5

序号	限 速 区	设计速度(km/h)	基本限速值(km/h)	实测 v_{85} 车速(km/h)		行程车速(km/h)
				小车	大车	小车
1	K0 ~ K31 +650	80	80	86.8	71.8	82.8
2	K31 +650 ~ K44 +900	80	100	102.9	84.7	105.75
3	K44 +900 ~ K55 +080	80	90	92.0	76.2	89.35
4	K55 +080 ~ K84 +410	80	100	104.6	79.0	104.95
5	K84 +410 ~ K118	80	90	91.3	75.0	92.15

④根据基本限速值综合修正表，综合考虑提出一般路段限速值，见表5.3.3-6。

一般路段限速值 表5.3.3-6

序 号	限 速 区	设计速度(km/h)	限速值(km/h)	
			小车	大车
1	K0 ~ K31 +650	80	80	70
2	K31 +650 ~ K44 +900	80	100	80
3	K44 +900 ~ K55 +080	80	90	70
4	K55 +080 ~ K84 +410	80	100	80
5	K84 +410 ~ K118	80	90	70

5.4 特殊路段限速取值

5.4.1 公路隧道或隧道群路段建议限速取值。

有关研究表明，车辆穿越隧道时，对驾驶员的驾驶行为和速度控制的影响远远高于一般路段。白天驾驶员驶入隧道时会产生“黑洞效应”，由于驾驶员因视野内的亮度瞬间变小，但瞳孔调节往往需要数秒时间，在这短短的数秒内，驾驶员的视线内会出现一片黑暗的现象，所以，驾驶员进入隧道时车辆的行车速度有明显的下降；当驾驶员从隧道驶出时会产生“白洞效应”，驾驶员视野亮度突然变化，驾驶员需有一段时间来适应环境。

根据“西部地区公路运行速度特征与应用模型的研究”，车辆进入隧道前速度将降低10 ~ 15km/h，进入隧道后基本会保持现有的车辆速度。随着对隧道环境的适应，驾驶员会逐渐提高车辆行车速度。对于特长隧道,由于驾驶员在隧道内行驶时间较长,隧道环境已经充分适应,驾驶员有提高车辆行车速度的趋势。

一般情况下,高速公路和一级公路隧道设计速度要比一般路段低20km/h,因此,从安全角度出发,建议高速公路和一级公路隧道的限速值宜按隧道设计速度进行设定。二级公路隧道一般为单洞双向行车,受隧道侧墙效应、隧道照明、对向行车车灯等的影响,偏于安全考虑,单洞双向行驶隧道限速值宜在隧道设计速度基础上降低10~20km/h。

对于公路存在的隧道群路段,当隧道群中各隧道间距较小,一般不大于800m时,宜将整个隧道群路段作为一个限速区,采用隧道的限速值进行限速。

5.4.2 公路连续长陡下坡路段建议限速取值。

根据相关研究结论,本指南中采用如下连续长陡下坡界定标准。

当公路连续长陡下坡路段平均纵坡路线长度大于表5.4.2中的值时,可认为此下坡路段为连续长陡下坡路段。

连续长陡下坡界定标准表 表5.4.2

分类	平均纵坡(%)			
	3.0	3.5	4.0	4.5
下坡长度(km)	3.5	3.0	2.5	2.0

注:(1)当连续下坡路段中出现长度较短的反坡或缓坡时,仍应作为一个连续长陡下坡路段考虑。
(2)连续长陡下坡路段两端延长线的平均纵坡应小于2%。

公路连续长陡下坡路段往往事故多发。载货汽车在连续下坡路段为控制速度,一般使用行车制动,这会引起制动器的温升,导致热衰退和液压制动系统失灵,破坏汽车的制动效能,缩短制动器的使用寿命,当制动器的温度为250~300℃时,停车视距一般超出载货汽车安全停车视距的20%~40%,车辆制动效能大幅度衰减直至失效,重大事故多发,小客车在连续长陡下坡路段车速较高,易发生由于超速引起的追尾、侧滑等事故。故在连续长陡下坡路段,应针对不同车型分别进行速度限制,同时需要考虑采取分车道限速以保证限速的实施效果。

5.4.3 公路穿过居民密集的村镇、县城路段或城镇化路段时,由于路侧干扰严重,应在村镇范围内对公路进行限速。

当公路穿村镇、县城路段或城镇化路段时,是否设置了人行道、机非隔离设施、中央隔离设施、行人过街信号灯等均对行车安全性有很大影响。当公路中央隔离、机非隔离,以及行人过街信号灯等设置完善时,可以适当提高限速值,但必须完善相关的交通标志和标线;而当无中央隔离、机非隔离等安全设施时,车辆在居民密集的穿村路段行驶时应严格限速,并根据具体情况选择低于设计速度的限速值。

5.4.6 高速公路互通立交,具有干线功能的一、二级公路上接入口处,由于车辆进出、转向频繁,往往是易发生交通事故的路段,尤其当未设置信号灯且视距不良时,发生交通事故的概率更高,故应在以上路段严格控制车辆的行驶速度。

限速可采用限速标志,设置位置宜在平交口之前200m左右,同时,在平交口之后100~200m设置下一路段的限速标志。

5.5 限速值核查

5.5.1 根据公路限速方案流程图,经过限速区划分、基本限速值的选定以及对基本限速值修正后,综合一般路段和特殊路段,初步提出限速值和限速方案。

在实际操作中,初步提出限速值、限速区和限速方案的过程往往无法精确定量化,其中存在诸多需要综合考虑和运用设计、评价人员经验的地方,这就造成了限速方案可能存在不合理或过度偏于运行效率的问题。通过对限速值合理性和可实施性进行核查,可以找出初步提出的限速方案存在的问题,以便及时修改限速方案,或采用增加速度控制设施或建议限速等方法解决。

5.5.2 高速公路限速值核查。高速公路限速值的核查主要针对设计指标(即横断面组成与宽度、平曲线半径、平曲线超高、平纵面视距等)、车道功能、车型特点和公路路侧环境等进行相关核查。

《中华人民共和国道路交通安全法》、《中华人民共和国道路交通安全法实施条例》(以下简称《实施条例》)等我国的基础性交通安全法律文件对车速作了特别的规定,如《实施条例》第七十八条规定:"高速公路应当标明车道的行车速度,最高车速不得超过每小时120km,最低车速不得低于每小时60km。"因此,设计速度为120km/h的一般路段,小车的限速为120km/h,大车的限速是根据目前大车的最高速度制定的,一般认为在90km/h内能安全行驶。

现行《公路工程技术标准》(JTG B01—2003)规定,路线指标的一般值是正常情况下的采用值,而极限值(最大值、最小值、极小值)是条件受限时方可采用的值。提高限速牵涉的因素很多,但是取决定性的制约因素主要有平曲线半径、平曲线超高、平纵面的视距、最大纵坡、合成坡度等。因此,若提高限速要保证这些指标取值能适合提高后的速度,并留有一定的安全系数(富余量)。为了保证超高和视距,往往通过控制平纵曲线的半径来实现,选择这些指标的一般值往往能保证安全提速并留有富余量。

中央带宽度、硬路肩宽度特点,对于保证驾驶员的安全心理、视野和安全操作有重要作用,因此,要保证这些值不小于提高限速后规范对应的最小值。

此外,完备的安全设施能给驾驶员提供及时准确的安全信息,有效地降低提速后的风险,因此,提高限速的前提之一是安全设施必须完备,以防安全漏洞。

根据上面的分析,提高限速后的技术指标应既保证一定的安全系数,又满足标准规范的要求,这样,提高限速后才能安全行车。

高速公路设计速度为60km/h、80km/h、100km/h的一般路段限速要满足下列要求：

(1)如果平曲线和竖曲线设计指标大于上一档设计速度对应的一般值，其他平纵横指标满足上一档设计速度的最小值或极限值，路面技术指标合格，并且视野开阔，视距充分，安全设施完善，则小车的限速可在本档设计速度的基础上提高一档(20km/h)。

(2)平曲线和竖曲线设计指标介于本档设计速度对应的一般值和上一档设计速度对应的一般值之间，其他平纵横指标满足本档设计速度对应的一般值，路面技术指标合格，视野开阔，视距充分，安全设施较为完善，则小车的限速可在本档设计速度的基础上提高至半档(10km/h)。

(3)平曲线半径和竖曲线半径介于设计速度对应的极限值与一般值之间，并且其他平纵横设计指标均满足本档设计速度要求，则小车的限速应为本档设计速度。

(4)高速公路设计速度为100km/h、80km/h、60km/h的一般路段，大车最高限速值宜为90km/h、80km/h、60km/h。大车与小车相比，加减速性能差、操作不够灵活、制动距离长，尤其是载货、超载汽车，将会导致更多的事故发生和更为严重的后果。但是如果对载货汽车实施更低的限速，也可能导致车辆间速度差更大，加剧了因换道、超车等操作造成的冲突，可能引发更多的事故。因此，原则上大车的限速比小车低10~20km/h。

(5)高速公路的特殊路段(长陡纵坡路段、隧道和隧道群路段、多雾冰雪湿滑不利路段、事故多发路段等)，原则上限速值不应超过其路段的设计速度值。

具有干线功能的双向四车道及以上的一级公路，宜参照同一设计速度的高速公路限速值。

进行限速值核查时，条文说明可参考表5.5.2。

5.5.3 具有干线功能二级公路限速值核查。

具有干线功能的二级公路限速值核查，主要针对设计指标(即即横断面组成与宽度、平曲线半径、平曲线超高、平纵面视距等)、车道功能、车型特点和路侧环境、混合交通、路侧干扰等进行核查。

具有干线功能的二级公路一般路段提高限速，原则上不仅应符合提高后速度对应的技术指标(平曲线半径、竖曲线半径、超车视距和停车视距、路面技术指标等)，而且要从混合交通和路侧干扰角度减少提速后的安全问题；如果技术指标满足提速要求，但是混合交通和路侧干扰强度大，也不宜提高限速，相反，可能需要从降低速度的角度来保障更多用路者的安全。

一般路段大车因为其安全性和制动距离等原因，限速应比小车低，但是也考虑到速度差大也会带来新的安全问题，因此，限速值宜比小车的限速值降低10~20km/h。

高速公路及具有干线功能的一级公路限速值核查表（条文说明） 表 5.5.2

设计速度（km/h）	限速值特点（km/h）	车型	内侧车道（km/h）	中间车道 1（km/h）	中间车道 2（km/h）	外侧车道（km/h）	适用范围	具体要求
120[①]	小车限速 120	小车	120	110	110	100	平曲线和竖曲线设计指标大于 120km/h 对应的一般值；其他平纵横指标至少应满足 120km/h 对应的最小值或极限要求；路面技术指标合格；视野开阔，视距充分；安全设施完善	平曲线半径 $R\geq1\ 000$m；竖曲线半径≥一般值（凸曲线半径 $R\geq17\ 000$m，凹曲线半径 $R\geq6\ 000$m）；最大纵坡坡度≤3%；停车视距≥210m；中央带宽度≥3.5m，右侧硬路肩宽度≥3m；视野开阔，安全设施完善
	大车最高限速 100	大车	—	—	100	100		
100	小车限速提高至 120	小车	120	110	100	100	平曲线和竖曲线设计指标大于 120km/h 对应的一般值，其他平纵横指标至少应满足 120km/h 对应的最小值或极限要求；路面技术指标合格；视野开阔，视距充分；安全设施完善	平曲线半径 $R\geq1\ 000$m；竖曲线半径≥一般值（凸曲线半径 $R\geq17\ 000$m，凹曲线半径 $R\geq6\ 000$m）；最大纵坡坡度≤3%；停车视距≥210m；中央带宽度≥3.5m，右侧硬路肩宽度≥3m；视野开阔，安全设施完善
	大车最高限速 90 或 100	大车	—	—	100	90		
100	小车限速提高至 110	小车	100～110	100～110	100～110	90～100	平曲线和竖曲线设计指标介于 100km/h 设计速度对应的一般值和 120km/h 设计速度对应的一般值之间，其他平纵横指标满足 100km/h 的设计速度对应的一般值；路面技术指标合格；视野开阔，视距充分；安全设施较为完善	平曲线半径 $700\text{m}\leq R\leq1\ 000$m；竖曲线半径：凸曲线半径 $10\ 000\text{m}\leq R\leq17\ 000$m，凹曲线 $4\ 500\text{m}\leq R\leq6\ 000$m；停车视距＞160m；最大纵坡坡度＜4%；中央带宽度≥3.5m，右侧硬路肩宽度≥3m；视野开阔，安全设施比较完善
	大车最高限速 90 或 100	大车	—	—	100	90		

续上表

设计速度（km/h）	限速值特点（km/h）	车型	内侧车道（km/h）	中间车道1（km/h）	中间车道2（km/h）	外侧车道（km/h）	适用范围	具体要求
100	小车限速与设计速度（100）相同	小车	100	90～100	90～100	90～100	平纵横设计指标均满足100km/h设计速度要求，且平曲线半径和竖曲线半径介于设计速度对应的极限值与一般值之间；安全设施较为完善	平曲线半径400m≤R≤700m；竖曲线半径：凸曲线半径6 500m≤R≤10 000m，凹曲线半径3 000m≤R≤4 500m；停车视距≥160m；最大纵坡坡度≤4%；安全设施比较完善
	大车最高限速80或90	大车	—	—	90	80		
80	小车限速提高至100	小车	100	90～100	—	90	平曲线和竖曲线设计指标大于100km/h对应的一般值，其他平纵横指标至少应满足100km/h对应的最小值或极限要求；路面技术指标合格；视野开阔，视距充分；安全设施完善	平曲线半径R≥700m；竖曲线半径≥一般值（凸曲线半径R≥10 000m，凹曲线半径R≥4 500m）；最大纵坡坡度≤4%；停车视距≥160m；中央带宽度≥2m，右侧硬路肩宽度≥2.5m；视野开阔，安全设施完善
	大车最高限速80	大车	—	80	—	80		
80	小车限速提高至90	小车	90	80～90	—	80～90	平曲线和竖曲线设计指标介于80km/h设计速度对应的一般值和100km/h设计速度对应的一般值之间，其他平纵横指标满足80km/h的设计速度对应的一般值；路面技术指标合格；视野开阔，视距充分；安全设施较为完善	平曲线半径400m≤R≤700m；竖曲线半径：凸曲线半径4 500m≤R≤10 000m，凹曲线半径3 000m≤R≤4 500m；停车视距＞110m；最大纵坡坡度＜5%；中央带宽度≥2m，右侧硬路肩宽度≥2.5m；视野开阔，安全设施比较完善
	大车最高限速80	大车	—	80	—	80		
80	小车限速与设计速度（80）相同	小车	80	80	—	80	平纵横设计指标均满足80km/h设计速度要求，并平曲线半径和竖曲线半径介于设计速度对应的极限值与一般值之间；安全设施较为完善	平曲线半径250m≤R≤400m；竖曲线半径：凸曲线半径3 000m≤R≤4 500m，凹曲线半径2 000m≤R≤3 000m；停车视距≥110m；最大纵坡坡度≤5%；安全设施比较完善
	大车最高限速80	大车	—	80	—	70		

续上表

设计速度(km/h)	限速值特点(km/h)	车型	内侧车道(km/h)	中间车道1(km/h)	中间车道2(km/h)	外侧车道(km/h)	适用范围	具体要求
60	小车限速提高至80	小车	80	—	—	80	平曲线和竖曲线设计指标大于80km/h对应的一般值,其他平纵横指标至少应满足80km/h对应的最小值或极限要求;路面技术指标合格;视野开阔,视距充分;安全设施完善	平曲线半径$R\geqslant400$m;竖曲线半径≥一般值(凸曲线半径$R\geqslant4\ 500$m,凹曲线半径$R\geqslant3\ 000$m);最大纵坡坡度≤5%;停车视距≥110m;中央带宽度≥2m,右侧硬路肩宽度≥2.5m;视野开阔,安全设施完善
	大车最高限速60	大车	—	—	—	60		
60	小车限速提高至70	小车	70	—	—	70	平曲线和竖曲线设计指标介于60km/h设计速度对应的一般值和80km/h设计速度对应的一般值之间,其他平纵横指标满足60km/h的设计速度对应的一般值;路面技术指标合格;视野开阔,视距充分;安全设施较为完善	平曲线半径$200\text{m}\leqslant R\leqslant400$m;竖曲线半径:凸曲线半径$2\ 000\text{m}\leqslant R\leqslant4\ 500$m,凹曲线半径$1\ 500\text{m}\leqslant R\leqslant3\ 000$m;停车视距>75m;最大纵坡坡度<6%;中央带宽度≥2m,右侧硬路肩宽度≥2.5m(或设置港湾停车区);视野开阔,安全设施比较完善
	大车最高限速60	大车	—	—	—	60		
60	小车限速与设计速度(60)相同	小车	60	—	—	60	平纵横设计指标均满足60km/h设计速度要求,并平曲线半径和竖曲线半径介于设计速度对应的极限值与一般值之间;安全设施较为完善	平曲线半径$125\text{m}\leqslant R\leqslant200$m;竖曲线半径:凸曲线半径$1\ 400\text{m}\leqslant R\leqslant2\ 000$m,凹曲线半径$1\ 000\text{m}\leqslant R\leqslant1\ 500$m;停车视距≥75m;最大纵坡坡度≤6%;安全设施比较完善
	大车速度最高限速50或60	大车	—	—	—	50(60)		

注:①设计速度120km/h只适用于高速公路;具有干线功能、双向四车道及以上的一级公路,宜参照同一设计速度的高速公路限速值。

重点路段(长大纵坡路段、隧道及隧道群路段、穿人群密集的村镇、县城、学校路段、平面大型交叉口路段、多雾冰雪湿滑不利路段、事故多发路段等)原则上限速不应超过其路段的设计速度值。

(1)设计速度为80km/h,双向两车道的干线二级公路一般路段小车限速值:

①若主要设计指标(平曲线和竖曲线半径)满足80km/h设计速度对应的一般值要求,视距、横断面宽度等指标满足80km/h的设计速度要求,并且各车型速离散性小、无路侧干扰时,小车限速可取90km/h,其他情况宜取80km/h。

②若主要设计指标(平曲线和竖曲线半径)介于设计速度对应的极限值与一般值之间,安全设施比较完善,机非混行和路侧干扰基本不影响正常行车等的条件下,小车限速可取80km/h,其他情况宜适当降低。

(2)设计速度为60km/h,双向两车道的非干线二级公路一般路段小车限速值可参照以下执行:

①若主要设计指标(平曲线和竖曲线半径)大于上一档设计速度对应的一般值,视距、横断面宽度等指标满足上一档设计速度的最小值或极限值,并且基本无机非混行和路侧干扰时,小车限速值可在本档设计速度的基础上提高20km/h。

②若主要设计指标(平曲线和竖曲线半径)介于本档设计速度对应的一般值和上一档设计速度对应的一般值之间,视距、横断面宽度等指标满足本档设计速度对应的一般值,且机非混行和路侧干扰基本不影响正常行车时,小车限速值可在本档设计速度的基础上提高10km/h。

③若主要设计指标(平曲线和竖曲线半径)介于设计速度对应的极限值与一般值之间,且存在机非混行和路侧轻微干扰时,小车限速值宜为本档设计速度。

④若机非混行、路侧街道化严重,或摩托车交通量较大、交通混乱时,小车的最高限速值宜在设计速度基础上适当降低10~20km/h。

(3)设计速度为80km/h、60km的二级公路,一般路段大车最高限速值宜为70km/h、60km/h。

进行限速值核查时,可参考表5.5.3。

5.5.4 在实际操作中,当限速值比设计速度有所提高时,应特别注意行车安全性。当限速值提高后,会出现个别路段的横断面宽度、路线平曲线超高等指标无法满足提速后要求的情况,对于这种路段,应对提出基于交通工程速度控制设施的设计方案,并有针对性地进行重点设计,以保证提速后的运行安全性。

5.6 建议限速取值

5.6.1 根据国外应用,建议限速的取值通常会比法律限速低10~15mile/h(16~24km/h)。根据我国国情,建议限速的取值宜比法律限速低10~20km/h。交通执法的依据仍是法律限速,建议限速仅起到提示和警告作用。

二级路(双向两车道)**限速值核查表**(条文说明)　　表 5.5.3

设计速度(km/h)	限速值特点(km/h)	车型	建议限速值(km/h)	适用范围	使用条件
80	小车限速为80或90	小车	80或90	平曲线和竖曲线设计指标满足80km/h设计速度对应的一般值要求,停车视距和超车视距、其他平纵横指标均满足80km/h的设计速度要求;路面技术指标合格;视野开阔,安全设施完善;在满足上述公路条件下:(1)当交通组成相对单一,完全无路侧干扰时,小车最高限速可取90km/h;其他情况最高限速宜取80km/h;(2)大车取70km/h或80km/h	平曲线半径 $R \geqslant 400$m;竖曲线半径:凸曲线半径 $R \geqslant 4\ 500$m,凹曲线半径 $R \geqslant 3\ 000$m;停车视距 > 110m,超车视距 ≥ 550m;最大纵坡坡度 < 5%;路基宽度 ≥ 12m;右侧硬路肩宽度 ≥ 1.5m;视野开阔,当交通组成相对单一,完全无路侧干扰时小车最高限速可取90km/h,大车最高限,速取80km/h;其他情况,小车最高限速宜取80km/h,大车取70km/h
	大车最高限速70或80	大车	70或80		
80	小车限速为70或80	小车	70或80	平纵横设计指标均满足80km/h设计速度要求,且平曲线半径和竖曲线半径介于80km/h设计速度对应的极限值与一般值之间;在满足上述公路条件下:(1)机非混行和路侧干扰基本不影响正常行车,安全设施比较完善,小车最高限速可取80km/h;其他情况最高限速宜取70km/h;(2)大车取60km/h或70km/h	平曲线半径 $250\text{m} \leqslant R \leqslant 400\text{m}$;竖曲线半径:凸曲线半径 $3\ 000\text{m} \leqslant R \leqslant 4\ 500\text{m}$,凹曲线半径 $2\ 000\text{m} \leqslant R \leqslant 3\ 000\text{m}$;停车视距 ≥ 110m;最大纵坡坡度 ≤ 5%;机非混行和路侧干扰基本不影响正常行车,安全设施比较完善,小车最高限速可取80km/h,大车最高限速取70km/h;其他情况小车最高限速宜取70km/h,大车取60km/h
	大车最高限速60或70	大车	60或70		
60	小车限速为70或80	小车	70或80	平曲线和竖曲线设计指标满足80km/h设计速度对应的一般值要求,停车视距和超车视距、其他平纵横指标均满足80km/h的设计速度要求;安全设施完善,视野开阔;在满足上述公路条件下:(1)基本无机非混行和路侧干扰,小车最高限速可取80km/h;其他情况最高限速宜取70km/h;(2)大车取60km/h或70km/h	平曲线半径 $R \geqslant 400$m;竖曲线半径:凸曲线半径 $R \geqslant 4\ 500$m,凹曲线半径 $R \geqslant 3\ 000$m;停车视距 > 110m,超车视距 ≥ 550m;最大纵坡坡度 < 5%;路基宽度 ≥ 12m;右侧硬路肩宽度 ≥ 1.5m;安全设施完善,视野开阔,基本无机非混行和路侧干扰,小车最高限速可取80km/h,大车取70km/h;其他情况小车最高限速宜取70km/h,大车取60km/h
	大车最高限速60或70	大车	60或70		

续上表

设计速度（km/h）	限速值特点（km/h）	车型	建议限速值（km/h）	适用范围	使用条件
60	小车限速为60或70	小车	60或70	平曲线和竖曲线设计指标介于60km/h设计速度对应的一般值和80km/h设计速度对应的一般值之间，其他平纵横指标满足60km/h的设计速度对应值；路面技术指标合格；视野开阔，在满足上述公路条件下：(1)基本无机非混行和路侧干扰，安全较为设施完善，小车最高限速可取70km/h；其他情况最高限速宜取60km/h；(2)大车取50km/h或60km/h	平曲线半径200m≤R≤400m；竖曲线半径：凸曲线半径2 000m≤R≤4 500m，凹曲线半径1 500m≤R≤3 000m；停车视距＞75m；超车视距≥450m；最大纵坡坡度＜6%；路基宽度≥10m；右侧硬路肩宽度≥0.75m（或设置港湾停车区）；视野开阔，基本无机非混行和路侧干扰，安全较为设施完善，小车最高限速可取70km/h，大车取60km/h；其他情况小车最高限速宜取60km/h，大车最高速度去50km/h
	大车最高限速50或60	大车	50或60		
60	小车限速为60	小车	60	平纵横设计指标均满足60km/h设计速度要求，并平曲线半径和竖曲线半径介于设计速度对应的极限值与一般值之间；机非混行和路侧轻微干扰正常行车，安全设施较为完善	平曲线半径125m≤R≤200m；竖曲线半径：凸曲线半径1 400m≤R≤2 000m，凹曲线半径1 000m≤R≤1 500m；停车视距≥75m；超车视距≥350m；最大纵坡坡度≤6%；路基宽度≥8.5m；右侧硬路肩宽度≥0.75m（或设置港湾停车区）；机非混行和路侧轻微干扰正常行车，安全设施比较完善；小车最高限速可取60km/h，大车取50～60km/h
	大车最高50或60	大车	50或60		

5.6.2 根据公路限速确定的一般流程,在完成一般路段限速区的划分和限速值的确定后,结合特殊路段限速值得出初步限速方案,经过核查后确定限速方案。在实际操作中,往往存在部分相对独立的急弯、陡坡、视距不良等危险点无法划归到一般路段和特殊路段中。为避免限速段落拆分过于琐碎,对于这些相对独立的危险点,宜综合考虑其设计指标和实际情况,采用建议限速解决。若危险点的线形指标满足提高限速后对应指标的极限最小值,则宜在危险点前设置建议限速,建议限速值不大于设计速度;若危险点的线形指标小于提高限速后对应指标的极限最小值,则应在危险点前设置限速。限速值取设计速度。

5.7 限速区最小长度

5.7.1 关于限速区间长度,国内外相关的研究并不多。限速区间长度过短,将造成限速变化频繁,车辆速度变化不平顺,驾驶员对限速的遵守程度下降,以至于对限速标志视而不见。此外,限速区间长度过短,也造成限速标志增多,造成浪费。提出一个合理的限速区间最小长度,将有助于对国省道车辆的运行速度进行科学的管理。

5.7.2 限速区最小长度。

由美国联邦公路局(简称 FHWA)编写的《交通控制设施手册》(MUTCD),规定了限速标志限速区最小长度,见表 5.7.2-1。

美国限速区最小长度 表 5.7.2-1

限制速度(km/h)	110	100	90	80	70	60	40
最小长度(km)	10	2.0	0.9	0.8	0.7	0.6	0.4

本指南综合国内外研究成果,结合我国实际情况,建议限速区最小长度由限速标志的前置距离、视认距离和车辆稳定行驶距离共同组成,具体参考表 5.7.2-2 选取。

限速区最小长度 表 5.7.2-2

限制速度(km/h)	120	110	100	90	80	70	60
限速区最小长度(km)	10	10	2	0.9	0.8	0.7	0.6

5.8 限速区过渡段长度

5.8.1 我国公路在修建阶段,某些路段受地形和交通环境的限制,其线形设计经常采用较低的设计标准,地形的复杂性和多变性使整条公路不可能采用统一的全线限速。因此,对于不能满足全线统一限速的路段,根据路段的具体情况划分限速区,使各个限速区的限速值尽量和驾驶员的期望值保持一致。速度区段之间过渡不当,容易导致驾驶员车速控制的突变和脑力负荷的增加。路侧环境越复杂,驾驶员的失误操作可能性就越大,越容易引起事故。

车辆运行速度产生突变的情况主要可以分成以下三种:

(1)直线段与平曲线衔接的时候,导致运行速度的跳变。

(2)隧道、事故多发点等重点路段,或路侧环境发生变化的路段,运行速度会发生相应变化。

(3)公路的路肩除供汽车停靠外,同时供农用车、自行车和行人通行。在公路沿线村镇比较密集的路段,农用车和路侧的行人、自行车、学校等因素对车辆的运行产生较大的干扰。所以,当车辆从乡村进入城镇的时候,驾驶员意识到公路周边环境的变化,若无法对车速做出相应调整,就会带来许多的安全问题。

综上所述,公路线形特征和路侧环境的突变均会引起运行速度的变化,应从安全角度出发,在不同速度区段的变换点对驾驶员有所提示。尤其当公路从限速值较高的限速区向限速值较低的限速区过渡且限速差值过大时,将影响前后两个断面运行速度的协调性,当速度差超过了驾驶员的脑力负荷和期望时,会造成潜在的安全隐患。为了避免限速区限速值的突变,宜在相邻限速区差值过大(一般不低于20km/h)的路段插入限速区过渡段,引导驾驶员从一个速度区安全过渡到另外一个速度区。

5.8.2 限速区过渡段长度。

当相邻两个限速区的限速值变化较大时,需要在相邻限速区之间设置限速区过渡段。主要考虑驾驶员进行行车速度调整,以及保持稳定驾驶所需要的行驶长度的需要。限速区过渡段结构示意如图5.8.2所示。

图5.8.2 限速区过渡段长度示意图

限速区过渡段长度 L 由两个部分构成。

(1)车速调整行驶的距离 L_1:车辆在过渡段中,根据限速区2的限速要求,将限速区1中的行车速度 v_1 进行相应调整过程中车辆行驶的距离。

(2)车辆稳定行驶的距离 L_2:车辆在过渡段中,在完成上述车速调整后,根据转向、避让、换车道等操作要求,车辆保持稳定行驶所需要的行驶距离。

过渡段长度 $L=L_1+L_2$。限速区过渡段的长度宜取50m的整数倍。

车速调整行驶的距离 L_1 计算方法如下:

$$L_1 = \frac{v_1^2 - v_2^2}{2a} \tag{5.8.2-1}$$

式中:v_1——限速区1的设计速度;

v_2——限速区2的设计速度;

a——减速度,根据《公路交通标志和标线设置规范》(JTG D82—2009),取0.75~1.5m/s²;采用85%位车速值时,a 取1.0m/s²;

L_2——美国 AASHTO《公路与城市道路几何设计规范》(1990 年和 1994 年)中指出:驾驶员需要 6 ~ 10s 对周围环境的信息进行判断处理,需要 4 ~ 4.5s 实施相应的驾驶操作,根据以上资料,本研究中选用 14s 的行程距离来量化车辆稳定行驶所需要的距离。

6 速度控制设施

6.1 一般规定

根据驾驶员心理和生理的相关研究,一般车辆驾驶员会根据自身对前方路段情况(交通组成、车辆性能、驾驶员群体驾驶行为、交通管理水平特性、行人、路侧等情况)的判断和预估,调整车辆的运行速度,但由于趋驶效应的存在,驾驶员总是希望保持较高的运行速度,尤其在经过减速设施以后,更有一种迫切的提速愿望,这就对减速设施的设计形式和设置位置提出了较高的要求,如果设置不当,减速设施很难真正起到预期的效果。

根据实测数据分析研究并结合实际情况可以得出,目前公路上使用的各种速度控制设施按照使用方法大致可以分为两类,即断面降速型和区段降速型。

对于断面降速型减速设施,一般期望车辆经过减速设施后,在减速设施所在公路断面或其后的一个较短的区间内,可以将车速降低至一个期望速度,以便安全地通过危险点。断面降速型减速设施一般包括限速标志、减速丘、振动式减速标线、交通静化技术中交通花坛、交通瓶颈及交通监控等设施。

对于区段降速型减速设施,一般是希望车辆在较长的区段内,一直保持较低的车速,并使驾驶员在较长的区段内保持谨慎的驾驶态度。区段降速型减速设施一般包括纵向减速标线,连续振动减速标线,减速路面,视觉减速标线等减速设施。

6.2 限速标志

6.2.1 设置条件:

(1)根据现行规范《道路交通标志和标线》(GB 5768—2009)和《公路交通标志和标线设置规范》(JTG D82—2009)的规定,限速标志采用圆形标志,红色外圈,白底色,限速值采用红色字体。在限速发生变化的地点,应以标有下一段落限速值的限速标志代替原有标志;当限速路段过后不再设置其他限速时,可设置解除限速标志。解除限速标志采用黑色外圈,白底色,限速值采用黑色字体,并画有黑色斜线。解除限速标志应符合《道路交通标志和标线》(GB 5768—2009)和《公路交通标志和标线设置规范》(JTG D82—2009)的规定。

限速标志大小应按照运行速度进行核查,参照表 6.2.1 选用。

标志版面与设计速度关系 表 6.2.1

设计速度(km/h)	120,100	80	60,40	30,20
圆形外径(cm)	130	110	90	70

(2)通过调查发现,限速标志若单独使用时,一般仅能起到提示驾驶员注意的作用,驾驶员仍旧会根据个人对路况的判断控制自身的车速,仅以限速标志所指示的限制车速作为参考。

限速标志宜与其他警告标志、减速标线、减速路面等配合使用,能起到稍好的效果。当限速标志与监控抓拍设施结合使用时,一般能起到较好的控速效果。

(3)在标准规定的限速标志形式之外,还可根据具体情况,考虑以下几种限速标志。

①限速标志与附加标志组合(图6.2.1-1)。

在标准限速标志下增设附加标志,提供限速路段的信息,使驾驶员对限速路段有所了解,及时采取措施,控制车速,保证行车安全。

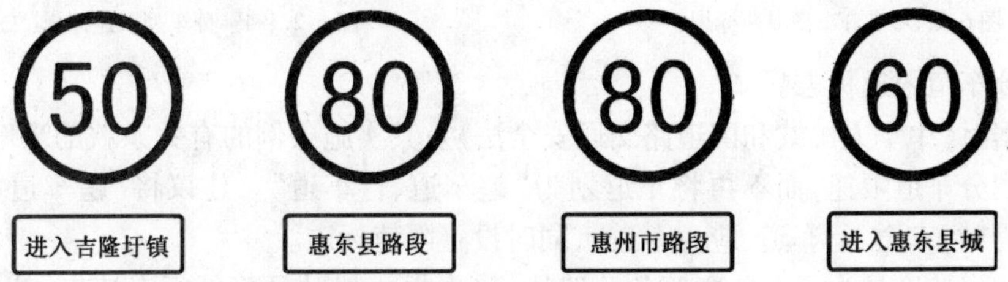

图6.2.1-1 限速标志与附加标志

②限速标志与其他警告标志组合(图6.2.1-2)。

限速标志与急弯、陡坡、十字路口、村庄、注意行人等警告标志组合,可以同时提供给驾驶员多方面的信息,使驾驶员对限速原因和前方路段的具体情况有所了解,有助于驾驶员遵守限速标志所规定的限速值。

图6.2.1-2 限速标志与警告标志组合

③分车型限速标志(图6.2.1-3和图6.2.1-4)。

当为标准限速标志及附加标志时,可采用单立柱上下设置或采用单柱悬臂水平设置;当为标准限速标志及形象标志时,可采用双立柱或双悬臂在路侧设置。

图 6.2.1-3　分车型限速标志(一)

图 6.2.1-4　分车型限速标志(二)

④分车道限速标志。

根据对《中华人民共和国道路交通安全法》及其实施条例的有关条款的理解,高速公路宜采用分车道限速,而不再将车道划为“超车道、行车道”。建议将“超车道、行车道”标志改为“行车道、行车道、应急车道”,同时设置限速标志。

⑤建议速度是为了在急弯等危险路段,警告提醒驾驶员降低行车速度、注意行车安全提出的安全舒适的行车速度。根据《道路交通标志和标线》(GB 5768—2009)的规定,建议限速标志(图 6.2.1-5)不宜单独使用,宜与其他警告标志联合使用或附加辅助标志,以说明建议速度的原因或路段位置和长度。由于建议速度在国内目前使用较少,本指南建议慎重使用。

⑥路面限速标志:在路面上设置醒目的彩色限速标志(图 6.2.1-6),效果较好。路面限速标志应符合现行《道路交通标志和标线》(GB 5768—2009)和《公路交通标志和标线设置规范》(JTG D82—2009)的规定。

图 6.2.1-5　建议速度标志

图 6.2.1-6　路面彩色限速标志

6.3 横向振动减速标线

6.3.3 横向振动减速标线的设置方法:

横向振动式减速标线设置时,应考虑其密度、颜色与外观、色度性能、抗压强度、耐磨性、耐水性、耐碱性、玻璃珠含量、流动度、逆反射系数、振动性等指标符合相关规范要求,使其能够满足车辆行驶的物理、力学指标。

除此之外,还需考虑振动式减速标线厚度、设置组数、每组道数、每道间距、每组间距对减速效果和行车舒适性的影响。振感过强会影响行车舒适;振感过弱会影响其警示和使用效果。所以应对标线厚度、设置组数、每组间距、每组道数、每道间距等根据具体情况进行分析后选用。

经调查发现,振动式减速标线的减速效果与其标线厚度、设置组数、每组道数、每道间距、每组间距均有关系。

标线厚度:一般来说,厚度较小、较薄的横向振动式减速标线的减速效果不明显,较厚的横向振动式减速标线产生的车辆振动大,对行车舒适性影响大。

设置组数及每组间距:一般与需要减速的程度关系密切,宜根据车辆实际速度和减速后的期望速度进行计算。

每组道数:每组道数与振动频率有关。当每组道数多时,振动觉强烈,持续时间较长,减速效果好,但是行车舒适性降低严重;反之,振动感弱,减速效果一般。

每道间距:每道间距决定了车轮与减速标线接触时,减速标线发挥作用的效率,间距过大和过小,都会使振动标线的效果降低。

调查和实验表明,各种振动式减速标线对于大型货车,能够起到的提示减速作用非常有限。只有采用醒目颜色、多道多组的振动减速标线,才能使大型货车的驾驶员感受到视觉和感觉上的刺激,适当控制车速。

(1)标线厚度。

振动式减速标线的凸起点高度一般不低于6mm,标线本身厚度不低于1.5mm,振动式减速标线总高度不低于7.5mm。

(2)每道标线宽度及凸起点排列。

每道标线宽度与振动强度有关。宽度越宽,振动时间越长,感觉越强烈,颠簸越剧烈;反之,振动时间短,感觉越轻快。

振动减速标线每道标线的宽度一般为20~45cm,每道标线的宽度与间隔一般相同。当交通组成中小客车较多时,宜使用较窄的减速标线;当交通组成中货车较多,或需要特别醒目的提示时,宜使用较宽的减速标线。

振动式减速标线的凸起点一般采用35mm×35mm的正方形或采用40mm×50mm的长方形,其排列应整齐,凸起点大小及间距误差不应超过2mm。一般凸起点的排列方法和间距等见图6.3.3-1与图6.3.3-2。

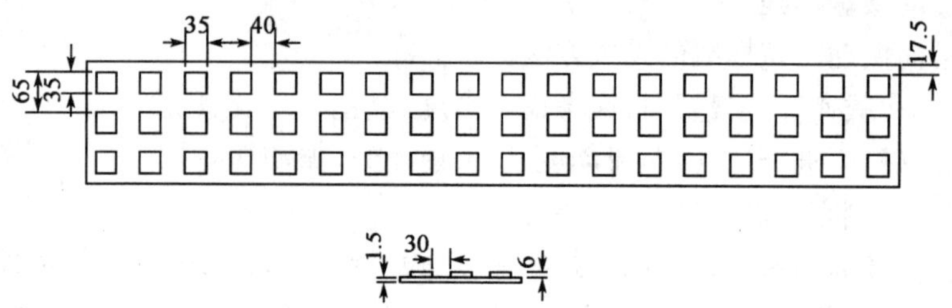

图 6.3.3-1　典型振动式减速标线设计图(一)(尺寸单位:mm)

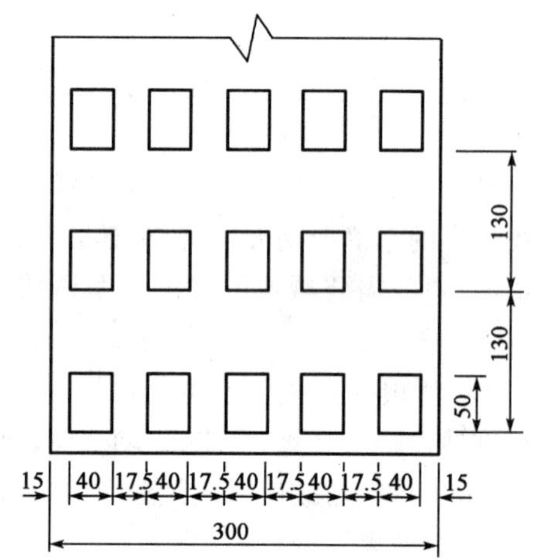

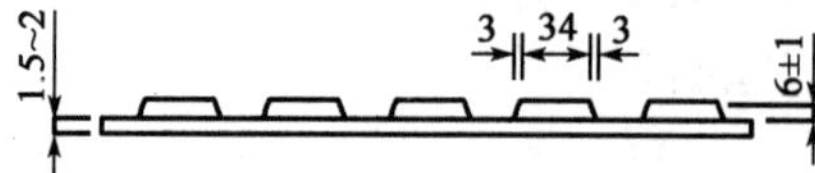

图 6.3.3-2　典型振动式减速标线设计图(二)(尺寸单位:mm)

(3)设置组数及每组间距。

①断面型:对于主要用于隧道进口、互通立交出口匝道、收费站、急弯、路基断面变化等路段,以及主要平交路口前的横向振动式减速标线,重点考虑断面降速,使车辆经过振动式减速标线后,车速由其运行速度基本降低到一个期望的安全末速度,此时宜采用减速度为 1.8m/s^2 左右,并使车辆经过各道振动减速标线的时间基本相等。

一般设置长度大于 200m 时,横向减速标线可设置 10 ~ 15 组;当设置长度小于或等于 200m 时,横向减速标线可设置 5 ~ 10 组。

具体设置时,车辆经过各道的时间按式(6.3.3-1)计算:

$$T = \frac{v_t - v_0}{3.6 \times 1.8 \times N} \tag{6.3.3-1}$$

式中：T——车辆经过各道的时间（s）；

v_t——车辆减速前的速度（km/h）；

v_0——期望末速度（km/h）；

N——需施画的道数。

车辆经过每道时的速度按式（6.3.3-2）计算：

$$v_i = v_t - 1.8iT \times 3.6 \tag{6.3.3-2}$$

式中：v_i——车辆经过每道的速度（km/h）；

i——自然数（1、2、3、…）。

振动减速标线设置间隔按式（6.3.3-3）计算：

$$S = v_i T/3.6 - 0.5 \times 1.8T^2 \tag{6.3.3-3}$$

式中：S——振动减速标线设置间隔（m）。

例如，以隧道进出口为例，计算隧道进出口振动减速标线施画长度和设置间隔，其他路段振动减速标线参考隧道进出口振动减速标线设置方法或利用以上公式进行计算。

根据某高速公路运行速度的测算，某隧道进口运行速度大部分在110km/h左右，隧道内限速80km/h。

建议振动式减速标线高度为6mm，根据式（6.3.3-1）~式（6.3.3-3），车辆由110km/h左右（第1道）经减速标线后降速至80km/h（隧道内限速）左右（第8道），约行驶122m，振动式减速标线设置间隔见表6.3.3-1及图6.3.3-3。

振动式减速标线设置间隔 表6.3.3-1

减速标线	第9道	第8道	第7道	第6道	第5道	第4道	第3道	第2道	第1道
间隔（m）	—	13	13	15	15	15	17	17	17
标线形式	单线	单线	单线	双线	双线	双线	三线	三线	三线

图6.3.3-3 振动式减速标线设置示意图（尺寸单位：m）

②区段型:对于主要用于连续长陡下坡、弯坡组合等路段,一般对其能否使车辆降低到一个期望的末速度要求不高,重点考虑区间降速,能够利用振动提示驾驶员,让驾驶员保持车速,尽量放慢行车速度,谨慎驾驶。此时振动式减速标线可等距离设置。

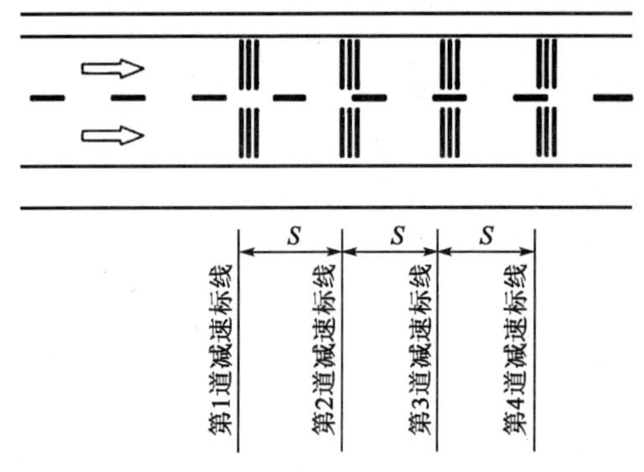

图 6.3.3-4　等间距 4 道振动式减速标线设置示意图

同样,一般设置长度大于 200m 时,横向减速标线可间隔设置,每 10 ~ 15 组为一段;当设置长度小于或等于 200m 时,横向减速标线可设置 5 ~ 10 组。图 6.3.3-4 为等间距 4 道振动式减速标线设置示意图。

(4)每组标线设置道数。对于每组横向振动式减速标线,其设置道数一般有单道式、双道式、三道式以及多道式。短时间的振动作用能够增强人的紧张度,产生快感和高于正常工作能力的感觉。短时间内车辆经过的道数越多,振动效果越明显;但道数过多,会引起剧烈的振动,严重降低行车舒适性,让驾驶员产生不舒服、逆反和不愉快的感觉。

通过工程心理学的研究,评价每组标线设置道数时以振动频率为指标。研究发现,当振动频率在 4Hz 左右时,对试验人员的判断力的影响较小,由此,可以初步得出振动频率为 4Hz 时,对驾驶员是比较合理的。具体到振动减速振动标线的设计中,可认为每组标线重复的道数为 4 次较适宜。

但是,由于事实上振动的强度对操作的影响远大于频率的影响,从实际情况上看,每组标线重复道数为 2 ~5 次均能被驾驶员接受,当重复道数大于 5 次时,由于振动频率高,会使驾驶员产生焦躁和厌恶的感觉。

一般小客车较多的公路,多采用 2 ~5 道式振动减速标线,当货车较多或对于重点路段需要重点强调减速时,可使用 5 道以上式的减速标线。

(5)每道标线间距。每道减速标线之间的间距,也关系着振动效果,如果间距过大或过小,均会使振动强度降低,造成振动减速效果不明显。

一般来说,每组振动标线相邻两道之间的间隔 d 应略大于轮胎与地面接触区域的最大长度 L,当轮胎辗过时,就会产生一个与标线厚度相同的落差,这个落差与振动效果有关。若 $d<L$,则落差就会被削弱,从而造成振动效果的降低;而当 d 远大于 L 时,会影响振动频率,同样影响降速效果。

考虑轮胎的使用时间、路面及其他一些条件,针对大型货车,一般把振动条间隔 d 定为 40cm,对于小型车,一般把振动条间隔 d 定为 30cm。由于大多数公路均为大小车辆混行,为便于设计和施工,横向振动减速标线每组中每道标线间距宜取用 40cm 左右。

(6)标线颜色。振动式减速标线一般采用白色或黄色热熔型高亮度标线涂料。黄色振动式减速标线在白天、夜晚及不良天气条件下的警示效果更佳，且不容易与其他标线混淆，具有较好的使用效果。

(7)其他注意事项。在纵坡较陡路段，宜将每道振动式减速标线之间按3等分各断开1cm左右，以利于排水。

虽然振动式减速标线具有防滑功能，但大面积的连续使用，特别当振动减速标线磨损较严重时，在雨天或雪天湿滑的情况下，仍然对防滑不利。故每组设置有10~20道振动条的减速标线，不宜设置在急弯和陡坡组合的不利路段。

此外，振动式减速标线应采用专用画线机具现场施画，保证施工质量。

横向振动式减速标线综合设置方法见表6.3.3-2。

横向振动式减速标线综合设置表 表6.3.3-2

断面型横向振动减速标线						
	收费站、检查站之前	路基宽度突变之前	互通立交出口匝道之前	急弯之前	隧道入口之前	事故多发的平交口之前
减速标线组数及每组间距	根据车辆实际速度和减速后的期望速度进行计算	根据车辆实际速度和减速后的期望速度进行计算	根据车辆实际速度和匝道限速进行计算	根据车辆实际速度和路段限速进行计算	根据车辆实际速度和隧道限速进行计算	根据车辆实际速度和减速后的期望速度进行计算
减速标线每组道数	建议由每组5道向每组2道过渡	建议由每组4道向每组2道过渡	建议由每组3道向每组2道过渡	R小于设计速度对应的一般最小半径时，建议由每组3道向每组2道过渡； R接近设计速度对应的极限最小半径时，建议由每组4道向每组2道过渡	建议由每组3道向每组2道过渡	建议由每组5道向每组2道过渡
区段型横向振动减速标线						
	长陡下坡	连续急弯陡下坡				
减速标线组数及每组间距	每5~10组为一段，每组间距约为1s限速经过的距离	每5~10组为一段，每组间距约为1s限速经过的距离				
减速标线每组道数及每道间距	建议每组3~5道	建议每组3~4道				

不同组合的横向振动式减速标线每组的平均减速效果,可参考表6.3.3-3。

需要指出的是,表6.3.3-3中的减速值是由部分试验得出的经验值,横向振动减速标线的实际减速效果与路侧环境、减速标线的设置位置、样式等均有较大关系。此外,车辆经过振动减速标线后,大部分会逐渐减速,直至减速至一个相对稳定的速度,在这个速度下,驾驶员会感觉振动可以接受且又能满足驾驶员对快速行车的心理预期。

横向振动式减速标线每组平均减速效果表 表6.3.3-3

每组道数	通过每组后平均减速(km/h)	
	小客车	货车
每组2~3道减速标线	0.6~0.8	0.2~0.5
每组4~5道减速标线	1.2~1.5	0.8~1.2
每组8~10道减速标线	2~4	1.5~2.5
每组15~20道减速标线	5~7	3~4

6.4 纵向视觉减速标线

6.4.1 视觉减速标线是运用交通工程学和交通心理学原理,利用设置在车道边缘线的白色虚线块或实线、图案,给驾驶员车道变窄的视觉效果,提醒驾驶员控制速度,谨慎驾驶。另外,视觉减速标线的设置强调车道的轮廓边界,增加在恶劣天气条件下车道的视认性,提高行车安全性。

从使用效果上分,视觉减速标线(图6.4.1)属于区段型速度控制设施,主要对一段相对较长的路段进行速度控制,提示驾驶员在一个较长的区段内注意控制车速,保持一个相对较低的运行速度。

图6.4.1 视觉减速标线

通过调查发现,视觉减速标线的减速效果并不明显,车辆平均减速为2~5km/h。对于大型货车,提示作用较大,而能起到的减速作用很小;对于小客车,由于其视点较低,纵向视觉减速标线的减速作用稍好。此外,纵向视觉减速标线对于运行速度较低的公路,其有效性低于运行速度高的公路。

6.4.2 纵向视觉减速标线的设置方法：

(1)标线形式。典型的标线如图 6.4.2-1 和图 6.4.2-2 所示，虚线块长度为 1m，间隔应为 1m，宽度为 0.3m。

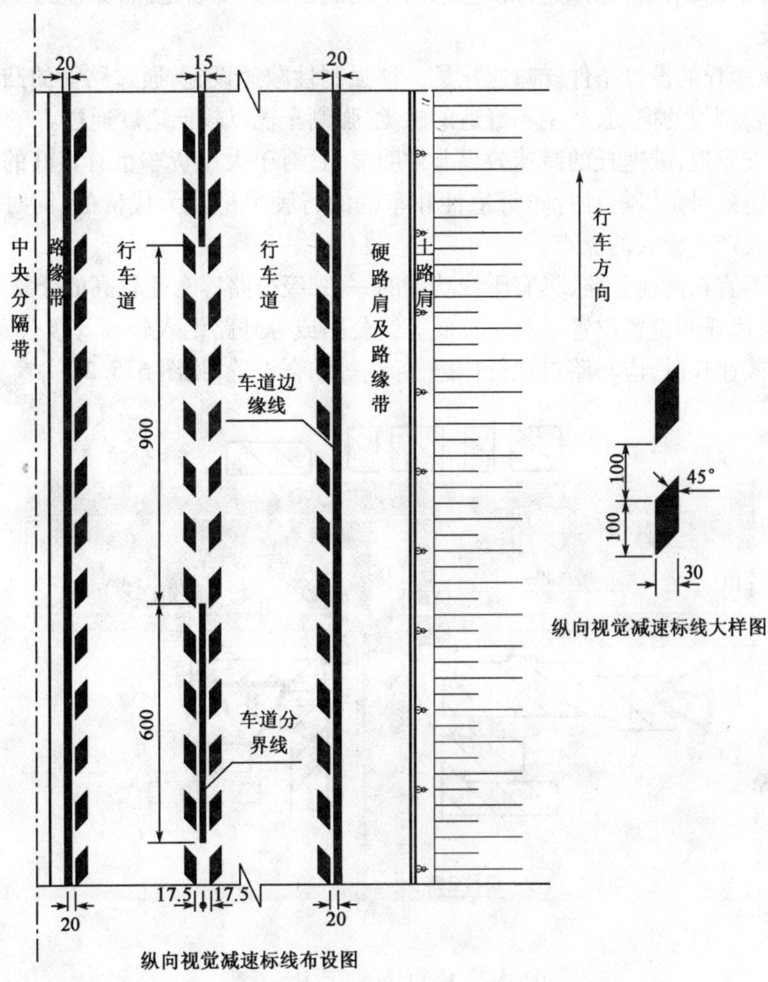

图 6.4.2-1 典型纵向视觉减速标线设计图(尺寸单位：cm)

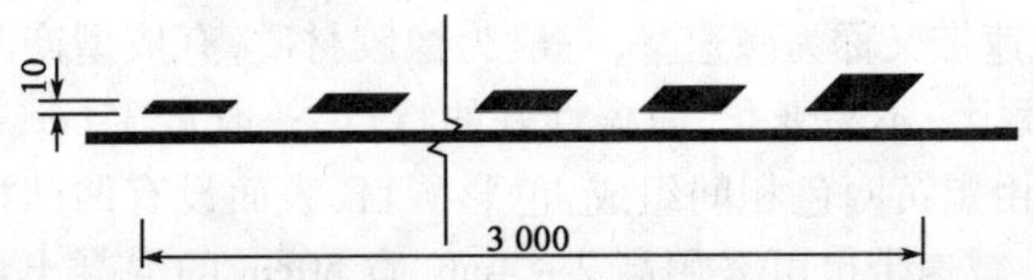

图 6.4.2-2 典型纵向视觉减速标线渐变段设计图(尺寸单位：cm)

(2)其他注意事项。纵向视觉减速标线一般采用白色热熔型高亮度标线涂料;当在水泥混凝土路面上设置时,为避免白色标线与灰色路面颜色相近,可采用黄色热熔标线,但由于黄色热熔标线的视觉刺激较强烈,采用黄色纵向视觉减速标线时,一般距离不宜设置过长。此外,纵向视觉减速标线应采用专用画线机具现场施画,保证施工质量。

6.5 减速丘

6.5.1 减速丘的设置条件。减速丘是一种强制性减速设施,通过路面的凸起,使车辆经过时产生较剧烈的振动,产生不舒适的感觉,强制车辆以较低速度通过。

通过调查发现,减速丘的减速效果非常明显,且对于大型货车也有很好的减速效果;但较好的减速效果是以牺牲行车舒适性和车辆的行驶平稳性为代价的,同时,车辆经过减速丘时还会产生较大的噪声。

减速丘不宜在高速公路、具有干线功能的一、二级公路等车速较高的公路主线使用。

6.5.2 减速丘的设置位置。对于较低等级公路或等外路汇入较高等级公路的平交式接入口设置减速丘时,应与路口让行标志、标线等结合设置,见图6.5.2。

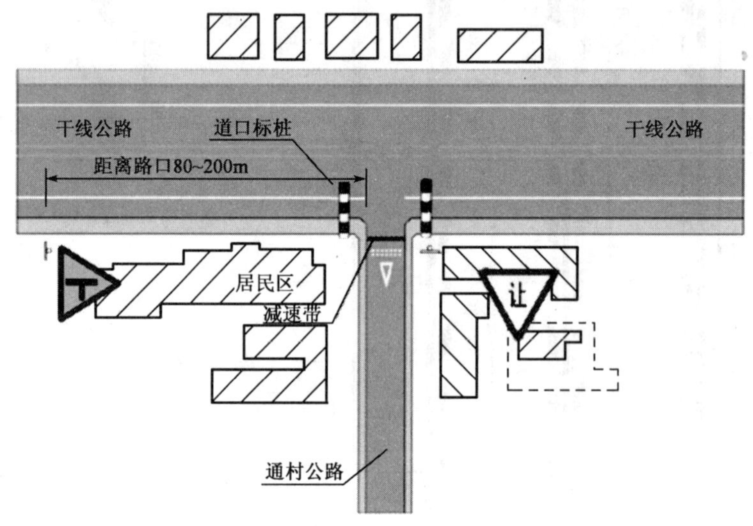

图6.5.2 接入口减速丘设计示意图

6.5.3 减速丘的设置方法。减速丘一般按照形状分为减速带和减速台。减速带较窄,产生的颠簸感强烈;减速台较宽,车辆产生的颠簸感比减速带轻。

(1)减速带。减速带又称为减速垄,一般为橡胶材质,有成型产品。橡胶减速带(图6.5.3-1)具有耐压、耐磨、不易老化、减振性好的特点,一般宽35cm,高5cm,用膨胀螺钉固定在路面上;颜色由黑黄两色相间组成,色彩醒目,表面设有凹凸槽条纹,可确保雨天及雪天的防滑效能。减速带也可采用高2~4cm,宽50cm的混凝土预制或现浇,其截面一般采用弧形曲线平滑过渡(图6.5.3-2)。

图6.5.3-1 橡胶减速带

图6.5.3-2 水泥减速带

减速带应醒目,其前方应设置减速丘警告标志或标线,提示驾驶员提前减速。模糊不清的减速带,驾驶员很难注意到,往往造成紧急制动或高速冲过,剧烈颠簸,容易发生追尾甚至翻车事故。

考虑减速带发挥强制减速作用的同时,设置不当时也有较大的缺点,参考国外的成熟经验,可以将减速带在车轮轨迹通过的位置断开一段距离。当驾驶员发现减速带有开口时,为避免车辆颠簸,会主动降低车速,将车轮对准开口通过减速带。这样,既降低了车速,又避免了振动颠簸和噪声,能够达到较好的效果。单车道减速带布设尺寸见图6.5.3-3。

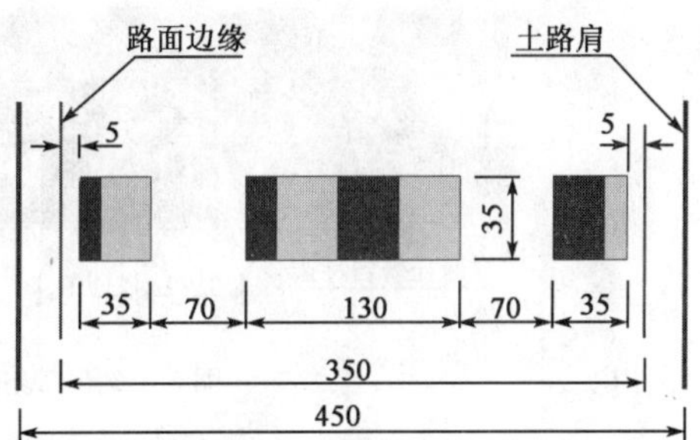

图6.5.3-3 减速带尺寸布设图(尺寸单位:cm)

(2)减速台。减速台是在路幅宽度内较正常路面高度隆起的强制性减速设施,与一般减速带不同的是,减速台的顶面较宽,整体较平缓(图6.5.3-4),可以避免车辆高速通过时所产生的剧烈颠簸和噪声,同时起到降低车辆运行速度的作用。

图6.5.3-4 平缓的减速台

减速台可采用水泥混凝土、沥青混凝土等材料制作，其断面形式应为平顶，前后接弧线形，尺寸应保证减速带相对平缓（图 6.5.3-5），车辆通过时不会产生剧烈的颠簸。

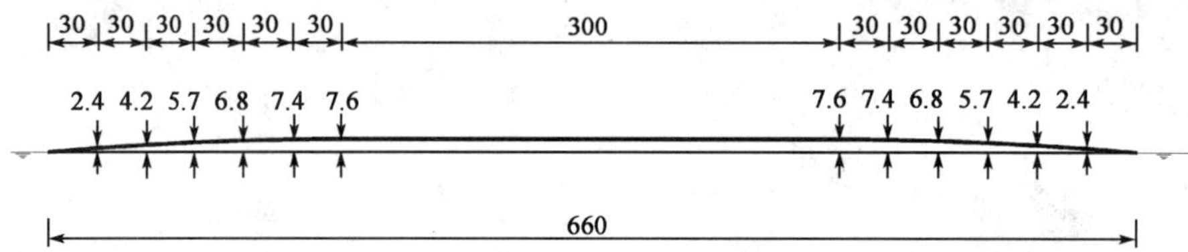

图 6.5.3-5　减速丘断面尺寸图（尺寸单位：cm）

在布设减速台的路段，应通过设置标志或标线提前告知驾驶员减速台的存在。应在减速台的表面设置反光标线，在减速丘之前 50～80m 设置减速丘（图 6.5.3-6～图 6.5.3-8）标志，提示驾驶员注意。

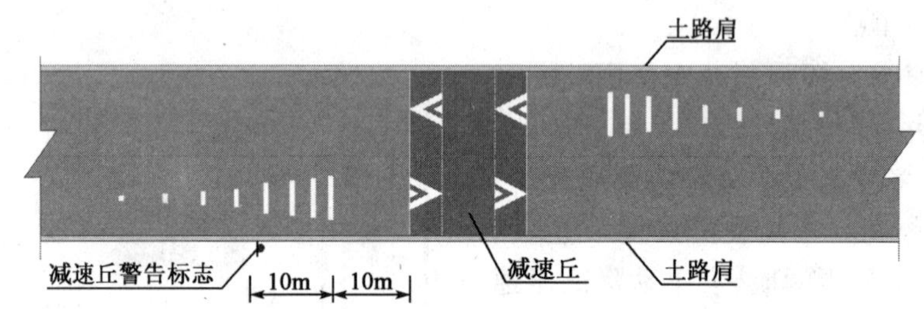

图 6.5.3-6　减速丘标志、标线设置图

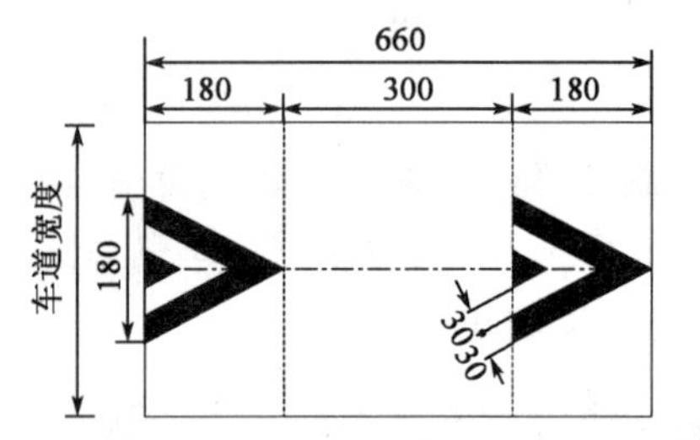

图 6.5.3-7　减速丘标线图（尺寸单位：cm）

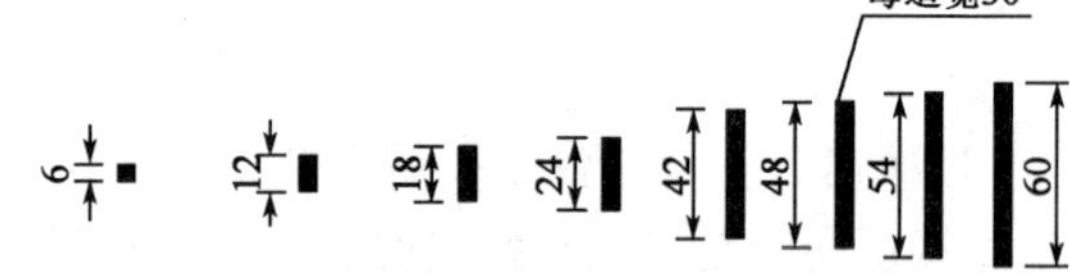

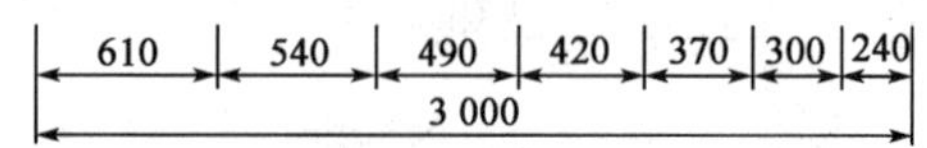

图 6.5.3-8　减速丘标志图（尺寸单位：cm）

6.6　减速路面

6.6.1　减速路面的设置条件。减速路面是等级公路均可采用的一种减速控制实施，其原理是采用摩阻力大的路面结构形式铺筑于普通路面结构之上或代替普通路面结构，使路面的防滑性能提升，同时，车辆通过时能产生振动的感觉，提示驾驶员减速行驶。彩色的减速路面还具有强烈的视觉效果，增加在恶劣天气条件下车道的视认性，提醒驾驶员控制速度，谨慎驾驶，提高行车安全性。

减速路面主要分为薄层彩色减速防滑路面和弹石（砾石）减速路面。

(1)薄层彩色减速防滑路面。薄层彩色减速防滑路面是用硬质骨材和特殊热可塑树脂组成的特殊粉末涂料,经过专门设备高温熔化后,通过特殊的施工工艺敷设于路面上的,可以有多种颜色,一般采用砖红色等距间隔铺装,具有较强的视觉警示效果。

同时,薄层彩色减速防滑路面综合纵向视觉减速标线和横向振动减速标线的优点,由于材料内混有反光玻璃珠,能对驾驶员产生视觉冲击,夜间车灯照射路面后有明显反光,可有效延长危险路段视认距离,并在车辆通过时有轻微振动感,可提醒驾驶员控制车速。另外,它增加了轮胎和地面的摩擦系数,减少了雨雾天气条件下车辆事故隐患。

薄层彩色减速防滑路面造价较高,约300元/m^2,适用于高等级公路,如高速公路、一级公路及有条件的二级公路、三级公路。

试验表明,薄层彩色减速防滑路面的降速效果并不明显,而防滑警示作用是其主要的功能。在高速公路与一级公路上,薄层彩色减速防滑路面使车辆平均减速2~5km/h。

(2)弹石(砾石)减速路面。弹石(砾石)减速路面一般是一段水泥混凝土砾石(卵石)路面,或者弹石路面、凿槽路面、条石路面等(图6.6.1-1和图6.6.1-2),其原理是利用车辆驶过时导致适度的颠簸,提示驾驶员减速,达到减速的目的。

图6.6.1-1 弹石减速路面

图6.6.1-2 砾石减速路面

弹石(砾石)减速路面造价低廉,但舒适性差,一般适用于低等级公路,如三、四级公路和低等级的乡道、村道等。

试验表明,弹石(砾石)减速路面的降速效果非常明显,由于车辆通过弹石(砾石)减速路面时颠簸剧烈,几乎所有车辆均会减速至40km/h以下,通过砾石减速路面时,甚至会降速至20km/h以下,车辆平均减速10~25km/h。

通过调查发现,高等级公路使用薄层彩色减速防滑路面时,通过感觉和视觉的刺激,对驾驶员的警示效果较好,其减速效果与纵向视觉减速标线相似,且具有防滑功能,对行车舒适性影响不大;低等级公路使用的弹石(砾石)减速路面对各种车辆均能起到较好的减速效果,同时具备一定的防滑功能,但对行车舒适性影响大。

6.6.2 减速路面的设置方法

(1)薄层彩色减速防滑路面。高等级公路设置的薄层彩色减速防滑路面一般采用砖红色,从需要提示的重点路段之前开始设置,并延伸进重点路段至少5~10s运行速度长度,也可根据需要在重点路段全段设置。

一般薄层彩色减速防滑路面可在车道内满铺或间隔铺设,当进行间隔铺设时,间距一般为15m,段落长度为15m(图6.6.2-1);当铺设距离较长时,宜在起始位置铺设过渡段。此外,薄层彩色减速防滑路面也可与纵向视觉减速标线共同使用,效果更好。

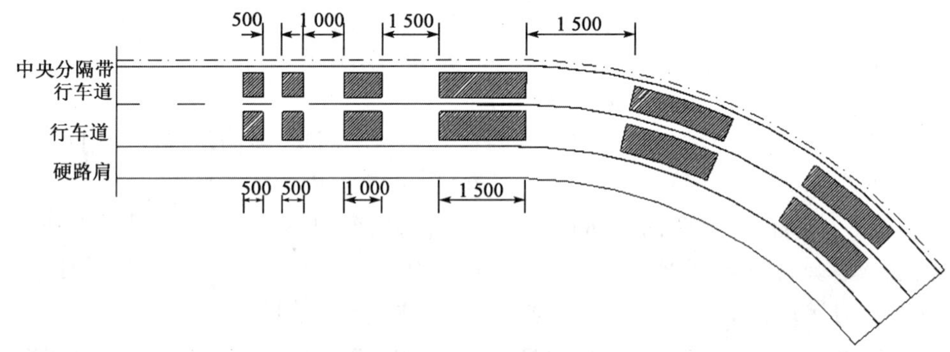

图6.6.2-1 彩色减速路面与视觉减速标线示意图(尺寸单位:cm)

(2)弹石(砾石)减速路面。

①弹石减速路面即弹石路面:一般为在基层和砂垫层上,铺砌较规则的小块石或预制水泥混凝土砖等,经嵌挤、碾压、粗砂填缝等工序形成路面,具体铺设参数和规范,可参考相关技术标准。

②水泥混凝土砾石(卵石)减速路面:水泥混凝土砾石(卵石)减速路面是将一层粒径3~5cm的磨圆度较好的砾石(卵石)材料错落地嵌铺于水泥路面上,形成凸起的路面。砾石材料应圆滑无尖角,防止割伤车辆轮胎。砾石(卵石)的间距不能太小,也不能大于车辆的轮胎宽度,一般可以取30cm,且砾石的高度不大于2cm,否则会影响使用效果。

③弹石(砾石)减速路面:

a.间隔设置的减速路面(图6.6.2-2),每段长度一般为15m,不少于2组,段落间距15m,一般设置在急弯之前,或设置在人群密集的村镇、学校路段以及平交路口之前。

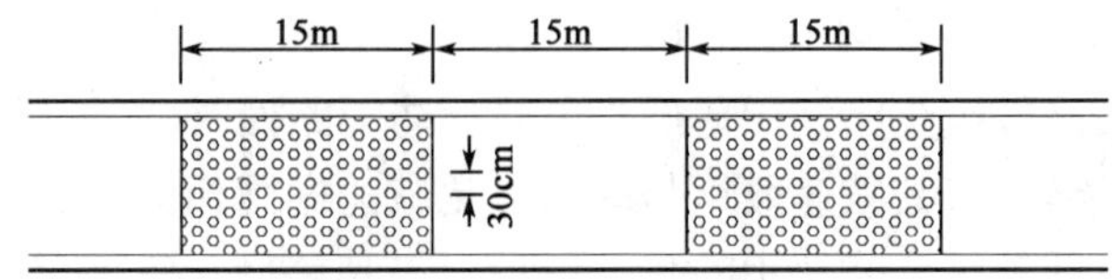

图6.6.2-2 间隔设置的减速路面

b.连续减速路面(图6.6.2-3),一般设置在陡下坡坡段内,长度比下坡坡长略短。

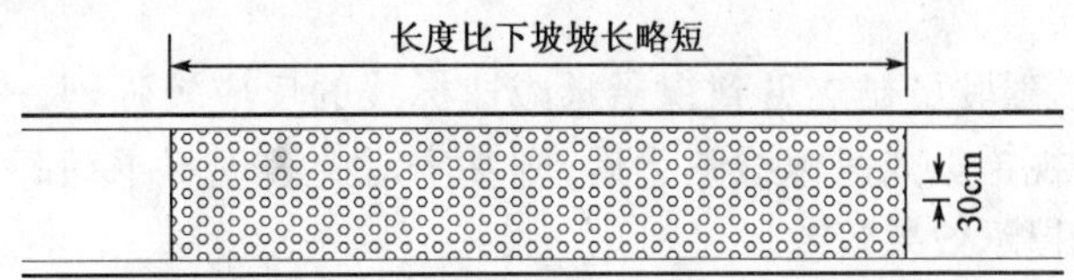

图6.6.2-3 连续减速路面

c.弹石(砾石)减速路面应与限速标志结合设置,一般可将限速标志设置在减速路面之前,限速值应结合减速路面之后的路况综合考虑。

6.7 其他速度控制设施

6.7.1 视错觉减速标线是将二维平面的彩色标记设置在路面上,利用人眼和感官的视错觉,使驾驶员看到三维立体的标记,从而引起驾驶员注意,降低车速(图6.7.1-1)。

图6.7.1-1 横向视错觉标记

视错觉减速标线一般分为横向视错觉标记和纵向视错觉标线(图6.7.1-2和图6.7.1-3)。

图6.7.1-2 连续纵向视错觉标线

图6.7.1-3 间隔纵向视错觉标线

(1)视错觉减速标线的设置条件。视错觉减速标线对行车舒适性基本无影响,可以设置在各种等级的公路上,但由于其造价较高,使用寿命较短,一般在低等级公路上使用较少。

通过调查发现,驾驶员初次见到视错觉减速标线的反应较强烈,一般可以主动降低车速,但是,一旦对视错觉减速标线熟悉后,则基本对此表现不予理睬,造成视错觉减速标线的实际减速和提示效果较差。

相对于横向视错觉标记,纵向视错觉标线的效果更为不理想。图 6.7.1-3 所示的间隔纵向视错觉标线的使用效果甚至低于纵向视觉减速标线。此外,视错觉减速标线对于大型货车基本没有效果,仅对小客车能起到一定的提示和减速效果。

(2)注意事项。视错觉减速标线较好地利用了驾驶员的视错觉,但是,如果标线的3维视觉效果太强烈,给驾驶员的视觉刺激过大,驾驶员往往会将其看成路面上的障碍物,为躲避而突然改变方向和紧急制动,反而形成安全隐患。

为避免这种情况的发生,当设置横向视错觉标记时,应成排设置,不宜单独孤立的设置标记。此外,具体标记形状和颜色,应在小区域内铺设实验,观察实际效果后,再在公路上大面积实施。

6.7.2 所谓交通静化,一般可以理解为采用改变公路线形、安装障碍物等来降低车辆运行速度以及其他由机动车带来的负面影响,改善公路中非机动车和行人的交通环境,以人性化的手段管理交通,减少交通事故,营造和谐的交通环境和生活环境。

交通静化技术最早在西方发达国家的社区应用,随着技术的发展,其应用的区域扩展到小村镇、乡村公路和城区,并且随着应用还在不断发展和优化,同时,也被发展中国家逐渐的借鉴。

交通静化技术一般包括速度控制措施、交通量控制措施、组合控制措施等工程措施和教育、执法等非工程措施。这里我们关心的是如何从以人为本出发,设置人性化的减速设施,对低等级公路等进行速度控制。

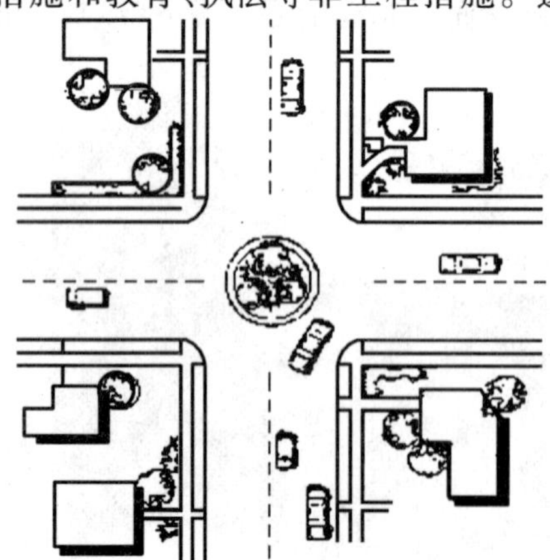

图 6.7.2-1 交通花坛设置示意图

(1)水平速度控制措施。车辆直线行驶时车速较快,水平速度控制措施是在平面上造成公路曲折,使车辆不能直线行驶,不得不降低车速。典型的水平速度控制措施有交通花坛(环岛)波纹路等。

①交通花坛。交通花坛是设置在小型交叉口中心位置的圆形交通岛,车辆沿其周围环绕行驶(图 6.7.2-1),可在其凸起的平台上进行绿化。交通花坛一般适用于村镇内部交通量不大、无大型车

辆的通村公路交叉口。

交通花坛可有效降低车速，提高交通安全水平，而且可美化路侧环境，但是不便于大型车通行。此外，应在交通花坛设置醒目的环岛标志或漆画醒目的红白相间警示条纹，提示驾驶员注意环岛慢行。

②波纹路。波纹路的行车道近似为S形（图6.7.2-2），车辆在波纹路上行驶会自然放慢速度通过。波纹路适用于大型车不多的通村公路或穿村路段，可以利用路侧的路缘带进行绿化，对车速和噪声控制均较好。此外，应在波纹路之前设置醒目的提示标志，提示驾驶员减速慢行。

（2）垂直速度控制措施。垂直速度控制措施是把车行道的一段抬高，以降低车速。典型的措施包括减速丘或减速台等（图6.7.2-3）。

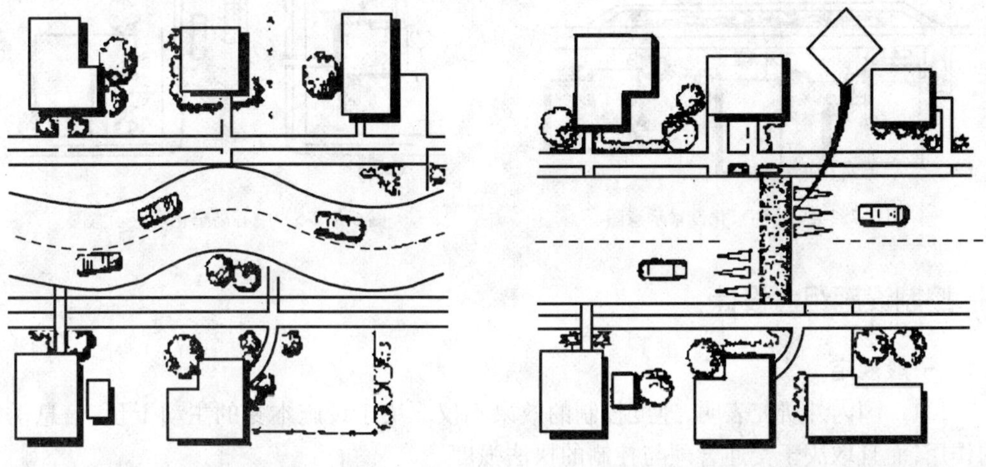

图6.7.2-2　波纹路设置示意图　　　　图6.7.2-3　减速丘或减速台设置示意图

这里所提到的减速丘或减速台是一种相对较宽、较平缓的减速设施，车辆经过时不会剧烈颠簸。减速丘或减速台之前应设置醒目的提示标志和标线。

此外，减速丘或减速台有时设置成中间分离式，只要车辆降低速度对准缺口通过，就可以不产生颠簸，无形之中控制了车速，体现了以人为本的理念。

（3）车道断面窄化措施。车道断面窄化措施是利用人为的障碍物，将公路路面缩窄，使得车辆自然减速通过，避免产生噪声和颠簸。车道断面窄化措施包括路面窄化、中心岛窄化和交叉口瓶颈化等。

①路面窄化。路面窄化是在需要进行速度控制的路段，加宽路侧路缘带、人行道或绿化带的宽度，压缩公路断面宽度，是车辆通过时自然减速的方法，适用于车流量不大的村镇路段。路面窄化措施可能造成非机动车与机动车合流拥挤的情况，所以宜在压缩路面的同时，另设非机动车道。此外，路面窄化时应配合醒目的提示和警告标志，提醒驾驶员减速通过（图6.7.2-4）。

②中心岛窄化。中心岛窄化是在公路中线上设置凸起的中心交通岛(图6.7.2-5),以窄化两侧的车行道,适用于交通量不大且路面较宽的村镇路段,可以降低车速和减少交通量。中心岛窄化设施之前,必须设置醒目、明确的提示标志,且最好和减速丘等配合使用。

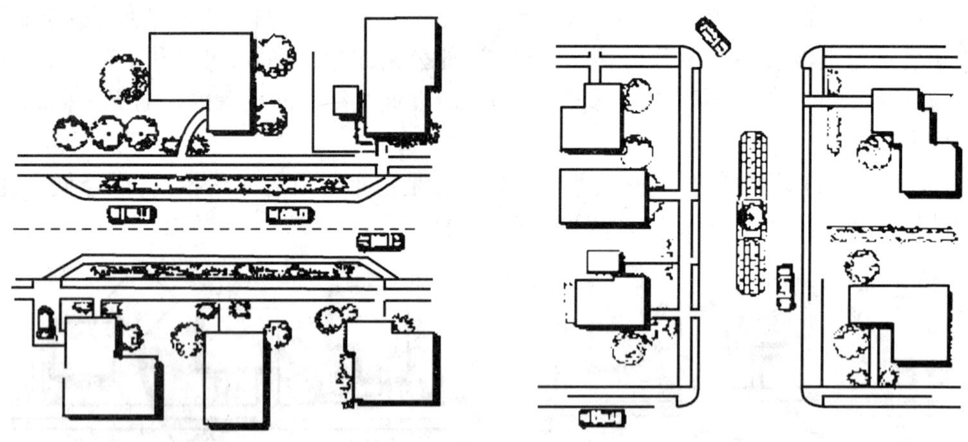

图6.7.2-4　路面窄化设置示意图　　图6.7.2-5　中心岛窄化设置示意图

7　控制设施组合设计

7.1　一般规定

7.1.1　国内外研究表明,速度控制的效果不仅取决于设施本身的主动干预、信息诱导的作用,而且取决于交通管理与控制的执法强度。

不论限速值是否适当,半数以上的驾驶员在没有执法的情况下,不会自觉遵守限速值。为了提高公路特别是危险路段的安全性,应对这些路段实施公正公平执法,才能保障全体用路者的安全。

不同的速度控制设施其控制效果不同。多种控制设施的组合利用效果明显比单一的速度控制设施效果好。多种控制设施组合使用,一方面可以加大速度控制信息对驾驶员的作用频率和强度,另一方面可以使不愿意主动控制速度的驾驶员被动接受速度控制。实验表明,限速标志与超速监控进行组合后的速度控制效果最好,能使98%以上的驾驶员自觉遵守限速值。但是,由于经济处罚力度大,应谨慎使用。其次是限速标志与减速丘、减速路面组合的强制速度控制效果,能使高速车辆自动减速后通过减速丘,但是由于减速丘有可能使高速车辆腾空导致事故,因此平均速度高于40km/h的公路不宜使用。振动式减速标线的作用效果略比减速丘差,但是其安全性较好,因此广泛使用在各级公路上。限速标志和视觉标线实际上所起的作用相似,其效果一般。

调查问卷表明,驾驶员其他速度控制设施的效果从高到低依次为:限速标志与视觉减速标线组合、振动式减速标线与视觉减速标线组合、视觉减速标线与彩色防滑路面组合。

7.1.2 研究表明,限速标志、振动减速标线、减速丘、超速抓拍等均属于断面型速度控制方法,车辆在经过以上设施的断面时,受其作用会减速,但只要驶过该断面,大部分会立刻提速;而纵向视觉减速标线、彩色防滑减速路面、弹石(砾石)减速路面等属于区段型速度控制方法,车辆在经过以上设施的路段内,一般都能受其影响,减速设施的作用时间和作用距离较长。

7.1.3 多种速度设施可优化组合,优化组合一般考虑采用两种以上的限速设施综合设置,往往能起到较好的应用效果。优化组合时,应重点区分断面型速度控制设施和路段型速度控制设施各自的特点,尽量考虑断面型与路段型结合使用,才能达到较好的使用效果。

7.2 限速标志与速度监控设施

7.2.1 设置条件。限速标志与超速抓拍设施组合设置虽然减速效果好,但是属于断面式速度控制方法,对于较短路段的实施效果好,若需要进行速度控制的路段较长,宜考虑多次设置或其他速度控制方法。由于超速抓拍设施涉及技术、资金和驾驶员的经济利益,故建议尽量少使用,仅在超速严重且事故多发的路段适当设置。

7.2.3 设置方法。现行《道路交通安全违法行为处理程序规定》指出:"固定式交通技术监控设备设置地点应当向社会公布。使用固定式交通技术监控设备测速的路段,应当设置测速警告标志。"依据这条规定,在设置超速监控之前,应先设置限速标志和"前方测速区"标志,超速监控与限速标志、"前方测速区"标志保持通视,使驾驶员预先知情,做好准备,警惕危险路段险情,达到教育和提醒驾驶员降低速度、安全行车的目的,而不是以罚款为目的。限速标志与超速抓拍设施组合设计见图7.2.3-1和图7.2.3-2。

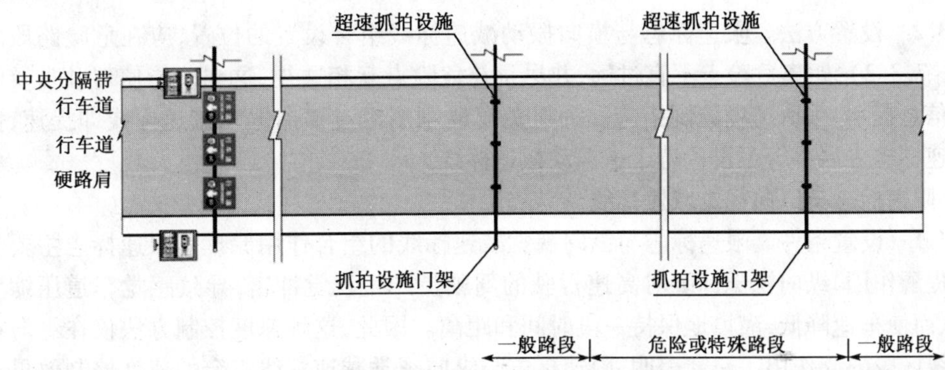

图7.2.3-1 高速公路限速标志与超速抓拍设施组合设计图

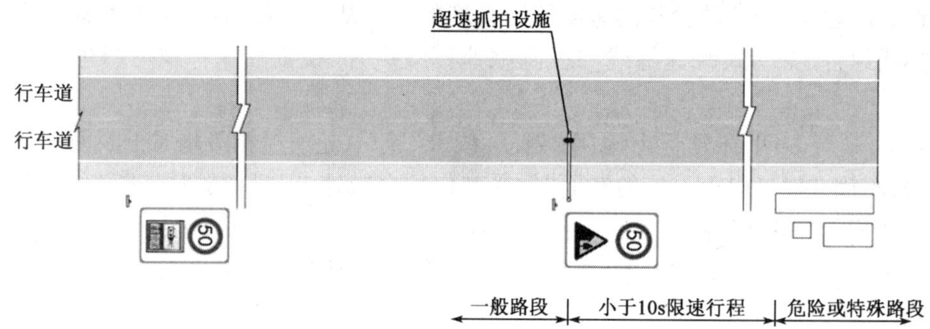

图 7.2.3-2　等级路限速标志与超速抓拍设施组合设计图

7.3　限速标志与横向振动减速标线

7.3.1　设置条件。限速标志与横向振动减速标线设施组合作用原理是限速标志主要起警告提醒作用,横向振动减速标线主要从视觉和强制振动来迫使驾驶员减速。由于这种速度控制方法一般不涉及违法执法,并且调查表明驾驶员普遍能接受振动带来的不适,因此,广泛应用在各级公路上。

限速标志与横向振动减速标线组合设置实际起到主要控制作用的是横向振动减速标线,车辆通过振动标线后将速度降低到一定程度,因此,其安全速度是以振动标线带来的振动不适为代价。由于速度控制的区段长度几乎完全取决于振动标线的长度,因此若需要进行速度控制的路段较长,宜考虑多次设置或用其他速度控制方法。

横向振动减速标线振动的幅度和频率与设置标线的方式有关,减速标线的组数和每组的条数应根据预期控制的效果而定。另外,小型车受振动标线的作用效果较好,而对大型车和重载车辆,这种小幅振动基本不影响驾驶舒适度,因此,这种速度控制方式主要适用于交通流以小客车为主的公路上,不宜用于控制以大型车辆速度为主的公路上。

7.3.2　设置方法。限速标志与横向振动减速标线组合设置的位置,应在危险路段之前(图 7.3.2),距离危险点不宜过远,并尽量与危险点互相通视,这样才能使驾驶员及时接受信息提示,采取速度控制措施。为避免车辆刚刚经过横向振动减速标线即提速,宜在限速标志之后再等距设置若干道振动减速标线。

7.4　限速标志与纵向视觉减速标线

7.4.1　设置条件。限速标志与纵向视觉减速标线的组合作用原理是限速标志主要起警告提醒作用,纵向视觉标线对高速行驶的驾驶员产生视觉冲击,导致感觉车道压缩变窄,从而使车速降低,谨慎地保持一段时间和距离。因此,这种速度控制方法仅在纵向视觉标线区段内起作用。研究表明,限速标志与纵向视觉减速标线组合的速度控制效果比这两种设施单独作用效果好。

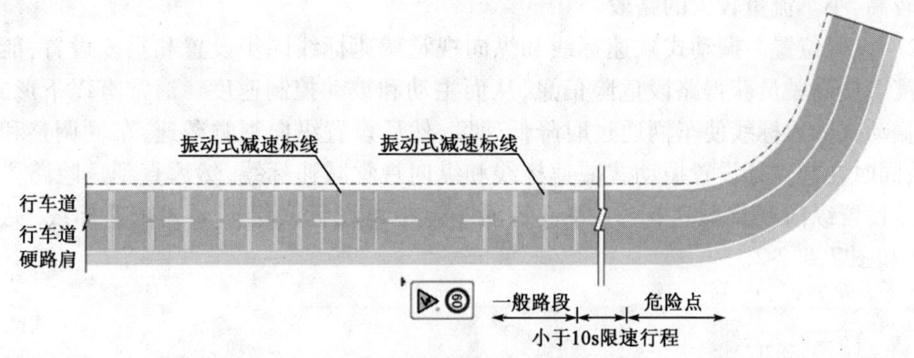

图 7.3.2 限速标志与横向振动减速标线组合设计图

此外,这种组合需要路段的平均速度达到 50km/h 以上,效果才能逐渐显现,速度越高,效果越好。因为速度高,视觉冲击效果强,从而对小车的控制效果比大型车好,因此,适合以小客车为主或者平均速度在 50km/h 以上的高速公路和一级、二级公路。

7.4.3 设置方法。纵向视觉减速标线属于路段型减速设施,在危险路段之前 100m 左右开始,并设置限速标志,使驾驶员到达危险点之前能达到预期的安全行车速度,并控制此速度通过危险点(图 7.4.3)。

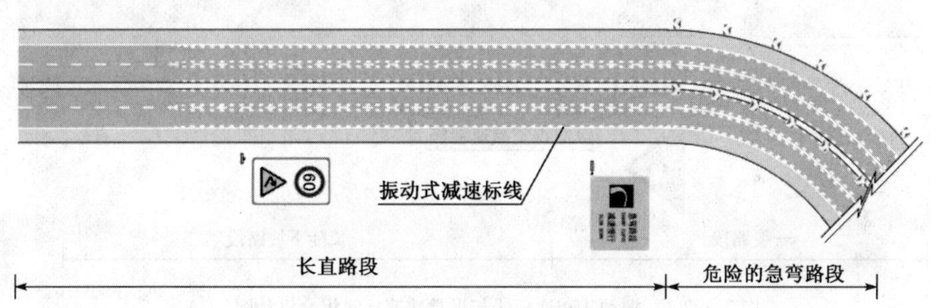

图 7.4.3 限速标志与纵向视觉减速标线组合设计图

7.5 振动式减速标线与视觉减速标线

7.5.1 设置条件。振动式减速标线与视觉减速标线组合设施的速度控制原理:振动式减速标线是通过车辆通过减速标线的振动频率和幅度起到警示和强制减速的作用,而视觉减速标线则是从视觉上形成错觉,感觉车道变窄而降低车速。

长距离设置视觉减速标线,存在驾驶员适应后保持原速度而视错觉消失的缺陷。而振动式减速标线重复多次设置能反复提醒驾驶员控制速度,在很大程度上提高这两种设施的使用效果。另外,由于标线可采用不同颜色,长距离设置有助于缓解和避免驾驶疲劳,从而提高公路安全性。

由于振动式减速标线和视觉减速标线对大型车辆的作用效果不明显,因此主要适用于速度较高,小车流量较大的路段。

7.5.2 设置位置。振动式减速标线和纵向视觉减速标线同步设置和重复设置,能在很大程度上使驾驶员获得路段危险信息,从而主动和被动控制速度。通常有以下形式:先设置振动式减速标线使车辆通过时降低速度,然后设置纵向视觉减速,车辆调整和控制速度;同时在起点处设置振动式减速标线和纵向视觉减速标线,然后直到危险路段结束点连续设置纵向视觉减速标线,并且每隔一定距离设置多组振动式减速标线,见图7.5.2-1和图7.5.2-2。

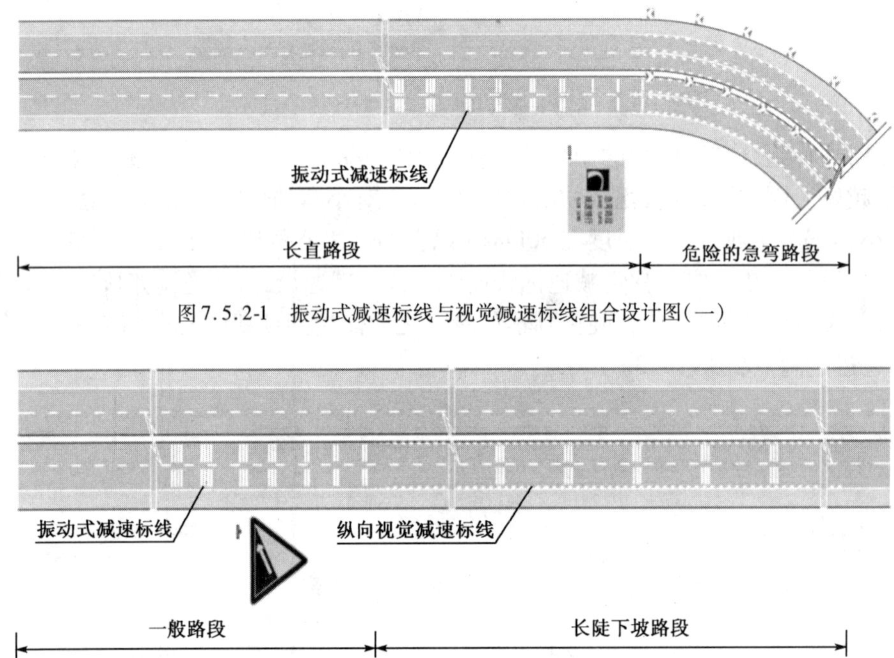

图7.5.2-1 振动式减速标线与视觉减速标线组合设计图(一)

图7.5.2-2 振动式减速标线与视觉减速标线组合设计图(二)

7.6 视觉减速标线与彩色防滑路面

7.6.1 设置条件。视觉减速标线与彩色防滑路面组合设施的速度控制原理:视觉减速标线使高速车辆驾驶员从视觉上形成错觉,感觉车道变窄而降低车速。而彩色防滑路面能提高湿滑路面的摩擦阻力,从而加大减速度,同时彩色防滑路面多为红色,也在视觉上给驾驶员以醒目的警示,因此达到控制速度和提高安全性的目的。

视觉减速标线与彩色防滑路面组合属于路段型速度控制方法,只有在设置长度范围内车辆才受其影响,减速设施的作用时间和作用距离取决于设置的长度。

彩色防滑路面组合对于大型车辆和小型车辆均有较好的使用效果,因此,这种组合设施对交通流组成没有特殊要求。

视觉减速标线与彩色防滑路面的效果非常明显,但是其工程造价相对其他组合设施来说比较高。

7.6.2 设置位置。研究表明,视觉减速标线与彩色防滑路面的效果在车辆容易发生侧滑、追尾、冲出路外的多雾多雨湿滑路段非常明显,因为一方面能增加摩擦系数来加快减速防止打滑,另一方面又能为驾驶员及时提供路况危险的信息。图7.6.2为视觉减速标线与彩色防滑路面组合设计图。

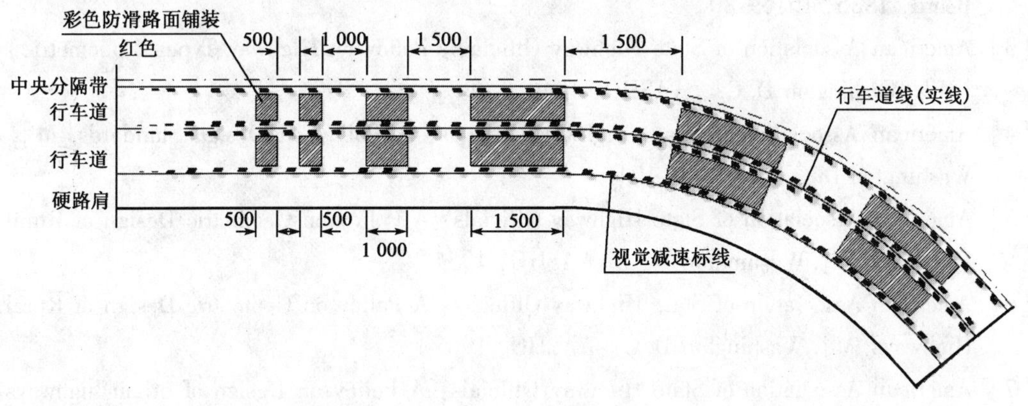

图7.6.2 视觉减速标线与彩色防滑路面组合设计图(尺寸单位:cm)

7.6.3 设置方法。视觉减速标线与彩色防滑路面组合设施属于路段型减速设施,不仅在设置的危险路段具有物理减速效果,而且具有醒目的警示效果,因此,铺设区段应从进入危险路段前适当开始,到危险路段结束之后。同时,鉴于彩色防滑路面造价较高,可根据需要在所在区段路段间隔设置。

参 考 文 献

[1] International Road Federation. Word Road Statistics 2008.

[2] Barnett, J. Safe Side Friction Factors and Superelevation Design[J]. Highway Research Board, 1936, 16:69-80.

[3] American Association of State Highway Officials: Policy on Highway Types (Geometric) [M]. Washington D. C. : AASHO, 1940.

[4] American Association of State Highway Officials: A Policy on Design Standards[M]. Washington D. C. :AASHO, 1941.

[5] American Association of State Highway Officials: A Policy on Geometric Design of Rural Highways[M]. Washington D. C. :AASHO, 1954.

[6] American Association of State Highway Officials: A Policy on Geometric Design of Rural Highways[M]. Washington D. C. :AASHO, 1965.

[7] American Association of State Highway Officials: A Policy on Design of urban highways and arterial streets[M]. Washington D. C. :AASHO, 1973.

[8] American Association of State Highway and Transportation Officials: A Policy on Geometric Design of Highways and Streets[M]. Washington D. C. :AASHTO, 1984.

[9] American Association of State Highway and Transportation Officials: A Policy on Geometric Design of Highways and Streets[M]. Washington D. C. :AASHTO, 1994.

[10] Manual on Uniform Traffic Control Devices for Streets and Highways[M]. Washington D. C. : Federal Highway Administration, U. S. Department of Transportation, 1988.

[11] Manual on Uniform Traffic Control Devices for Streets and Highways: Millennium Edition[M]. Washington D. C. : Federal Highway Administration, U. S. Department of Transportation, 2000.

[12] American Association of State Highway and Transportation Officials: A Policy on Geometric Design of Highways and Streets[M]. Washington D. C. : AASHTO, 2001.

[13] Highway Capacity Manual[M]. Washington D. C. :Transportation Research Board, 1950.

[14] Matson T. M. , Smith W. S. , Hurd F. W. . Traffic Engineering [M]. New York: McGraw-Hill Book Company, Inc. , 1955.

[15] Highway Capacity Manual[M]. Washington D. C. :Transportation Research Board, 1965.

[16] Manual on Uniform Traffic Control Devices for Streets and Highways. Federal Highway Administration, U. S. Department of Transportation, Washington, DC,1988.

[17] Glossary of Transportation Terms[M]. Washington D. C. : Federal Highway Administra-

tion, U. S. Department of Transportation, 1994.

[18] N N Bowie Jr. , M Waltz. Data Analysis of the Speed-Related Crash Issues [M]. Auto and Traffic Safety, 1994.

[19] Managing Speed: Review of Current Practice for Setting and Enforcing Speed Limits: TRB Special Report 254 [R]. Washington D. C. : Transportation Research Board, National Research Council, 1998.

[20] Manual on Uniform Traffic Control Devices for Streets and Highways—Millennium Edition. Federal Highway Adminis-tration, U. S. Department of Transportation, Washington, DC, 2000.

[21] American Association of State Highway and Transportation Officials, A Policy on Geometric Design of Highways and Streets, 2001.

[22] 黄兴安.公路与城市道路设计手册[M].北京:中国建筑工业出版社, 2004.

[23] 孙小端,汪双杰,等.基于中美公路运行速度与交通安全相关性对比的中国公路安全研究[R].中国公路学报,2010.

[24] 程国柱.高速道路车速限制方法研究[D].哈尔滨:哈尔滨工业大学,2007.

[25] Road and Traffic Standards Network & Asset Planning Traffic Engineering Manual. Traffic Management, 2006.

[26] 唐敏文.高速公路速度限制标准与方法研究[D].长沙:湖南大学,2008.

[27] 连嘉.基于运行速度的高速公路限速制定方法研究[D].北京:北京工业大学,2009.

[28] 李峰,桑套刚,刘清君.高速公路合理限速对策研究[J].道路交通与安全.2008,8(1):45-48.

[29] Coleman, J. A. , et al. 1996. FHWA Study Tour for Speed Management and Enforcement Technology. FHWA-PL-96-006. Federal Highway Administration, U. S. Department of Transportation.

[30] 隽志才,姚宏伟,朱泰英,等.高速公路可变限速系统的社会经济影响评价[J].公路交通科技,2004, 21(5):104-108.

[31] Janet A. Coleman, Raymond D. Cotton, Rodney Covey. FHWA Study Tour for Speed Management and Enforcement Technology[M]. Diane Pub Co, 1996.

[32] Solomon, D. . Accidents on Main Rural Highways Related to Speed, Driver, and Vehicle[J]. Federal Highway Administration, 1964:11-17.

[33] Dr. Frank Navin, Kanny Chow. Speed and the Probability of a Crash[M]. Research Scientist Center for Transportation, 2001.

[34] 杜博英.道路交通事故与模型[J].公路交通科技,2002, 19(6):116-118.

[35] Liu G X, Popoff A. L.. Provincial-Wide Travel Speed and Traffic Safety Study In Saskatchewan[J]. Transportation Research Record, 1997, 1959:8-13.

[36] Dart, O. K.. Effects of the 88.5km/h (55mph) speed limit and its enforcement on traffic speeds and accidents[J]. Transportation Research Record, 643:23-32.

[37] Alexander C. Wagenaar, Frederic M. Streff, Robert H. Schultz. Effects of the 65 mph speed limit on injury morbidity and mortality[J]. Accident Analysis & Prevention, 1990, 22(6):571-585.

[38] Shahid Shafi, Larry Gentilello. A nationwide speed limit≤65 miles per hour will save thousands of lives[J]. The American Journal of Surgery, 2007, 193(6):719-722.

[39] David C. Grabowski, Michael A. Morrisey. System-wide implications of the repeal of the national maximum speed limit[J]. Accident Analysis & Prevention, 2007, 39(1):180-189.

[40] Samuel T. Bartle, Steven T. Baldwin, Carden Johnston, William King. 70-mph speed limit and motor vehicular fatalities on interstate highways[J]. The American Journal of Emergency Medicine, 2003, 21(5): 429-434.

[41] Patterson T. L., Frith W. J., Povey L. J., Keall M. D.. The effect of increasing rural interstate speed limits in the United States[J]. Traffic Injury Prevention, 2002, 3:316-320.

[42] Burritt B. E.. Analysis of the Relation of Accidents and the 88km/h (55 mph) Speed Limit on Arizona Highways[J]. Transportation Research Record, 609:34-35.

[43] Tofany V. L.. Life is Best at 55[J]. Traffic Quarterly, 35(1):5-19.

[44] Lynn C. W., Jernigan, J. D.. The Impact of the 65 mph Speed Limit on Virginia's Rural Interstate Highways Through 1990: Report VTRC 92-R12[R]. Virginia Transportation Research Council, 1992.

[45] Fitzpatrick Kay. Design speed, operating speed, and posted speed practices: NCHRP Report[R]. Transportation Research Board, 2003, 17-18.

[46] Schurr K. S., McCoy P. T., Pesti G., Huff R.. Relationship of design, operating, and posted speeds on horizontal curves of rural two-lane highways in Nebraska[J]. Transportation Research Record, 2002, 1796:60-71.

[47] Steven L. Johnson, Naveen Pawar. Cost_Benefit Evaluation of Large Truck-Automobile Speed Limit Differentials on Rural Interstate Highways[R]. US Department of Transportation Research and Special Programs Center, 2005.

[48] 马兆有,黎刚,李平凡. 关于速度及速度限制的交通安全分析[J]. 交通运输系统工程与信息,2007, 7(3):130-133.

[49] Lamm R. , Choueiri E. M. . Recommendations for evaluating horizontal design consistency based on investigations in the state of New York[J]. Transportation Research Record, 1988, 1122:68-78.

[50] Fitzpatrick K. , Miaou S-P. . Exploration of the relationships between operating speed and roadway features on tangent sections[J]. Journal of Transportation Engineering, 2005, 131(4).

[51] 郑小兵.法经济学语境下的执法成本研究[D].上海:上海师范大学,2007.

[52] 卓武扬.道路交通限速管理的法律经济分析[J].甘肃社会科学,2008(3):156-159.

[53] 中华人民共和国行业标准.公路项目安全性评价指南(JTG/T B05—2004)[S].北京:人民交通出版社,2004.

[54] Safety Effects of Differential Speed Limits on Rural Interstate Highways. U S. Department of Transportation,Federal Highway Administration. FHWA-HRT-05-042.

[55] Steven L. Johnson and Naveen Pawar . Cost-Benefit Evaluation of Large Truck-Automobile Speed Limit Differenctials on Rural Interstate Highways, MBTC 2048.

[56] 鲍兴建, 孙小端,等.高速公路减速标线应用效果研究[J].交通标准化,2010,2(15):86-88.

[57] 杨洋,孙小端,贺玉龙. Effectiveness of Ramble Strip on Freeway,2010ICCTP, 2010.

[58] Zaidel, D. , A. -S. Hakkert, et al. Rumble Strips and Paint Stripes at a Rural Intersection[R]. Washington,DC,1986.

[59] 王超, 孙小端,等.振动减速带的速度控制效果研究[J].西部交通科技,2009(1):10-13.

[60] Highway Capacity Manual [M]. Washington D. C. Transportation Research Board, 1950.

[61] Managing Speed: Review of Current Practice for Setting and Enforcing Speed Limits: TRB Special Report 254[R]. Washington D. C. Transportation Research Board, National Research Council, 1998.

致　谢

感谢交通运输部为公路交通安全研究工作者提供了一个西部地区公路速度限制标准与速度控制技术研究的平台，同时对交通运输部各相关部门的指导和帮助表示诚挚的谢意。

该项目成果是多方协作的结果，尤其是数据采集阶段，项目组辗转数个省、市，在对十余条样本公路开展调研工作的过程中，得到了当地公路管理部门、交通管理部门及其上级主管部门的大力支持，各相关部门一线工作人员对项目工作也进行了积极的配合和协助。在此，对他们的支持和帮助表示衷心地感谢。

项目自始而终都受到了有关领导和同行们的关注，众多专家和学者针对项目的具体问题提出了许多宝贵和实用性的建议，拓展了项目组成员在研究过程中的研究思路、开阔了研究视野，为项目的顺利完成奠定了坚实的基础。限于篇幅不能一一尽数，仅在此表示诚挚和衷心的感谢，并借此机会与同行们共勉，希望通过我们辛勤的研究和努力，我国公路交通安全水平能够提高到一个新的高度。